中国产业转移

年度报告

（2017—2018）

工业和信息化部产业政策司
国家工业信息安全发展研究中心　著

电子工业出版社

Publishing House of Electronics Industry

北京·BEIJING

内 容 简 介

为推动和引导区域产业有序转移，贯彻落实国家区域发展战略，加强政策研究，持续跟踪国内外区域产业转移动态，工业和信息化部产业政策司与国家工业信息安全发展研究中心编写了《中国产业转移年度报告（2017—2018）》。

本报告全面解析了当前全球及我国产业转移与合作的特点和趋势，对京津冀地区、长江经济带、泛珠三角地区等重点区域和"一带一路"倡议下各省（自治区、直辖市）展开的产业转移与合作进行探索性研究。报告还深入分析了电子信息等四个行业产业转移的特点和影响因素等，剖析了典型合作共建园区开展产业转移的做法和经验，为政府部门、产业园区等提供借鉴与参考。

图书在版编目（CIP）数据

中国产业转移年度报告．2017-2018 / 工业和信息化部产业政策司，国家工业信息安全发展研究中心著．—北京：电子工业出版社，2018.6

ISBN 978-7-121-34965-2

Ⅰ．①中…　Ⅱ．①工…　②国…　Ⅲ．①产业转移－研究报告－中国－2017-2018

Ⅳ．①F269.24

中国版本图书馆 CIP 数据核字（2018）第 199124 号

策划编辑：　张瑞喜
责任编辑：　张瑞喜
印　　刷：　中国电影出版社印刷厂
装　　订：　中国电影出版社印刷厂
出版发行：　电子工业出版社
　　　　　　北京市海淀区万寿路 173 信箱　邮编　100036
开　　本：　787×1092　1/16　印张：15　字数：238 千字
版　　次：　2018 年 6 月第 1 版
印　　次：　2018 年 6 月第 1 次印刷
定　　价：　198.00 元

凡所购买电子工业出版社图书有缺损问题，请向购买书店调换。若书店售缺，请与本社发行部联系，联系及邮购电话：（010）88254888，88258888。

质量投诉请发邮件至 zlts@phei.com.cn，盗版侵权举报请发邮件至 dbqq@phei.com.cn。

本书咨询联系方式：zhangruixi@phei.com.cn。

《中国产业转移年度报告（2017—2018）》
编 委 会

序　言

　　2017 年以来，全球贸易额逐渐上升，世界经济总体向好，但在部分西方经济体"逆全球化"思潮的影响下，竞争性减税加剧，贸易保护主义升温，直接制约了国际产业有序转移。同时，我国持续面临着发达国家重振制造业和发展中国家低成本制造竞争的双重挑战，国际经贸形势依然严峻。面对复杂多变的国际政治经济形势，我国坚持"引进来"和"走出去"并重，遵循共商、共建、共享原则，加强创新能力开放合作，努力推动形成陆海内外联动、东西双向互济的开放格局。

　　随着西部大开发、东北振兴、中部崛起、东部率先发展"四大板块"和京津冀地区、长江经济带等区域协调发展战略加快推进，协同叠加效应明显，新的增长极、经济带逐步形成，我国区域间的协调度、共享度和开放度都有了较大提升，但是区域发展不平衡、不协调的问题依然存在。

　　党的十九大指出，我国社会主要矛盾已经转化为人民日益增长的美好生活需要和不平衡不充分的发展之间的矛盾，区域发展不平衡已经成为满足人民美好生活的制约因素。产业转移是深化区域合作、优化生产力布局、构建合理产业分工体系的有效途径，是破解区域发展不平衡、不协调问题的重要举措。

　　重构和实现区域平衡，推动产业布局优化和有序转移势在必行，但绝非易事。一要通盘谋划，统筹推进。紧密围绕供给侧结构性改革，加强顶层设计，制定和实施更加有针对性的政策措施，加快破除体制机制障碍，选准产业协同的结合点，寻找地区之间共促点，推动构建分工合理、特色鲜明、优势互补的现代产业体系。二要优化环境，提高能力。充分发挥市场机制作用，鼓励各地在综合考虑资源禀赋、配套能力等的基础上，优化产业发展环境，提高产业承接能力。支持各地改善服务，创新监管方式，优化区域合作模式，健全区际补偿机制，不断提升承接的层次和水平。三要扩大开放，加强合作。坚持"引进来"和"走出去"并重，推动形成陆海内外联动、东西双向互济的开放格局，实行高水平的贸易和投资自由化便利化政策，在更高水平、更大范围内推动产业有序转移和承接。四要深入研究，搭建平台。加强对产业转移理论与实践的研究，深入总结地方产业转移工作的经验做法。充分发挥信息化手段在产业转移工作方面的作用，拓展产业转移的渠道，通过搭建平台和示范推广，加强区域产业转移合作交流，提升产业对接的针对性、有效性和成功率，弥补市场在信息不对称方面的失灵。

2018 年是我国改革开放四十周年，也是全面贯彻落实党的十九大精神的开局之年。为更好地贯彻落实党的十九大精神和区域协调发展战略，及时总结国内外产业转移的现状与特点，分析重点区域和重点行业产业转移的进展与趋势，推广典型园区模式创新的经验与成果，工业和信息化部产业政策司在连续三年编写的基础上，再次组织编写了《中国产业转移年度报告（2017—2018）》。希望能为政府部门、产业界、学术界等开展产业转移有关工作提供参考。

工业和信息化部副部长 王江平

2018 年 6 月

前　　言

党的十八大以来，党中央与时俱进、科学决策，在区域协调发展方面作出了一系列重要论述、采取了一系列创新举措，我国区域发展呈现由不平衡向趋于平衡、由不协调向日益协调转变的良好态势。引导和推进产业有序转移是落实国家重大区域战略决策和区域协调发展部署的重要举措，能促进各类要素资源在更广阔的范围内转移、聚合、集散、调配，提高资源综合利用效率，实现提质增效、转型升级。

当前，我国产业转移持续有序推进、成效显著，进入了新的历史阶段。东部地区积极推进"腾笼换鸟"和新旧动能转换，中部地区加速崛起，西部地区大开发格局加速推进建设，东北地区开启全面振兴。特别是京津冀地区、长江经济带、泛珠三角地区的区域合作，"一带一路"倡议等跨地区产业转移合作亮点频现。京津冀产业转移合作全面推进，雄安新区成为京津冀协同发展新引擎。长江经济带着力打造电子信息、高端装备、汽车、家电、纺织服装五大世界级制造业集群。粤港澳大湾区建设蓄势待发，泛珠三角产业转移合作迎来新机遇。在"一带一路"倡议的指引下，中国同沿线国家的经贸往来、产能合作取得积极进展。未来，我国产业转移进程仍将面临严峻的挑战。全球经济仍处于深刻调整时期，逆全球化暗流涌动，美国政府接连推出"301""232"单边保护措施引发贸易摩擦，发达国家跨国投资审查趋严，全球产业转移合作面临更多政策方面的约束和限制。国内，一方面是部分行业企业在经过前期产业转移高潮后目前处于调整协调发展期，再次大规模转移的时机还未来到；另一方面是我国区域间经济发展、产业基础、创新资源、配套保障和文化等方方面面的差距仍一定程度上制约着地区间的产业转移进程。

在这新的历史时刻，更需要全面分析我国在全球产业转移中的现状、特点和趋势，梳理我国重点区域间产业转移的进展情况，总结成效，发现问题，寻找产业转移的新动向、新规律。国家工业信息安全发展研究中心，在工业和信息化部产业政策司的指导下，编写了《中国产业转移年度报告（2017—2018）》（以下简称《报告》）。《报告》共分为四大篇章。第一篇是总体篇，包括国际产业转移的特点与趋势、国内产业转移合作现状与特点、新时期对我国产业转移的新认识三个章节。第二篇是重点区域篇，对京津冀地区、长江经济带、泛珠三角地区和"一带一路"四个重点区域产业转移的现状和特点进行了较全面的分析。第三篇是典型行业篇，从行业角度，选取了电子信息、纺织等典型行业进行了深入分析，力求找出行业转移特点。第四篇是模式创新篇，选取经实地考察具有典型共建模式的园区进行案例分析和经验总结。

《报告》典型行业篇部分的撰写得到中国电子信息行业联合会、中国石油和化学工业联合会、中国纺织工业联合会、中国钢铁工业协会等组织机构的大力支持。希望《报告》能为各级工业和信息化主管部门、产业园区开展产业转移工作提供借鉴与参考，也希望能为企业、金融部门等进行产业转移和项目融资提供信息参考。由于产业转移涉及范围广、地区间发展水平差异大，需要进一步研究探讨的问题还很多，《报告》疏漏和不妥之处，恳请专家和读者批评指正。

《报告》编委会

目录

第二篇　重点区域篇

第三篇　典型行业篇

第四篇　模式创新篇

第一篇

总 体 篇

第一章
国际产业转移的特点
与趋势

国际产业转移作为经济全球化和区域经济一体化的重要内容，对促进各国和地区的经济协作起着非常重要的作用，也是转出地和承接地产业优化升级的重要途径。近年来经济全球化进程波折不断，全球外商直接投资复苏乏力，各国投资与贸易政策分化，特别是美国政府以"301 调查"为由挑起贸易摩擦，反映出单边贸易保护主义抬头，为世界经济持续复苏以及国际产业转移有序推进带来诸多不利。

一、全球外商直接投资持续低迷，跨国公司投资意愿有望增强

一直以来，外商直接投资是衡量各国承接国际产业转移的重要指标。联合国贸易和发展会议（UNCTAD）2018 年 1 月发布的《全球投资趋势监测报告》显示，预计 2017 年全球外商直接投资将延续 2016 年的下滑趋势，从 2016 年的 1.81 万亿美元下降至约 1.52 万亿美元，减少 16%。同时，该报告预计 2018 年全球 FDI 流入量有望出现温和复苏，不过地缘政治风险

和增强的政策不确定性可能会对此产生负面影响。此外，美国的税制改革可能会严重影响美国跨国公司的投资决策，进而影响全球投资格局。

全球外商直接投资流入量持续走低。据《全球投资趋势监测报告》初步预测，从 FDI 流入地区看，2017 年，流向发达经济体的 FDI 整体大幅下跌，流入量下降了 27%，达到 8 100 亿美元。其中，流入北美的 FDI 减少33%，降至 3 300 亿美元。发展中经济体的 FDI 流入量稳中有升，比上一年增长了 2%，增至 6 530 亿美元；其中，亚洲发展中经济体 FDI 流入量增加了 2%，达到 4 590 亿美元。流向转型经济体的 FDI 流入量比上年减少了 17%（见表 1-1）。从 FDI 类型看，2017 年绿地投资和跨境并购金额均将大幅减少，分别比 2016 年下降 23% 和 32%（见图 1-1）。但是，不同类型经济体的 FDI 流入方式存在明显差别，流向发达经济体的跨境并购投资大幅减少，而绿地投资金额明显增长，特别是北美发达经济体吸引的绿地投资增幅达 53%。流向发展中和转型经济体的绿地投资明显减少，跨境并购投资大幅增加，例如亚洲发展中经济体作为吸收国际直接投资的主力地区之一，流入的绿地投资大幅减少 54%，跨境并购大幅增长 74%。

表 1-1 2016—2017 年全球 FDI 流入量（单位：十亿美元）

地 区	FDI 流入量			跨境并购			绿地投资		
	2016	2017*	变动率（%）	2016	2017*	变动率（%）	2016	2017*	变动率（%）
全球	1 814	1 518	−16	869	666	−23	834	571	−32
发达经济体	1 109	810	−27	794	553	−30	254	282	11
欧盟	500	370	−26	363	127	−65	148	146	−1
北美	494	330	−33	372	295	−21	69	105	53
发展中经济体	638	653	2	69	100	44	515	261	−49
非洲	50	49	−1	10	3	−64	94	41	−57
拉丁美洲和加勒比地区	139	143	3	18	24	34	74	61	−17
亚洲	448	459	2	42	73	74	347	158	−54
转型经济体	67	55	−17	5	13	157	65	28	−56

*为预测值（全书同）。

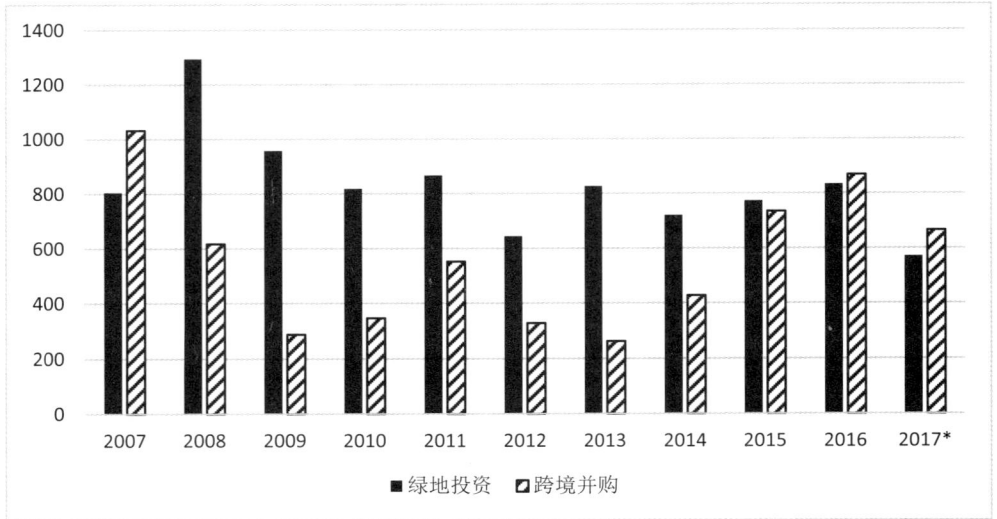

图 1-1　2007—2017 年全球绿地投资与跨境并购金额（单位：十亿美元）

　　跨国公司经理人增加 FDI 的意愿有所增强。根据 UNCTAD 在《世界投资报告 2017》中发布的一项商业调查结果，2017—2019 年跨国公司安排 FDI 支出意向有所增强，不同领域、不同地域的跨国公司安排 FDI 意向存在较大差异。发展中和转型经济体跨国公司增加投资的意向逐年递增，明显高于发达经济体跨国公司。初级产业领域公司安排 FDI 不确定性明显增多，制造业领域公司增加投资意向有所增强，而服务业领域的跨国公司增加投资意向持续增加（见表 1-2）。从投资方式看，跨国公司持有相当谨慎的态度，大多数高层管理人员并不打算进入新市场，而是通过后续投资巩固其海外地位。只有少数高层管理人员表示非股权投资和绿地投资是进入外国市场的首选模式。相反，跨国并购在未来几年可能变得更为突出，尤其在服务业领域跨国并购会增加，并且发展中和转型经济体的跨国公司可能会更多地采取此类方式。报告强调，政策的不确定性成为影响跨国公司未来投资决策的首要因素。

表1-2 2017—2019年不同领域、地区的跨国公司FDI投资意向占比（%）

	2017				2018				2019			
	减少	不变	增加	不确定	减少	不变	增加	不确定	减少	不变	增加	不确定
全部	26	25	41	8	18	20	50	12	13	18	53	16
发达经济体	24	26	40	10	17	19	49	15	13	18	51	18
发展中和转型经济体	35	23	42	0	20	20	57	3	16	16	61	6
初级产业	60	13	20	7	40	20	20	20	13	27	33	27
制造业	21	27	44	7	19	14	57	10	20	13	52	15
服务业	22	27	44	7	11	27	51	11	4	22	63	11
领军跨国公司	45	16	32	6	29	23	35	13	22	19	44	16

二、各国贸易与投资政策分化演进，产业转移政策环境隐忧凸显

当前，全球经济仍处于深刻调整时期，G20国家多次强调，促进包容、强劲和可持续的贸易与投资增长。但是，近期贸易保护主义升温，跨国投资审查趋严，全球产业转移合作面临更多政策方面的约束和限制。

国际投资政策呈现分化走向，针对发展中国家企业跨国并购审查趋严趋紧。当前，国际投资政策正变得越来越复杂，进一步呈现出分化、不确定的特点，反映出各国社会和政府应对全球化影响的不同做法。这一点也体现在政府对投资的干预越来越多，这些都降低了投资政策的可预测性。UNCTAD《世界投资报告2017》统计，2016年58个国家和经济体实施了124项投资政策措施。其中84项投资政策措施旨在促进投资，使其更加便利化、自由化。例如，有的放宽了外国投资者的准入条件，还有一些国家和经济体简化登记程序，出台新的鼓励措施，等等。值得关注的是，另有22项措施对新的投资进行限制或管制，其占比远远超过了20世纪90年代初期水平。这些措施既体现在新的立法中，也体现在行政决定中，主要涉及对跨国并购活动的限制。

专栏1-1 德国外资审查收紧，在德商会深表担忧

一、德国内阁：通过对外经济法修正案 从严审查在德收购投资

2017年8月，《财经》杂志江玮等发表文章《德国收紧外国投资审查十余个产业将需要提前申报》指出，2017年7月，德国内阁通过了对外经济法修正案，对欧盟以外投资者在德国进行的收购制定了新的审查规则。新规将允许德国政府对直接和间接的外国收购进行更广泛的审查。新规引入了告知义务、更多的行业领域和更长的审查周期。

1. 新增告知义务。此前，非欧盟投资者并不需要向德国政府报备，除非被收购的德国公司从事国防和加密技术的生产。新规要求非欧盟投资者在对关键基础设施和安全相关技术进行25%以上股份收购时，有义务通知德国经济部。

2. 更多行业须接受审查。新规涉及的产业包括能源、水资源、营养、信息技术、医疗、金融服务和保险、交通，以及关键基础设施软件、通信拦截、云计算服务和医疗远程信息处理等。

3. 延长审查时限。经济部将在三个月的时间内决定是否发起正式审查，审查期限也从两个月延长至四个月。

二、德国中国商会：德国最新修法损害投资环境，对此深表担忧

另据中新社记者彭大伟文章《德国最新修法损害投资环境 德国中国商会深表担忧》报道，针对德国联邦内阁日前通过德国联邦经济部提交的关于《德国对外经济条例》第九次修正案，德国中国商会对此表示高度关注，认为本次修正案损害了非欧盟国家企业在德整体投资环境，并对此深表担忧。

德国中国商会发表声明指出，德国是贸易和投资自由化、贸易全球化的最大获益者之一。对德国政府在峰会结束数日后即进一步收紧外资投资法规这一举动，该商会深表担忧。声明强调，新法规给包括中资企业在内的非欧盟企业在德国的投资带来了不确定性。

该商会认为，这样保护主义倾向的新法规与加深两国双边经济合作关系的意愿背道而驰。

声明进一步指出，新法规中继续存在模糊不清的定义，例如：难以定义关键基础设施领域和非关键基础设施领域间的界限。同时，德国政府在审查收购案时将拥有更大程度的否决权，致使包含中国企业在内的非欧盟企业面临更大的政策不透明和不确定性。

该商会认为，德国政府这种对有意愿投资德国的非欧盟企业增加额外不确定性的做法毫无必要。该项法律修正案将为包括中资企业在内的非欧盟企业现有的和今后投资德国的计划带来负面影响，也将最终损害德国商业投资环境。

　　贸易保护主义升温迫使国际产业转移决策更加审慎。特别是美国政府接连推出的"232 措施"和"301 措施"引发贸易摩擦。2018 年 3 月，美国特朗普政府以国家安全为由实施"232 调查"，决定将对进口钢铁和铝产品全面征税，税率分别为 25% 和 10%，暂时排除加拿大和墨西哥的产品，而美国其他的安全及贸易伙伴则可通过谈判避免征收。这项政策一经签署，引发钢铁铝材下游产业界广泛担忧。关税政策将加重下游企业的钢铁铝材进口成本，迫使企业重新审慎评估制造业选址。媒体号"中经汽车"在《引发贸易战？欧洲汽车界"怼"特朗普关税新政》一文中提到，大众汽车认为，这一关税政策也可能影响其在查特怒加市工厂生产纯电动汽车的决策。现代汽车认为，对钢铁征收关税将会增加生产成本，而这会导致美国汽车消费价格上涨，并可能降低消费者对汽车的需求，公司可能会重新考虑在美国生产汽车的数量。美国时间 2018 年 4 月 3 日，美国政府依据 301 调查单方认定结果，宣布将对原产于中国的进口商品加征 25% 的关税，涉及约 500 亿美元中国对美国出口。由美国挑起的贸易摩擦将对相关领域高技术企业在华投资和经营带来不利影响，损害中美乃至全球贸易和投资稳健发展。

三、发达经济体"再工业化"差距明显，美国成为制造业回归风向标

2008年国际金融危机以来，主要发达经济体大力推动"再工业化"战略，纷纷出台一系列战略和政策措施，吸引高端制造业回流，积极抢占全球制造业竞争制高点。特别是，美国特朗普政府奉行"美国优先"原则，促使一批跨国公司加大在美国本土的投资，成为发达经济体推动制造业回归的风向标。

主要发达经济体积极推动"再工业化"成效存在差别。从主要发达经济体的工业增加值占本国GDP份额看，2008年国际金融危机以来，各国采取的"再工业化"战略实施效果有所分化。根据联合国工发组织数据库的数据显示，自2010年以来，德国工业增加值占GDP比重均值约为30.43%，高于2000—2008年的平均值；日本近年来工业增加值占比增加，拟合曲线呈上扬走势。而法国自2010年以来工业增加值占GDP比重一直低于20%，美国工业增加值占比也波动起伏，没有恢复到危机前的水平；英国工业增加值占比在20%左右徘徊，低于2000年超过1/4的比重（见图1-2）。从主要发达国家制造业增加值占全球比重看，美国、日本、英国等国家制造业增加值占比近年来持续下滑，美国制造业增加值占全球比重从2007年的19.5%持续下降，2016年已低于16%；韩国占比逐年小幅增加，2016年占比达到3.1%（见图1-3）。

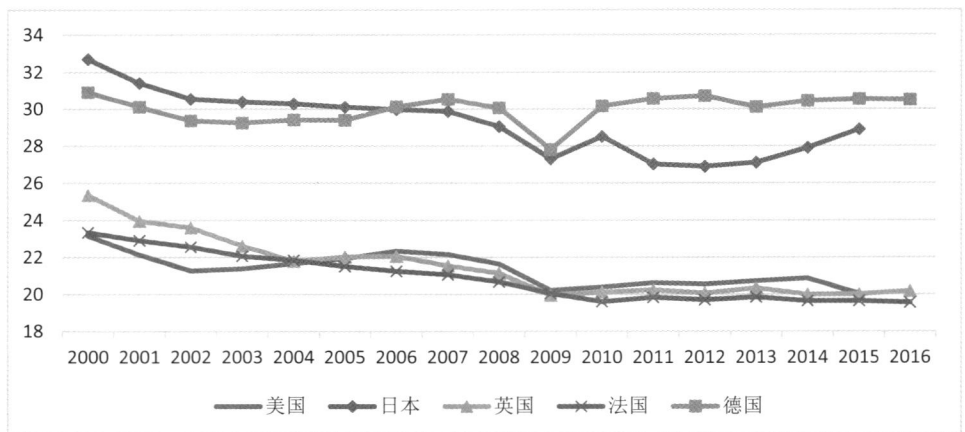

图1-2 2000—2016年发达国家工业增加值占GDP的比重（%）

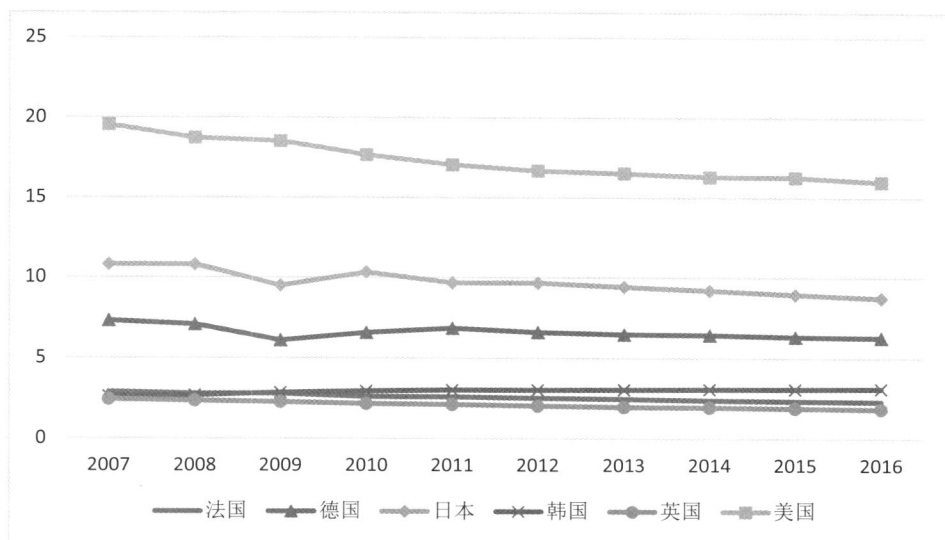

图 1-3　2007—2016 年主要发达国家制造业增加值占全球比重（%）

　　美国制造业吸引外资波动起伏，专业科学技术服务行业吸引外资规模持续增加。近年来，美国积极鼓励制造业回归。当前，美国特朗普政府奉行"美国优先"原则，包括"减税"在内的一系列政策组合着力引导制造业回归，力图将流向海外的制造业就业机会重新带回美国本土。

　　从规模总量看，2016 年美国吸引国外投资约为 3.74 亿美元，比上一年减少了 15.04%。从行业分布看，2014—2016 年制造业吸引投资规模高于其他行业，但 2016 年制造业吸引外资占比 34.64%，分别比 2014 年和 2015 年下降了 18.1% 和 31.4%；而信息行业、专业科学技术服务业吸引外资规模显著增加，占全部行业 FDI 的比重分别达到 11.47% 和 15.82%，较 2014 年分别增加了近 9 个百分点和 11 个百分点（见表 1-3）。

表 1-3　2014—2016 年美国主要行业吸引外资规模（单位：百万美元）

	全部行业	制造业	批发	零售	信息	金融保险	房地产及租赁	专业科学技术服务	其他
2014 年	260 487	137 364	4 686	14 889	21 761	8 828	23 673	10 017	39 269
2015 年	439 563	290 420	2 290	10 805	12 175	44 587	37 175	22 019	20 092
2016 年	373 440	129 354	13 974	10 332	42 825	47 930	7 678	59 061	62 284

根据美国经济分析局的数据，从美国 FDI 来源地分析看，超过 50%对美投资来自欧洲地区，部分亚洲国家对美投资显著增长。与美国同为北美自贸区成员的加拿大是对美国投资最多的国家。2016 年加拿大占美国 FDI 的 15.67%。2014—2016 年，美国有超过 50%的 FDI 投资来源于欧洲地区。亚洲地区，2016 年中国对美国的投资超过了 270 亿美元，是 2015 年投资额的 3 倍多，印度近年来对美国投资也稳步增长，2016 年对美国投资 12 亿美元，同比增加了 26.59%（见表 1-4）。

表 1-4　美国 FDI 主要来源地（单位：百万美元）

国家和地区	2014 年	2015 年	2016 年
全球	260 487	439 563	373 440
加拿大	34 098	88 735	58 502
欧洲	148 931	294 651	187 900
法国	6 903	13 916	19 246
德国	29 914	46 418	13 382
爱尔兰	43 369	175 978	35 397
荷兰	8 662	13 784	23 260
瑞士	16 480	5 679	34 880
英国	22 825	20 758	54 496
亚太地区	53 302	42 879	86 794
中国	3 934	7 781	27 619
印度	559	974	1 233
日本	29 201	26 855	18 206

专栏 1-2 近年来美国制造业吸引投资案例

1. 福耀集团在美投资工厂正式竣工投产

据福耀集团在其官网上披露，2016 年 10 月，由福耀集团在美国投资的全球最大汽车玻璃单体工厂正式竣工投产。位于美国俄亥俄州代顿市的福耀汽车玻璃生产基地成立于 2014 年 3 月，总占地 45 万平方米（675 亩），厂房约 17 万平方米。工厂采用了先进的设备，集合了世界一流的技术及各种不同的工艺来满足各大汽车厂商的需求。工厂具有夹层玻璃、钢化玻璃、包边和 ARG 的生产能力，目前已雇佣 2 000 多名员工，计划年产逾 450 万套汽车玻璃，届时将为美国汽车市场提供 1/4 的玻璃配套需求。福耀集团对代顿工厂的总投资约为 6 亿美元。此外，福耀集团还在伊利诺伊州及底特律建设了浮法玻璃制造基地和汽车包边工厂。

2. 丰田汽车和马自达将在美投资 16 亿美元新建汽车制造厂

据人民网吴颖《特朗普推特盛赞丰田马自达 在美国建厂振兴经济》一文报道，丰田汽车和马自达将在美国阿拉巴马州新建汽车制造厂。丰田汽车和马自达将合资投入 16 亿美元，创造约 4 000 个就业岗位。新工厂不仅将为美国创造就业机会，也试图振兴当地汽车生产供应链企业。新工厂将从 2021 年起生产丰田卡罗拉和马自达全新的跨界车。美国总统特朗普在推特上表示："丰田和马自达在美国斥资 16 亿美元设立新工厂，为美国带来 4 000 个新的工作机会。美国经济将更辉煌"。

3. 富士康计划在美投资百亿美元建设大型液晶面板厂

据 Techweb 网《富士康获美国 30 亿美元投资激励 方案将正式签署》一文报道，2017 年 7 月，美国总统特朗普和富士康集团郭台铭在白宫宣布，富士康计划在威斯康星州建设一家新工厂。富士康计划投资 100 亿美元，在威斯康星州东南部建设一座大型液晶面板厂。这一投资计划，预计在 2020 年前能提供 3 000 个就业机会，到 2022 年时能提供 1.3 万个就业岗位，在工厂建设过程中还将直接带来 1 万个就业机会，间接创造 6 000 个就业岗位。威斯康星州给予富士康投资 30 亿美元的激励，是美国历史上给予外国公司投资规模最大的激励，是此前威斯康星州最高投资激励规模的 10 倍。

四、发展中经济体持续提升吸引力，拓展新型产业转移合作路径

由于全球经济复苏进程缓慢，发展中经济体吸引外商直接投资波动起伏。例如，墨西哥 2013 年吸引 FDI 同比增加超过 125%，而在 2014 年又同比大幅下跌超过 40%（见表 1-5）。为此，主要发展中经济体在优化营商环境的同时，也积极采取措施相互合作，吸引产业流入。表 1-5 是根据 UNCTAD 数据整理主要发展中经济体吸引外商直接投资同比变动情况。

发展中经济体持续改善营商环境，积极吸引国际产业转移。"营商环境就是生产力"，营商环境是吸引国际产业转移的重要因素。2017 年世界银行发布了《2018 年营商环境报告：改革创造就业》，从开办企业、获得信贷、企业纳税等十个方面对全球 190 个经济体营商环境做出评估。总体来看，190 个经济体中有 119 个在 2016—2017 年间至少实行了一项与营商环境相关的改革，其中 64.7%的经济体是连续第三年至少实行了一项与营商环境相关的改革。排名进步最快的前十位分别是文莱、萨尔瓦多、印度、马拉维、尼日利亚、泰国、科索沃地区、乌兹别克斯坦、赞比亚、吉布提，基本上都是发展中经济体。其中，印度营商环境排名大幅上升值得关注，其排名较上年跃升 30 位，至第 100 位。世界银行还将印度列为改革营商环境力度最大的 10 个经济体之一，对其加强对中小投资者保护，以及数字化方面的进展表示肯定。

专栏 1-3　《**2018 全球营商环境报告**》：中国"**开办企业便利度**" 排名再升 **34 位**

2017 年 10 月，世界银行发布了《2018 全球营商环境报告》。中国营商环境便利度列第 78 位，其中"开办企业便利度"排名表现亮眼，从 2016 年的第 127 位上升至 2017 年的第 93 位，共上升 34 位。中国的"优化注册流程"分别在"促进开办企业便利度好的改革做法"和"国别典型改革做法列表——中国"两部分中得到世界银行的高度赞赏。

中国营商环境总排名及开办企业便利度排名情况对比表

	2014 年	2015 年	2016 年	2017 年	2018 年
营商环境总排名	96	90	84	78	78
开办企业便利度排名	151	128	136	127	93

表 1-5　主要发展中经济体吸引外商直接投资同比变动（%）

国别	2011 年	2012 年	2013 年	2014 年	2015 年	2016 年
中国	8.06	-2.34	2.34	3.70	5.53	-1.41
巴西	14.81	-20.86	-30.27	37.74	-12.07	-8.69
印度	32.00	-33.14	16.55	22.63	27.42	0.96
印度尼西亚	39.73	-0.54	-1.68	15.91	-23.70	-84.03
墨西哥	-9.38	-14.76	125.71	-42.13	20.62	-19.42
南非	16.70	7.45	82.07	-30.48	-70.03	31.29
越南	-6.01	11.29	6.36	3.37	28.26	6.78
哈萨克斯坦	20.97	-4.55	-22.61	-18.56	-52.27	126.05

专栏 1-4　发展中经济体积极吸引外商直接投资

1.　三星加码在越南项目投资，成为越南第一大外国投资商

据越南《越南新闻》报道，2017 年三星显示器公司在越南北宁省安风工业区的 25 亿美元增资项目获批，本次增资后，三星显示器公司在越南投资总额达到 65 亿美元，三星集团成为越南第一大外国投资商。

2.　中国手机品牌积极在印度建厂布局

近年来，以手机领域为代表的中国企业积极扩大在印度投资，中国企业通过设立研发中心、联合他国企业、与当地企业成立合资公司等方式加速在印度产业布局，中国手机品牌在印度市场份额也在稳步提升。其中，华为在印度班加罗尔设立全球服务中心；vivo 在印度有一座海外最大工厂；金立、小米等企业也积极在印度新建工厂。

3.　北美自贸谈判波折前进，墨西哥吸引力仍被看好

据墨西哥官方统计称，2017 年墨西哥共吸引外国直接投资 296.95 亿美元，同比增加 11.1%。墨西哥经济部长认为，尽管北美自贸协定重谈尚无结果，但墨外资持续增加充分说明外商仍看好墨西哥市场。

4.　京东与泰国企业建立合资公司进军泰国市场

泰国尚泰集团将与京东集团合作，投资 165 亿泰铢成立泰国电子商务和金融科技合资公司，为泰国及东南亚地区消费者提供金融科技服务，这也标志着京东金融国际化正式开始。目前，泰国消费者对电子支付的需求正快速增长，而现有电子支付产品未能满足消费者对"安全、可靠、便利"的需求，其业务发展具有较大市场潜力。

发展中国家之间产业合作力度加强，取得积极进展。近年来，越来越多的新型产业转移合作路径拓展和丰富了传统意义上的产业从发达国家向发展中国家单一转移模式。例如，泰国积极促进 CLMVT（柬埔寨、老挝、缅甸、越南、泰国）的五国连通，着力打造东盟地区交通运输和贸易出口

的中心枢纽，以促进各国间的合作。以"一带一路"、南南合作为代表的新方案为国际产业转移合作提供了新范式，发展中经济体之间的产业合作蓬勃发展。

专栏 1-5　发展中经济体之间产业合作蓬勃发展

1.　中国与马来西亚以"两国双园"模式推进产业合作互利共赢

据中国新闻网林浩《中马"两国双园"先行先试开启丝路产业合作新模式》的文章报道，中国和马来西亚共建的中马钦州产业园区和马中关丹产业园区是"一带一路"倡议下产业合作的新模式。在钦州产业园，清真食品、燕窝及保健品等一批东盟传统优势产业项目已入驻园区；在关丹产业园，首个入园现代钢铁项目在中马两国领导人见证下签约开建，该项目总投资人民币 80 亿元，年产钢材量达 350 万吨，投产后将成为马来西亚最大的钢厂和东盟首家生产 H 型钢的钢铁厂，生产的高质量 H 型钢材将填补当地市场空白，为当地创造就业岗位 4 000 个。

2.　埃及苏伊士运河经济区启动建设俄罗斯工业园

据中国商务部网站发表的《苏伊士运河经济区公布俄罗斯工业园区建设计划》一文报道，2017 年苏伊士运河经济区（SCZone）公布俄罗斯工业园区建设计划。该园区位于东塞得港，占地 5.2 平方千米，投资 69 亿美元，包括住宅区和工业区，建成后可提供近 3.5 万直接和间接就业岗位。俄工业园区计划分三期、历时 13 年建成，苏伊士运河经济区与俄罗斯工业发展商（Technopolis Moscow）组建合资公司（名为莫斯科经济区）负责园区管理和运营。苏伊士运河经济区主席马哈卜·马米什称该园区一期项目将于 2018 年 1 月启动。

园区主要入驻产业为传感器、空调、摩托车、陶瓷、木材、纸张和汽车辅助产业等。俄罗斯工业园区建设由埃、俄两国政府监管，其建设资金由俄罗斯直接投资基金及埃国内银行提供。

五、跨国公司加强全球化配置资源，国际技术与服务转移并重

　　跨国公司是经济全球化、国际产业转移的有力推动者。从传统转移模式看，跨国公司主导的传统国际产业转移是将加工制造环节转向发展中国家，旨在获取低成本的劳动力等资源，而将产业链高端环节——技术研发留在本部，获取发达经济体丰富的科技、人才等高端要素禀赋，保留核心竞争优势。但是，随着近年来跨国公司更加注重在全球范围内配置资源，越来越多的跨国公司也将价值链高端环节布局发展中国家。主要表现在以下方面。

　　加强产业链各环节深度融合。近年来，制造与服务融合共生成为产业发展的主要趋势，越来越多的跨国公司成为服务型制造的领导者。跨国公司，特别是制造业企业通过创新优化生产组织形式、运营管理方式和商业发展模式，不断增加服务要素在投入和产出中的比重，从以加工组装为主向"制造+服务"转型，从单纯出售产品向出售"产品+服务"转变，延伸和提升价值链。传统的制造与服务的脱节甚至分离，将掣肘一体化解决方案的推广施行。

　　积极抢占新兴市场。随着工业化进程不断推进，跨国公司母国的市场需求相对饱和，而发展中国家市场正蓬勃兴起，成为跨国公司竞相角逐的重要市场。例如，自 2013 年以来，中国已经连续四年成为全球第一大工业机器人市场，以 ABB、FANUC、KUKA、安川电机为代表的国际机器人巨头积极在华投资设厂、抢占先机。其中，ABB 已将机器人业务总部设在上海，并成立 ABB 中国研究院，针对中国市场日益增长的需求做出迅速反应。

　　利用发展中国家高端要素禀赋。随着发展中经济体的教育、科技水平不断跃升，资源禀赋结构的高端化走势成为吸引跨国公司布局的重要因素。目前，跨国公司区域总部和研发中心主要分布在经济、科技相对发达的发展国家中心城市，例如中国的北京、上海，印度的孟买、班加罗尔等。

专栏 1-6　跨国公司在华布局研发中心

《环球科学》2016 年推出的创新榜提出，微软、GE、西门子等一批跨国企业在中国设立研发中心，正从向中国引入技术的单向传送带，演化成向全球输送科研成果与新技术的创新枢纽。

1.　ABB 中国研究院

ABB 在中国拥有一个研究院和 20 多家业务研发中心，研发人员共 2 000 人。ABB 中国研究院的绝缘材料、小件装配机器人、混合直流输电、新能源并网等技术全球领先。

2.　陶氏化学上海研发中心

陶氏化学上海研发中心是陶氏在美国以外规模最大的研发中心，也是美国总部之外最大的核心研发力量。这里拥有 500 多名研发人员，80 多个配备先进设备与技术的实验室，包括分析科学、化学科学、配方科学、材料科学、材料转化和材料工程中心，致力于尖端技术和应用的开发与创新。

3.　GE 中国研发中心

GE 在中国设立了 150 多个拥有世界一流设备的实验室，研发人员近 3 000 人。其中，位于上海的 GE 中国研发中心是国内最大的独立外资研发机构之一，也是国内极少数具有基础科学研究能力的企业研发中心，在清洁能源、水处理与海水淡化、材料科学、先进制造技术等领域开展前沿研究。到 2016 年，GE 的"在中国为中国"项目已经诞生了近 70 项新技术和新产品，在中国及全球市场都获得成功。

4.　杜邦中国研发中心

杜邦中国研发中心是杜邦在美国本土以外最大的综合研发中心，在光伏技术、农业与营养、生物科技、高性能材料等多个领域，都居于同行业世界领先水平。2016 年，杜邦中国研发中心成功申请 300 多项国内、国际发明专利，开发了多项新产品、新技术、新应用，实现商业化的项目数量以年均 20% 的速度增长。

5. 辉瑞中国研发中心

辉瑞中国研发中心是跨国制药企业在华规模最大的研发中心之一，同时也是辉瑞在美国以外最大的研发团队，是辉瑞在全球和亚太地区重要的研发枢纽。辉瑞中国研发中心已成为辉瑞新药的全球数据处理、质量管控和药物安全业务的重要基地之一，在上海、武汉和北京拥有各类研发人员 1 000 余名。2016 年，辉瑞在中国探索新的研发模式——与中国本土企业合作，力图更快引入中国患者迫切需要的创新药物。

六、"一带一路"倡议改善国际秩序，为国际区域合作注入新动力

在全球经济复苏乏力、贸易保护主义、孤立主义抬头的复杂背景下，我国提出"一带一路"倡议，为改善国际经济秩序提供了中国方案。从经济合作角度看，这一倡议的实施为全球经济复苏和区域经济合作注入新动力，为国际产业转移合作拓展新的空间和路径。

"一带一路"倡议助力国际经济新秩序形成。从传统国际分工秩序看，美、欧、日等发达经济体居于国际产业分工体系的主导地位，而广大发展中经济体长期处于依附和从属地位，传统秩序下全球化的收益更多地流向少数发达经济体，难以惠及广大发展中经济体特别是最不发达国家。"一带一路"倡议顺应时代潮流，继承和发扬古丝绸之路积淀的以和平合作、开放包容、互学互鉴、互利共赢为核心的丝路精神，以政策沟通、设施联通、贸易畅通、资金融通、民心相通为主要内容，已得到全球 100 多个国家和国际组织积极支持和参与"一带一路"建设，联合国大会、联合国安理会等重要决议也纳入"一带一路"建设内容。"一带一路"倡议逐渐从理念转化为行动，从愿景转变为现实，建设成果丰硕。

"一带一路"沿线国家贸易往来合作更加密切。"一带一路"沿线各国资源禀赋各异，经济互补性较强，合作潜力巨大。作为"一带一路"倡议

的发起者和推动者，中国积极推动加强与沿线国家间的贸易往来。根据中国商务部网站披露，2014—2016 年中国同沿线国家的贸易总额超过 3 万亿美元。2017 年，我国与沿线国家贸易额 7.4 万亿元人民币，同比增长 17.8%，增速高于全国外贸增速 3.6 个百分点。中国已成为俄罗斯、蒙古、越南、吉尔吉斯斯坦、沙特、埃及等 23 个沿线国家的最大贸易伙伴。

"一带一路"沿线产业投资取得丰硕成果。2014—2016 年中国企业对沿线国家投资累计超过 500 亿美元，在沿线国家新签对外承包工程合同额 3 049 亿美元。2017 年，我国企业对沿线国家直接投资 144 亿美元，在沿线国家新签承包工程合同额 1 443 亿美元，同比增长 14.5%。目前，中国已经成为许多沿线国家的主要投资来源地，合作内容不断丰富，涵盖农林开发、能源资源、加工制造、物流运输、基础设施等多个领域；合作方式不断拓展，从传统的商品和劳务输出为主发展到商品、服务、资本输出并重。双向合作不断深化，沿线国家对华投资积极性也显著提高，沿线国家对华直接投资新设立企业 3 857 家，增长 32.8%。

境外合作区辐射带动作用不断增强。商务部新闻发言人高峰曾在例行发布会上披露，截至目前，中国企业在沿线 24 个国家推进建设境外经贸合作区 75 个，入区企业 3 412 家，上缴东道国税费累计 22.1 亿美元，为当地创造 20.9 万个就业岗位。境外合作园区种类多样，辐射带动作用强，其中既有加工制造型、资源利用型、农业产业型，也有商贸物流型、科技研发型及综合开发型等。以中白工业园为代表的境外经贸合作区，发挥平台引领作用，打造"一带一路"标志性项目，对引导中国企业集群式走出去实现产业集聚发展，促进沿线国家经济社会发展，推动工业化进程、产业升级和经贸合作发挥了积极作用。

专栏 1-7　"一带一路"上的明珠：中国—白俄罗斯工业园

白俄罗斯是"一带一路"沿线重要节点国家，是最早支持"一带一路"倡议的国家之一。宋哲、魏忠杰、李佳、曲颂等作者都曾在人民网等网站发表文章，介绍中国—白俄罗斯工业园（简称：中白工业园）的建设和发展。

中白工业园位于明斯克机场附近，规划面积91.5平方千米，是白俄罗斯招商引资的最大项目，也是中白两国间最大的经济技术合作项目，全部建成后将容纳近10万人就业、20万人居住。它被誉为"丝绸之路经济带上的明珠"。

2015年5月，习近平主席访问白俄罗斯期间，提出要把中白工业园建设作为合作重点，将园区打造成"丝绸之路经济带"上的明珠和双方互利合作的典范，中白工业园是中白务实合作的"升级版"，是"丝绸之路经济带"上的标志性项目。

白方对此项目高度重视。卢卡申科总统于2012年和2014年两次签署总统令，以法律形式确立了中白工业园用地、税收等一系列优惠政策。在"一带一路"国际合作高峰论坛期间，白俄罗斯发布第三版总统令，将工业园投资门槛由原500万美元降低到50万美元，并给予入园企业一系列税收优惠。工业园产业定位是高科技产业，新版总统令还扩大了工业园招商引资范围，除机械制造、电子信息、精细化工、生物医药、新材料、仓储物流等领域外，新增通信、电子商务和大数据处理等。

在中白双方的共同努力下，中白工业园一期起步区建设工作顺利完成，招商引资呈现向好态势，园区开发成效初显。园区面向全球开展招商引资，截至2017年9月，入园企业达19家（其中中国企业12家，还有来自美国、奥地利、白俄罗斯、立陶宛等国家的企业入园），协议投资总额达6.7亿美元。此外，签署意向入园协议的企业近30家。入园企业开工建设总投资1.26亿美元。园区实际纳税总额达1 367万美元。股东投资中白合资公司资本金达到1.18亿美元。当地采购、设备租赁、分包工程总额达1.21亿美元。

第二章
国内产业转移合作现状
与特点

    2018 年是我国改革开放四十周年。40 年里，中国顺应经济全球化潮流，立足自身优势，把握国际产业转移合作大趋势，充分发挥自身比较优势，提升核心竞争能力，积极承接国际产业转移，广泛参与国际产业合作，提出"一带一路"重大倡议等中国方案，对世界经济增长贡献率超过百分之三十，成为经济全球化的受益者，更是重要贡献者。从国内看，近年来我国区域"四大板块"①因地制宜，产业梯度转移有序推进，东部地区积极推进"腾笼换鸟"、新旧动能转换，中部地区加速崛起，西部大开发推进形成新格局，东北地区开启全面振兴，"四大板块"通过产业转移拉动产业结构调整优化，推动经济发展质量变革、效率变革、动力变革。特别是，京津冀、长江经济带、"一带一路"、泛珠三角地区合作等跨地区产业转移合

---

    ① 本章将我国大陆的经济区域划分为东部地区、中部地区、西部地区和东北地区四大板块。其中，东部地区包括：北京、天津、河北、上海、江苏、浙江、福建、山东、广东和海南；中部地区包括：山西、安徽、江西、河南、湖北和湖南；西部地区包括：内蒙古、广西、重庆、四川、贵州、云南、西藏、陕西、甘肃、青海、宁夏和新疆；东北地区包括：黑龙江、吉林和辽宁。中国香港特别行政区、中国澳门特别行政区和中国台湾地区没有划入上述四大区域，而作为独立的区域分析。

作亮点频现。

一、四大区域产业转移分化演进，东部地区独占鳌头

随着生产要素成本逐步上升、资源环境约束日益增强等挑战，根据国家统计局的数据显示，东部发达地区持续加快产业转型升级步伐，以传统加工制造业的产业转移为重要内容，北京、上海、浙江、广东、山东等省份围绕供给侧结构性改革，加快实施疏解促提升、"腾笼换鸟"、新旧动能转换等重大工程，优化产业结构，实现产业"凤凰涅槃、浴火重生"。中、西部地区有序承接东部地区产业转移，在轻工纺织、电子信息等领域频频发力。东北地区与东部地区开展全方位合作，在功能区对接、合作园区共建、重点城市发展等领域开展合作，加速新旧动能接续转换，着力实现全面振兴。

从地区生产总值看，2016 年，东部地区的地区生产总值的全国占比进一步提升，达到 52.58%，比 2015 年上升近一个百分点（见表 2-1）。从工业增加值看，2016 年东部地区工业增加值占全国比重为 53.76%，为近 5 年来的最高值。从其他板块来看，中部地区、西部地区占比稳中有升，保持了良好的经济发展态势。值得关注的是，近 5 年来，东北地区的地区生产总值和工业增加值在全国占比持续下滑。其中，2016 年下滑程度尤为突出，地区生产总值占全国比重为 6.72%，比 2015 年减少 1.28 个百分点；2016 年工业增加值占全国比重为 5.8%，比 2015 年减少近 2 个百分点，反映出东北地区与其他地区的差距持续拉大（见表 2-2）。

表 2-1　我国四大板块生产总值占全国比重变化（%）

地　区	2012 年	2013 年	2014 年	2015 年	2016 年
东部地区	51.32	51.20	51.16	51.60	52.58
中部地区	20.17	20.16	20.26	20.33	20.59
西部地区	19.76	20.01	20.18	20.06	20.10
东北地区	8.76	8.63	8.40	8.00	6.72

表 2-2　我国四大板块工业增加值占全国比重变化（%）

地　区	2012 年	2013 年	2014 年	2015 年	2016 年
东部地区	50.39	50.50	50.72	52.04	53.76
中部地区	21.51	21.36	21.39	21.39	21.87
西部地区	19.13	19.24	19.28	18.78	18.58
东北地区	8.97	8.90	8.61	7.79	5.80

从固定资产投资来看，近年来我国制造业固定资产投资增速低位运行。从全国范围看，根据国家统计局发布数据显示，2016 年制造业固定资产投资同比增长 4.21%，同比下降了 3.78 个百分点。分区域看，2016 年，东、中部地区制造业投资增速延续减缓态势，增速回落到 10% 以下，两地区投资额在全国占比有所增加。与 2015 年相比，西部地区制造业投资增速有所回升，2016 年达到 7.13%，投资额在全国占比增加了 0.45 个百分点。东北地区制造业投资增速持续负值，2016 年投资增速为-28.96%，投资额在全国的占比进一步减少（见表 2-3、表 2-4）。

表 2-3　我国四大板块制造业固定资产投资增速（%）

地　区	2012 年	2013 年	2014 年	2015 年	2016 年
东部地区	15.26	17.61	15.37	12.79	7.71
中部地区	24.26	23.76	14.57	11.26	6.69
西部地区	26.38	16.95	13.40	-0.14	7.13
东北地区	31.04	12.89	0.14	-8.30	-28.96

表 2-4　我国四大板块制造业固定资产投资在全国占比（%）

地　区	2012 年	2013 年	2014 年	2015 年	2016 年
东部地区	42.95	42.58	43.44	45.37	46.89
中部地区	27.60	28.80	29.17	30.06	30.77
西部地区	17.66	17.41	17.45	16.14	16.59
东北地区	11.79	11.22	9.93	8.44	5.75

从货物出口情况看，2016 年，东部和中部地区实现货物出口的全国占比继续提升，而东北和西部地区出现下降（见表 2-5）。

表 2-5   我国四大板块货物出口全国占比变化（%）

地　　区	2012 年	2013 年	2014 年	2015 年	2016 年
东部地区	83.03	81.73	80.46	81.51	82.89
中部地区	5.88	6.25	6.76	7.27	7.38
西部地区	7.26	8.05	9.28	8.43	7.24
东北地区	3.83	3.96	3.49	2.79	2.49

从规模以上工业企业研发经费支出来看，2016 年中部、西部地区的研发经费支出占比在全国有所提升，四大板块的研发经费支出均实现正向增长。其中，东部地区研发经费支出同比增长 8.67%，江苏、福建、广东的研发经费支出同比增长 10% 以上，浙江、山东的工业企业研发经费支出增长也近 10%，说明东部地区传统工业大省持续加强研发投入，推动科技创新，加快当地工业的转型升级和提质增效。中部地区，山西省工业企业研发经费支出连续两年为负增长，其余各省加大研发投入力度，江西省增速超过 20%。西部地区的研发经费支出同比增长 12.91%，其中贵州表现抢眼，同比增长 21.77%。东北地区的研发经费支出较 2015 年增长了 1.28%（见表 2-6、表 2-7）。

表 2-6   我国四大板块研发经费支出增速（%）

地　　区	2012 年	2013 年	2014 年	2015 年	2016 年
东部地区	20.01	14.88	11.23	9.53	8.67
中部地区	22.90	18.24	13.86	9.76	11.64
西部地区	25.24	17.16	13.85	10.02	12.91
东北地区	8.13	13.05	0.16	−16.58	1.28

表 2-7   我国四大板块研发经费支出全国占比变化（%）

地　　区	2012 年	2013 年	2014 年	2015 年	2016 年
东部地区	68.34	67.96	67.95	68.78	68.38
中部地区	15.97	16.35	16.73	16.97	17.33
西部地区	9.57	9.71	9.93	10.10	10.43
东北地区	6.12	5.99	5.39	4.15	3.85

二、电子信息行业转移体量较大，资源型产业双向转移

从近年来产业转移的行业来看，通过对比各行业 2012—2016 年我国四大板块行业工业销售产值全国占比变化（详见表 2-8）可以看出，废弃资源综合利用业、电子信息、食品、轻工、纺织等行业仍然是向中、西部转移的重点行业，钢铁、有色等资源型产业则呈现向中、西部资源富集地区和向东部沿海地区同时转移的态势。

表 2-8　2012 年至 2016 年我国四大板块行业工业销售产值全国占比变化（%）

行　业	东部		中部		西部		东北	
	2016 占比	与 12 年相比	2016 占比	与 12 年相比	2016 占比	与 12 年相比	2016 占比	与 12 年相比
农副食品加工业	42.53	0.16	29.91	4.69	16.74	2.07	10.82	-6.92
食品制造业	47.68	-3.86	30.10	6.15	16.67	1.53	5.54	-3.82
酒、饮料和精制茶制造业	32.39	-4.62	28.57	3.34	33.30	4.88	5.73	-3.60
烟草制品业	37.20	-0.12	26.85	0.98	32.62	-0.54	3.33	-0.32
纺织业	72.35	-2.86	19.95	3.11	6.74	0.65	0.97	-0.89
纺织服装、服饰业	72.49	-3.33	22.54	6.27	3.64	0.66	1.33	-3.60
皮革、毛皮、羽毛机器制品和制鞋业	71.09	-3.83	22.72	5.59	5.14	-0.30	1.06	-1.46
木材加工和木、竹、藤、棕、草制品业	52.72	3.46	22.56	1.00	14.93	3.21	9.79	-7.67
家具制造业	63.62	-0.73	22.92	6.34	10.05	0.27	3.41	-5.87
造纸和纸制品业	65.28	-0.80	21.21	2.07	11.36	1.52	2.14	-2.80
印刷和记录媒介复制业	59.35	-2.48	26.62	4.70	12.30	0.59	1.72	-2.81
文教、工美、体育和娱乐用品制造业	78.10	-5.41	16.68	4.89	4.35	1.84	0.87	-1.31
石油加工、炼焦和核燃料加工业	57.64	4.74	12.89	-0.05	17.52	-1.50	11.95	-3.18
化学原料和化学制品制造业	63.89	0.75	19.42	1.85	12.70	0.62	3.98	-3.23

（续表）

行　业	东部		中部		西部		东北	
	2016占比	与12年相比	2016占比	与12年相比	2016占比	与12年相比	2016占比	与12年相比
医药制品业	51.37	-1.90	24.09	2.89	15.08	0.81	9.46	-1.79
化学纤维制造业	88.76	-0.79	5.06	0.26	4.85	0.86	1.33	-0.33
橡胶和塑料制品业	67.15	-0.79	20.04	3.75	9.75	1.98	3.05	-4.94
非金属矿物制品业	42.60	-1.68	34.96	5.61	17.81	3.15	4.62	-7.08
黑色金属冶炼和压延加工业	59.48	3.50	19.14	-0.46	16.90	1.87	4.48	-4.91
有色金属冶炼和压延加工业	41.51	1.20	33.78	0.06	23.19	0.80	1.52	-2.06
金属制品业	69.68	-0.32	18.85	4.06	8.75	1.01	2.73	-4.74
通用设备制造业	66.49	2.00	20.30	4.70	9.06	1.25	4.15	-7.94
专用设备制造业	58.60	2.95	27.45	1.98	9.88	1.55	4.07	-6.48
汽车制造业	53.26	-0.39	20.17	2.60	15.56	2.40	11.02	-4.61
铁路、船舶、航空航天和其他运输设备制造业	59.29	-0.92	16.54	2.37	17.19	2.06	6.97	-3.51
电器机械和器材制造业	68.85	-2.69	21.28	4.13	8.08	1.51	1.79	-2.95
计算机、通信和其他电子设备制造业	74.47	-8.65	13.82	5.65	11.10	3.88	0.60	-0.88
仪器仪表制造业	77.88	-0.74	13.66	2.65	6.31	0.46	2.15	-2.37
废弃资源综合利用业	54.19	-10.99	27.56	3.32	15.53	9.24	2.71	-1.57
金属制品、机械和设备修理业	65.80	10.15	11.32	0.05	6.40	-5.86	16.49	-4.34

　　电子信息产业目前是产业转移相对体量最大的行业。近年来，中部地区的湖北武汉、湖南长沙，西部地区的陕西西安、四川成都和重庆等地凭借原有的电子信息产业基础和院校优势；河南郑州、安徽合肥等地凭借土地资源相对丰富、人力成本相对较低的优势；贵州贵阳等地大胆尝试、跨越式发展，纷纷吸引了电子信息行业大量外资企业的投资。英特尔、微软、三星、德州仪器、富士康等都纷纷向中、西部投资。国内企业如联想、华为等也展开全国产业布局，向中、西部投资建厂。表 2-8 的数据也充分体现了电子信息产业从东部地区向中、西部地区的转移态势。东部地区计算

机、通信和其他电子设备制造业 2016 年占比较 2012 年下降达到 8.65%，相对应中部地区该产业占比增加 5.65%，西部地区占比增加 3.88%。

伴随着我国区域开发政策的调整，我国纺织服装、鞋帽、皮革加工、玩具和塑料等轻工行业是早期发生产业转移的主要行业。表 2-8 是根据中国工业统计年鉴的资料整理，数据显示纺织服装服饰业和纺织业仍保持向中部和西部转移的态势。纺织服装、服饰业在东部地区 2016 年占比较 2012 年下降了 3.33%，中部地区增长了 6.27%，西部地区增长了 0.66%；纺织业在东部地区下降了 2.86%，中部地区提升了 3.11%，西部地区提升了 0.65%。纺织行业已从东至西沿内陆纵深形成了多个纺织贸易中心与原料基地和制造基地结合而成的纺织服装产业链，东部地区集中服装和家用纺织品等下游产业，成为纺织品生产基地；中、西部地区因其资源优势汇集了纺织原料、纤维等资源密集型产业，成为重要的上游纺织原料和中间产品生产基地。中部地区和西部地区在现有产业基础上，积极承接产业转移，延长产业链，提升产业价值。其他轻工类产业也呈现相似态势。典型行业如：文教、工美、体育和娱乐用品制造业（东部：-5.41%，中部：4.89%，西部：1.84%）、酒、饮料和精致茶制造业（东部：-4.62%，中部：3.34%，西部：4.88%）、食品制造业（东部：-3.86%，中部：6.15%，西部：1.53%）、皮革、毛皮、羽毛及其制品和制鞋业（东部：-3.83%，中部：5.59%）等。

汽车产业随着上汽、北京现代、华晨、一汽大众等汽车厂商相继在重庆、成都、武汉、长沙、郑州等城市建成了相当规模的整车和零部件生产基地，也呈现在东北、东部、中部和西部地区全面布局的态势。中、西部各省（自治区、直辖市）基于对汽车产业和未来新能源汽车发展态势的良好预期，都积极承接汽车产业转移。表 2-8 数据显示中部地区汽车制造业 2016 年占比较 2012 年增长 2.6%，西部地区增长 2.4%。

资源型产业则呈现向中、西部资源富集地区和向东部沿海地区同时转移的态势。部分资源型产业呈现出向资源原料供应密集地区转移的态势，如家具制造业在中部地区 2016 年占比比 2012 年增长 6.34%；非金属矿物制品业在中部地区占比增长 5.61%，西部地区增长 3.15%。随着对环境保护和节能减排要求的提高，废弃资源综合利用业[①]在西部地区增长 9.24%、

---

① 废弃资源综合利用业是指金属废料和碎屑加工处理，非金属废料和碎屑加工处理。

中部地区增长 3.32%。由于原料和销售因素，石化、钢铁、有色等部分产业呈现沿海化布局的趋势，表 2-8 数据显示，石油加工、炼焦和核燃料加工业在东部地区 2016 年较 2012 年占比增长 4.74%，黑色金属冶炼和压延加工业在东部地区 2016 年较 2012 年占比增长 3.5%。

三、外商投资行业结构持续优化，中企对外投资滑坡

一直以来，外商直接投资是我国接收国际产业转移的最主要方式，对外投资并购是我国企业走出去的重要途径。近两年，受国家相关鼓励政策驱动和中、西部地区基础设施环境改善影响，外商投资呈现高端化和向中、西部地区倾斜的趋势；同时，受贸易保护主义抬头和"逆全球化"影响，我国企业对外投资快速下降。国家统计局的数据也反映了这种变化（见表2-9）。

表 2-9　2007—2016 年我国实际利用外资的产业分布[①]（单位：%）

指标	制造业	交通运输、仓储和邮政业	信息传输、计算机服务和软件业	批发和零售业	住宿和餐饮业	金融业	房地产业	租赁和商务服务业	科学研究、技术服务和地质勘查业
2007 年	54.66	2.68	1.99	3.58	1.39	0.34	22.86	5.38	1.23
2008 年	54.00	3.09	3.00	4.80	1.02	0.62	20.12	5.48	1.63
2009 年	51.95	2.81	2.50	5.99	0.94	0.51	18.66	6.75	1.86
2010 年	46.90	2.12	2.35	6.24	0.88	1.06	22.68	6.74	1.86
2011 年	44.91	2.75	2.33	7.26	0.73	1.65	23.17	7.23	2.12
2012 年	43.74	3.11	3.01	8.47	0.63	1.90	21.59	7.35	2.77
2013 年	38.74	3.59	2.45	9.79	0.66	1.98	24.49	8.81	2.34
2014 年	33.40	3.73	2.30	7.92	0.54	3.50	28.96	10.44	2.72
2015 年	31.32	3.32	3.04	9.52	0.34	11.85	22.96	7.96	3.59
2016 年	28.17	4.04	6.70	12.60	0.29	8.17	15.60	12.80	5.17

---

① 报告仅列出主要行业，故同一年份各行业所占比重相加不等于 100%。

外商直接投资行业结构持续优化。从外商直接投资的行业分布看，据国家统计局数据，2016 年制造业实际利用外商直接投资约 355 亿美元，同比减少了 10.24%，延续了 2011 年以来持续减少的态势；占全部实际利用外资的比重为 28.17%，比上年下降了 3.15 个百分点，继续保持收缩态势。而以信息传输、计算机服务和软件业为代表的高技术服务业占比有所提升（见表 2-9）。根据商务部披露，2017 年外商投资延续向高端产业聚集的态势，全年全国实际使用外资 8 775.6 亿元人民币，同比增长 7.9%。高技术制造业实际使用外资 665.9 亿元，同比增长 11.3%。其中，电子及通信设备制造业、计算机及办公设备制造业、医疗仪器设备及仪器仪表制造业同比增长 7.9%、71.1% 和 28%。高技术服务业实际使用外资 1 846.5 亿元，同比增长 93.2%。其中，信息服务、科技成果转化服务、环境监测及治理服务同比分别增长 162%、41% 和 133.3%（见图 2-1）。

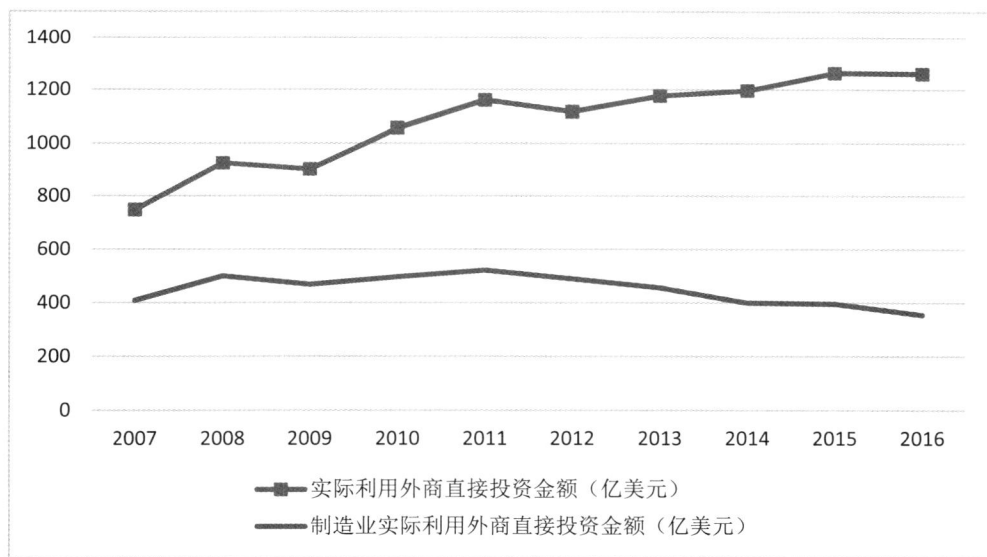

图 2-1　2007—2016 年我国利用外商直接投资规模情况（亿美元）

外资区域布局向中、西部倾斜。根据商务部数据，2017 年中部地区实际使用外资 561.3 亿元，同比增长 22.5%，增速领跑全国；西部地区新设立外商投资企业同比增长 43.2%，市场主体活力进一步激发。11 个自贸试验区新设外商投资企业 6 841 家，其中以备案方式新设企业占 99.2%；实际使用外资 1 039 亿元人民币，同比增长 18.1%，高于全国增幅 10 个百分点。

专栏 2-1　国家自由贸易试验区为产业转移合作注入新动力

　　建设自由贸易试验区是党中央、国务院在新形势下全面深化改革和扩大开放的一项战略举措。2013 年 9 月，国务院印发《中国（上海）自由贸易试验区总体方案》。截至目前，我国已在上海、福建、天津、广东、辽宁、浙江、河南、湖北、重庆、四川、陕西等省（直辖市）设立了三批共十一个自贸试验区。

　　各自贸试验区在"放管服"改革、投资领域进一步开放、推进贸易发展方式转变、深化金融领域开放创新等方面做出了卓有成效的探索，对于提升对外经贸合作水平、促进产业转型升级、在有效防控风险基础上打造开放高地具有重要引领示范意义。在发挥开放高地优势，承接产业转移方面，湖北自贸区和四川自贸区等做出了以下积极探索。

　　1.　湖北积极创建中部承接产业转移的示范区，出台"开放 10 条""招商 10 条""文化科技 10 条"等政策措施，吸引资本、技术、人才等产业要素的集聚。截至目前，湖北自贸区总体方案明确的 170 项试验任务已启动 160 项，启动率达 94%，已完成 32 项，正在落实 128 项。2017 年 4 月至 11 月，湖北自贸区新设立企业 8 105 家，其中，内资企业 8 048 家，注册资本总额 731 亿元人民币；外资企业 57 家，合同外资 28 亿美元，改革试验已初见成效。

　　2.　四川着眼内陆与沿海的协同开放，与沿海地区签署战略合作协议，确定产业转移合作、招商引资的收益共享、多式联运物流体系建设等多项合作举措。

　　对外投资在逆势增长后掉头快速下降。据商务部数据，2016 年我国对外非金融类直接投资 1 701.1 亿美元，同比增长 44.1%。而进入 2017 年，我国共对全球 174 个国家和地区的 6 236 家境外企业新增非金融类直接投资，累计实现投资 1 200.8 亿美元，同比下降高达 29.4%。在总体大幅度下

降的同时与"一带一路"沿线国家投资合作稳步推进，2017 年我国企业对
"一带一路"沿线的 59 个国家有新增投资，合计 143.6 亿美元，占同期总
额的 12%，比上年同期提高 3.5 个百分点。

四、产业转移重大项目不断涌现，向高质量方向发展

过去，我国产业转移主要表现为东部沿海地区向中、西部内陆地区转
移传统产业的低端加工制造环节。近年来，随着我国中、西部地区基础设
施的改善，产业结构的整体提升及"一带一路"建设不断深入，东部地区
对中、西部地区转移的重大项目不断涌现，而且不再仅局限于传统产业，电
子信息、装备制造、新能源等新兴产业也成为转移投资和合作的重点领域。

产业转移重大项目不断涌现。随着产业转移工作深入推进，劳动力、
技术、资本等生产要素进一步突破区域界限，加速流动。从转出地区来看，
北京加快疏解非首都功能，引导首钢、四方继保等企业生产制造环节外迁
津冀地区，并推动现代、三元等企业在河北建厂。上海市通过鼓励优势企
业集团通过产业转移做强做大、鼓励企业通过配套产业转移实现区域布局
联动、鼓励总部引领的生产加工型产业转移。据统计，2016 年部分省市利
用省外境内资金达 5 000 亿元以上，其中安徽、重庆、四川三地利用省外
境内资金超过 9 000 亿元。

承接产业向高质量方向发展。当前，中、西部承接地区在承接产业时，
也改变了过去只要有企业来，就无条件一律敞开大门全程绿灯入住的态度
和做法，而是越来越关注项目质量，加强高端产业的集群承接和培育。各
地区认真落实国家区域战略和产业政策，积极出台产业负面清单，根据自
身的基础和特色，选择承接产业和落地企业。贵州以大数据产业为特色，
进行精准承接，成功引进戴尔、阿里巴巴、腾讯、京东、奇虎 360 等国内
外知名大数据企业。青海将光伏制造、锂电等新兴产业作为承接先进制造
产能的主要载体，成功引进北大先行、比亚迪等公司。陕西成功吸引三星
存储芯片、美光半导体封装测试、华为全球交换技术中心等一批国内外先
进制造业项目的转移。

五、产业转移合作机制不断完善，合作模式不断创新

我国经济发展水平存在较大的地区差异，体制机制和模式创新是影响区域间产业转移的重要因素之一。近年来，为破除阻碍产业转移的相关体制障碍，推动东中、西部地区的共赢发展，各地方政府和园区之间开始探索各种合作共享机制，推动区域合作向纵深发展。

共建合作园区。当前，各地的共建园区主要有对口帮扶、股份合作、政企合作、品牌输出、PPP 等多种形式，在园区运营管理、利税收益等方面不断探索责任共担和利益分享机制，提高区域产业转移合作的积极性。截至目前，上海、浙江、江苏、安徽 4 地参与合作共建的园区已超过 200个，涉及政府部门、各类园区、企业、机构等近 500 家。京津冀地区已建设北京（曹妃甸）现代产业发展试验区、北京·沧州生物医药园、中国数坝·张北云计算产业基地、北京·正定集成电路产业基地等产业合作共建基地。

区域联合承接。在转型升级、协同发展的共识下，有关地方逐步通过区域合作、行业合作等方式，实现联合承接、区域共赢。如甘肃、陕西、宁夏、青海和新疆西北五省区签订了《承接产业转移战略合作框架协议》，建立承接产业转移长期战略合作关系和协调机制，共同推进区域发展和向西开放。泛珠三角地区的内地九省区建立了工业和信息化联席会议机制，深化区域制造业交流合作，推动区域制造业合作向更高层次、更宽领域、更广范围发展。重庆积极推进三峡库区对口帮扶工作，组织各区县及工业园区加强与结对省市合作，较好地促进承接产业转移工作，两江新区、万州经济开发区与上海张江、南京高新区等47个国家级开发区组建长江流域园区合作联盟。

产业"链群"集聚。通过鼓励引导企业主动寻找同行先进企业，大力开展合资合作，打造战略联盟，形成产业"链式集聚"效应，促进东中、西部地区强化产业上的分工协作，实现链条向高端延伸、产品向系列转变、产业向纵深推进。如重庆市在承接产业转移过程中注重发挥行业龙头企业

的辐射带动作用，着力构建研发、制造、营销、服务、结算一体化的产业生态圈，形成电脑、手机、汽车等完整产业链。河南通过引入龙头型企业和基地型项目，带动配套产业抱团跟进，构建产业上、下游有效链接、大、中、小企业有机结合、各类公共服务平台有力支撑的集群发展体系，形成郑州航空港智能终端产业基地、内黄陶瓷生产基地、清丰家具产业园、周口中部鞋都等特色鲜明的产业集群。

专栏 2-2　　湖北、湖南和江西加强区域发展顶层设计促进产业转移

　　武汉、长沙、南昌已经建立了高层协调机制，每次省会城市的会商会，都有明确主题和具体成果，也陆续签署了宣言、纪要、纲要等协议，推出了公积金异地存取、社会保障无障碍转移等措施，并建立了商事活动认证的相关标准等。工商部门跨省投资不改字号、信息互通、投诉转办、联合维权等制度也在这三省探索实施。交通互联，市场互通，有力推动了"中三角"地区内要素流动、产业互动与经济相融。据统计，武汉、长沙、南昌三地目前已在产业、交通、科技、文化、旅游、生态、公共服务等领域签订30多项部门合作协议。

六、重点区域产业转移进程加快，跨地区协同态势显现

　　京津冀、长江经济带和泛珠三角地区是我国区域协调发展战略的重点区域。这三大区域在不断打破地区封锁和利益藩篱，通过建立沟通协商机制、开展产业转移等，全面提升区域资源配置效率，实现更有效率、更加公平、更可持续的区域协调发展。京津冀是我国产业转移活动最频繁的地区之一。在京津冀协同发展、疏解北京非首都功能、打造雄安新区的国家战略背景下，京津冀产业转移成为践行国家重大战略的主要区域和重要突

破口。长江经济带正朝着生态更优美、交通更顺畅、经济更协调、市场更统一、机制更科学的黄金经济带建设方向努力。习近平主席签署《深化粤港澳合作推进大湾区建设框架协议》后，粤港澳大湾区建设将成为珠三角地区产业转移合作新引擎。

京津冀协同发展战略实施以来，京津冀地区按照《京津冀协同发展规划纲要》要求在产业升级转移这一重点领域已取得重大突破。北京非首都功能已得到大力疏解。河北大力承接京津两地产业，据河北新闻网报道，四年来，河北累计引进京津项目15 560个、资金1.5万亿元。同时，河北借力京津的科技资源，与在京高等院校共建创新中心和研发基地，通过将京津科技成果吸引到河北进行孵化转化，利用科技和创新理顺产业发展链条，改造提升产业结构，补齐发展短板。2017年底，为进一步引导三地产业有序转移与精准承接，京津冀三省市共同研究制定了《关于加强京津冀产业转移承接重点平台建设的意见》。三地初步明确构建"2+4+46"产业承接平台体系。其中，包括北京城市副中心和河北雄安新区两个集中承载地，曹妃甸协同发展示范区、北京新机场临空经济区、天津滨海新区、张承生态功能区四大战略合作功能区及46个专业化、特色化承接平台。未来，雄安新区将成为京津冀协同发展新引擎。

长江经济带上中下游各地区发挥自身优势，实现差异化特色化发展。上游地区依托当地优势资源承接产业，尤其是成渝城市群地区，快速形成了电子信息零部件、汽车零部件、精细化工、纺织服装和消费品制造等产业集群。中游地区加快承接国内外产业转移，产业转型升级加速。下游地区资源约束日益趋紧，产业疏解转移需求迫切，上海、江苏、浙江等地聚焦高端制造，产业转移输出加快。目前，长江中上游地区已经成为我国经济发展最快的区域，尤其是上游的贵州、重庆，中游的江西、安徽、湖北和湖南，长江经济带整体经济实力在不断提升。长江经济带各省市还在不断完善体制机制以深化区域合作。长三角地区人流、物流、资金流、信息流和技术流的合作机制正在走向制度的全面合作，未来整个长江经济带的联动发展效应将越来越明显。

目前，泛珠三角地区的跨区域产业合作载体和合作园区正在加快形成。新华网王攀的文章《从跨省合作区到海外产业园：泛珠三角地区构建产业转移新路径》提到，泛珠三角地区的内地九省区已经设立各类产业转移对接园区近 20 个，形成了珠江—西江经济带、闽粤经济合作区、粤桂合作特别试验区、粤川自贸试验区等产业合作平台（不完全统计）。泛珠三角地区的高铁建设将进一步加速区域互联互通，泛珠三角地区合作发展基金的设立也为将来区域合作提供了资金保障。2017 年 7 月习近平主席签署的《深化粤港澳合作　推进大湾区建设框架协议》，未来粤港澳三地将在中央有关部门支持下，完善创新合作机制，促进互利共赢合作关系，将粤港澳大湾区建设成为更具活力的经济区、宜居宜业宜游的优质生活圈和内地与港澳深度合作的示范区，打造国际一流湾区和世界级城市群。

第三章
新时代我国产业转移的新认识

　　通过梳理国际和国内产业转移发展的现状与特点，可以看到我国产业转移已经取得了显著成效，产业转移进入了一个新的发展阶段。在新时代背景下，我国开展产业转移工作所面临的国际经贸环境、国内市场需求和生产供给环境已经发生了巨大的变化，面临着新的问题。

一、我国产业转移面临着新环境和新要求

　　当前，全球正迎来新一轮科技革命和产业变革。这一轮变革是在经济全球化背景下孕育兴起的，其速度、广度、深度前所未有。一些重大颠覆性技术创新正在创造新产业、新业态，信息技术、生物技术、制造技术、新材料技术、新能源技术广泛渗透到各个领域，带动了以绿色、智能、融合为特征的群体性重大技术变革。其中，大数据、云计算、人工智能、虚拟现实等新一代信息通信技术与制造技术融合创新持续深入，对制造业生产方式、组织管理形式和发展模式带来革命性影响。未来价值链的一体化、生产的分散化、营销的全球化成为新的趋势，产业创新和消费市场成为国

际竞争的主导力量。

从国内发展看,中国特色社会主义进入了新时代,我国经济发展也进入了新时代,基本特征就是我国经济已由高速增长阶段转向高质量发展阶段。从需求和供给两侧看,在需求方面,市场需求发生了重大变化。人民群众基本生活需求满足后,市场购买活动开始摆脱主要重视数量和价格的特征,开始越来越重视产品或服务的质量、品牌、信誉度、安全、环保等指标,个性化、多元化的消费特点日益突出。在供给方面,经过长期数量快速扩张,我国物质技术基础已经达到较大规模,多种产品生产能力位居世界前列,对社会总需求的数量保障能力显著提高。供求关系已经从总体供不应求和普遍短缺,转为总体供大于求和相对过剩。供给对需求的不适应,已经从数量保障能力不足转为质量保障能力不足。这一变化必然使需求对供给的要求,从"有没有"转为"好不好";社会生产力发展的重点,必然从强调"快和多"转为强调"好和省"。这必然倒逼生产转型、企业转型,从粗放、低水平数量扩张,转向集约型、质量效益型、绿色清洁型发展轨道。提高质量、促进共同富裕成为新时代发展经济、改善民生的主要任务。

随着经济、技术和社会的变化,我国经济建设、产业发展和区域协同进入新的发展时期,面临着新的要求和任务。目前我国正处在转变发展方式、优化经济结构、转换增长动力的攻关期。要攻下这个关,就必须建设现代化经济体系,要以供给侧结构性改革为主线,推动经济发展的质量变革、效率变革、动力变革,提高全要素生产率。而且,要建立一个新的产业体系,也就是实体经济、科技创新、现代金融,人力资源协同发展的产业体系。在区域经济发展上,十九大明确"实施区域协调发展战略"是"建设现代化经济体系"中的重要任务之一。习近平总书记在中国共产党第十九次全国代表大会上的报告中指出,要加大力度支持革命老区、民族地区、边疆地区、贫困地区加快发展,强化举措推进西部大开发形成新格局,深化改革加快东北等老工业基地振兴,发挥优势推动中部地区崛起,创新引领率先实现东部地区优化发展,建立更加有效的区域协调发展新机制。以城市群为主体构建大中小城市和小城镇协调发展的城镇格局,加快农业转移人口市民化。以疏解北京非首都功能为"牛鼻子"推动京津冀协同发展,高起点规划、高标准建设雄安新区。以共抓大保护、不搞大开发为导向推动长江经济带发展。支持资源型地区经济转型发展。加快边疆发展，确保边疆巩固、边境安全。坚持陆海统筹，加快建设海洋强国。

二、我国产业转移出现新问题和新挑战

我国产业转移已经经历了很长一段时期，全国产业转移取得了巨大的成就，达到了一个新的阶段。但是面临新的产业发展变化和各地差距扩大，未来产业转移将面临巨大的挑战。一是部分行业企业在经过产业转移后目前处于一定的协调发展状态，再次大规模转移的时机还未来到；二是国家和各地对新兴产业发展给予高度重视，各地往往忽视自身产业基础和条件，急于承接新兴产业，忽略了本地的优势特色传统产业；三是新兴产业的发展需要的大量创新资源大多集中在东部地区，这些产业自身还处于萌芽期或是成长期，尚未成熟到可以全国大规模发展的时期。四是地区间的差距问题上，一定的差距是机遇，但过大差距形成的鸿沟会阻碍产业转移。更何况我国地区间的差距包括了经济发展、政府能力、产业基础、创新资源、配套保障和文化等方方面面，这些因素互相关联、相互交织影响着产业和企业的经营与发展。缩小地区间差距，或是理性对待差距选择合适本地的产业通过承接转移查缺补漏，提升产业高质量发展。最后，从微观层面企业迁移角度看，先要认清有能力、有意愿开展迁移的企业通常都是发展优秀或发展前景好的企业这一现实情况。明确要想促进企业迁移首要的是培养出大量具备迁移能力的企业这一前提和基础。企业迁移对企业而言是重大战略问题，企业的经营需要诸多的依存条件，因此创造良好的企业经营环境与条件是中、西部地区需要重点规划和建设的。

（一）产业选择与发展问题

产业的选择和发展是地区经济发展的根本，更是影响各地产业承接和转出的核心问题。在当今快速多变的发展背景下，随着各类新技术、新理念、新需求的出现，产业的发展也日新月异。国家在审视未来产业发展趋势后对一些前沿类、核心技术类产业给予优先重点发展的支持政策。各地

也纷纷响应，希望赶上这一轮发展的浪潮，各地在产业转移中往往重视新兴产业的承接，忽视和冷落传统产业。从客观上看，一方面新兴产业的发展需要一定的制造基础和研发能力，新兴产业与传统产业相辅相成；另一方面我国各地之间产业基础、创新环境和各类服务性配套等各方面差异较大。若不实事求是地根据自身的基础和条件选择与发展产业，一些地区可能会陷入高端产业未建成而支柱产业垮塌，经济发展停滞的局面。

1. 无论东部还是中、西部都在争相引入和发展新产业和新技术

伴随着全球新技术的不断更迭，许多产业发展快速，我国对新技术、新产业的变化和发展给予高度重视。东中、西部各省（自治区、直辖市）也都争相引入这些新兴的产业和技术，部分省市或明确省内重点发展产业领域、或制定相关产业规划、或制定具体行动纲要等，明确领域、明确项目、明确扶持的资金支持等。如江苏将制造业中的集成电路及专用设备、网络通信设备、智能制造装备等多个产业定为重点发展方向。陕西、甘肃等省制定了具体的产业的发展意见，明确领域、项目和总投资量。一般而言，各省都将信息技术、机械、装备、材料、医药等领域中的高技术环节、或是先进制造环节、或是研发创新环节、或是重大新兴产品等列入发展重点，而对地区原有的一些相对较传统的产业关注并不多。

2. 事实上传统产业仍然是中、西部地区制造业的绝对主力和支柱

在我国，传统产业一直是支撑经济良好运行的产业支柱。中、西部地区表现尤其突出。表 3-1 的数据来自中国工业统计年鉴。数据显示，从 2016 年我国四大板块制造业各细分行业工业销售产值，以及地区各行业占比情况看，西部地区在近几年大力吸引汽车和通信产业取得了显著成效，汽车制造业和计算机、通信和其他电子设备制造业占据了第一和第六的位置。但从整体来看，工业销售产值排列在前十的产业中农副食品加工业、有色金属冶炼和压延加工业、非金属矿物制造业品业、化学原料和化学制品制造业、黑色金属冶炼和压延加工业、酒、饮料和精制茶制造业、石油加工、炼焦和核燃料加工业等产业占据了七席，这些行业的工业销售产值占比接近西部地区的一半。中部地区，情况类似，排位靠前的是非金属矿物制造业品业、农副食品加工业、化学原料和化学制品制造业、有色金属冶炼和压延加工业这四个行业，这四个行业在中部地区各行业的工业销售产值的占

比合计超过三成。这些行业相对而言需要充足的资源能源保障和原料供给。

表 3-1 2016 年四大板块制造业行业工业销售产值及地区行业占比情况（单位：亿元，%）

西部地区				中部地区			
序号	行业	绝对值	占比	序号	行业	绝对值	占比
1	汽车制造业	12 514.6	8.98	1	非金属矿物制造业品业	22 045.3	9.55
2	农副食品加工业	11 528.6	8.27	2	农副食品加工业	20 592.4	8.92
3	有色金属冶炼和压延加工业	11 333.5	8.13	3	化学原料和化学制品制造业	16 858.3	7.30
4	非金属矿物制造业品业	11 233.0	8.06	4	有色金属冶炼和压延加工业	16 512.7	7.15
5	化学原料和化学制品制造业	11 026.4	7.91	5	汽车制造业	16 223.0	7.03
6	计算机、通信和其他电子设备制造业	10 931.9	7.84	6	电器机械和器材制造业	15 780.5	6.83
7	黑色金属冶炼和压延加工业	10 199.7	7.32	7	计算机、通信和其他电子设备制造业	13 608.6	5.89
8	酒、饮料和精制茶制造业	6 338.7	4.55	8	黑色金属冶炼和压延加工业	11 548.2	5.00
9	电器机械和器材制造业	5 994.0	4.30	9	专用设备制造业	10 340.3	4.48
10	石油加工、炼焦和核燃料加工业	5 968.6	4.28	10	通用设备制造业	9 814.6	4.25
东部地区				东北地区			
序号	行业排序	绝对值	占比	序号	行业排序	绝对值	占比
1	计算机、通信和其他电子设备制造业	73 325.5	11.77	1	汽车制造业	8 862.6	18.28
2	化学原料和化学制品制造业	55 452.8	8.90	2	农副食品加工业	7 453.0	15.37
3	电器机械和器材制造业	51 060.8	8.20	3	石油加工、炼焦和核燃料加工业	4 069.5	8.39
4	汽车制造业	42 840.1	6.88	4	化学原料和化学制品制造业	3 452.1	7.12
5	黑色金属冶炼和压延加工业	35 892.5	5.76	5	非金属矿物制造业品业	2 914.4	6.01
6	通用设备制造业	32 138.7	5.16	6	黑色金属冶炼和压延加工业	2 703.5	5.58
7	农副食品加工业	29 283.8	4.70	7	医药制品业	2 688.0	5.54

（续表）

东部地区				东北地区			
序号	行业排序	绝对值	占比	序号	行业排序	绝对值	占比
8	纺织业	29 147.2	4.68	8	通用设备制造业	2 003.7	4.13
9	金属制品业	27 408.7	4.40	9	专用设备制造业	1 534.5	3.17
10	非金属矿物制造业品业	26 864.7	4.31	10	木材加工和木、竹、藤、棕、草制品业	1 479.6	3.05

3. 传统产业并不传统，传统产业是新兴产业的发展基础

全球许多实践经验表明，新兴产业的发展大部分都是以传统产业作为基础的，需要以传统产业的资本、平台、技术、人力等为支撑。赵慧芹在人民论坛发表《传统产业与新兴产业如何协同发展》一文探讨了这一问题。新兴产业在发展初期离不开资源、技术的支撑，而传统产业的发展促进了人才、资本等要素资源的集聚，因此，新兴产业大多出现于资源的集聚区。同时，传统产业也需要依赖于新兴产业的技术优势，进而通过合理的空间布局来实现协同发展。在新技术革命的推动下，新兴产业和传统产业二者互为补充、并行发展，形成"双轮驱动"。

钢铁产业在我国总被划归为资源型产业，目前大部分钢铁产品都用于基础设施建设，目前发达国家钢铁工业总量中特钢产品所占约 15%～25%，如日本占 25%，而我国仅为 8%～10%。代表高附加值、高技术的板管材近年来有所发展，但比例也只有 39%左右，低于世界平均水平。我国钢铁产业在船舶、汽车、家电制造领域的没有形成开放式延伸、不断完善的产业链条和与市场需求、配套需求紧密联系的产业布局战略格局。石化产业领域，随着转型升级的深入推进和环保要求的不断提高，石化产业向高端化工新材料、高端精细化工、大型乙烯装置及一体化深加工等价值链高附加值领域的延伸已成为必然的方向。世界精细化学品主要领域包括：医药原料药及中间体、农药原料药及中间体、特种聚合物、清洗剂、电子化学品、建筑化学品、表面活性剂等。其技术含量水平高，作用巨大，产业关联度强，利润价值也高。随着技术的提升、需求的改变，许多产业都焕发出新的活力。如一直被认为是劳动密集型的纺织服装产业，随着人们需求的转变，已经在许多地区被列为时尚都市产业，纺织服装产业的核心竞争能力

从低成本制造转变为创意、设计和销售等方面的能力，一些纺织服装企业利润非常丰厚。

4. 各地区应理性分析，发挥所长，协同发展新兴产业与传统产业

在对待承接和发展新兴产业与传统产业这一问题上，既要推动存量产能转型升级，激活存量，修复现有产业和企业增长动力，在布局上要以更高的准入条件、更先进的技术水平在更适宜发展的区域进行产能再布局。还要通过增量发展为地区经济注入优质要素和活力，引进高端现代产业，特别是利用先进产能转移带动关键技术、人才、管理模式，以及配套企业资源，直接促进承接地经济质量的快速提升，培育新的增长动能。更要主动减量，下大决心化解产能过剩、实现优胜劣汰。

在具体实施层面，要有效推进传统产业的企业与新兴产业的企业之间协同发展，促进传统产业逐渐从产业链的上游向产业链的下游延伸，寻求在关键环节、配套环节、增值环节等方面的技术突破，掌控价值链中的核心技术环节和价值增值环节。首先是以传统优势产业为先行者的协同发展，主要以传统优势产业的龙头骨干企业或行业领军企业为主体，主动吸收战略新兴产业的资源辐射与产品创新，重点通过兼并重组或者战略联盟等模式，对企业进行优化整合。其次是以新兴产业为先行者的协同发展，主要以新兴产业的企业为主体，联合传统产业企业，构建上下游协作配套体系，相互渗透、相互补充，形成协同网络。

（二）地区间全方位差距问题

地区间的差距是产业转移的机遇，但当差距变成鸿沟时往往对产业转移形成巨大阻碍。产业与地区是需要协调发展的，产业不同，其生产方式不同、销售要求不一样，对设计和创新等需求不同，不同产业需要的劳动者不一样，不同产业对当地整个城市和社会的影响与发展也不一样。目前我国中、西部地区和东部地区之间的差距不仅仅是经济规模的差距，更包括地方政府的经济实力和财政实力，政府对产业发展、研发支撑和人才引进保障等的能力；包括地区自身产业发展基础，产业链条完善的供给能力、各类生产性服务业的配套能力；包括影响创新——创新是未来产业核心竞争力，更是承接高端产业转移中的核心要素——各类资源、平台、机构、

人才要素等的供给能力；包括基础设施公共服务等影响企业经营和员工工作生活的各类生产生活配套保障等。因此，各地区一定要清醒认识和客观分析这些差距，并利用这些差距，促进区域间的分工合作、发挥各自所长，实现区域协同发展。

1. 地区间经济实力差距较大，地方政府对产业发展、技术创新、企业经营的支持力度和政策差距较大

长期以来，我国地区间经济发展差距较大，发达地区财力雄厚，大多实行"放水养鱼"的宽松政策，无论对产业发展、技术创新还是对企业经营都给予诸多政策优惠和财力支撑。欠发达地区由于经济实力薄弱，财源严重不足，为了弥补日益扩大的财政收支缺口，在税收征收环节大多采取"偏紧"的政策。

专栏 3-1　上海和陕西对产业发展的部分支持措施

上海市政府网站，在关于《上海市战略性新兴产业发展专项资金管理办法》的解读材料中提到，上海在 2012 年就设立了战略性新兴产业发展专项资金，并制定《上海市战略性新兴产业发展专项资金管理办法》。2017 年修订后明确专项资金支持新一代信息技术、高端装备制造、新材料、生物、新能源汽车、新能源、节能环保、数字创意等八个产业，具体支持方式包括投资补助、资本金注入、贷款贴息和无息委贷共四种方式。

陕西从 2014 年开始，陆续出台一系列政策，通过省级产业母子基金运作，推行股权投资，把省级财政预算安排用于产业发展和基础设施建设等领域的相关资金变为基金，直接集中投资于产业园区、公共平台、龙头企业、科技成果转化、中小微企业创业创新等关键领域和重点项目。据陕西日报报道，经过 3 年发展，陕西由政府投资 56.7 亿元推动成立的 28 只产业发展基金，目前总规模已达 835 亿元，还将带动 778.3 亿元的社会资本投资，用于支持陕西航空航天、医药、集成电路、高端装备、大数据、新材料、军民融合、旅游、文化等产业发展。

国家统计局的数据显示，2016 年，各省（自治区、直辖市）地区生产总值差距较大，广东超过 8 万亿元，江苏达到 7.7 万亿元、山东 6.8 万亿元，这三个省遥遥领先于其他地区。中部地区河南超过 4 万亿元、湖北和湖南超过 3 万亿元。西部地区除四川超过 3 万亿元，其他省（自治区、直辖市）不超过 2 万亿元（图 3-1）。与地区生产总值相对应，2016 年在各地地方财政一般预算收入中，广东、江苏、上海、山东、浙江、北京等地地方财政一般预算收入远高于其他地区（图 3-2）。

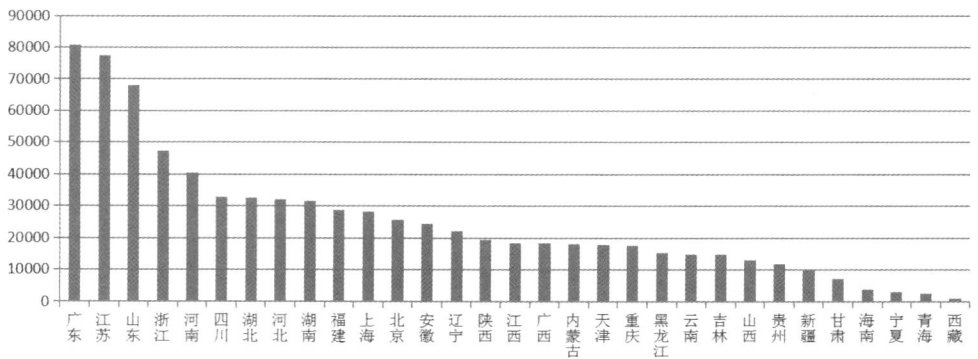

图 3-1　全国各省（自治区、直辖市）2016 年地区生产总值（亿元）

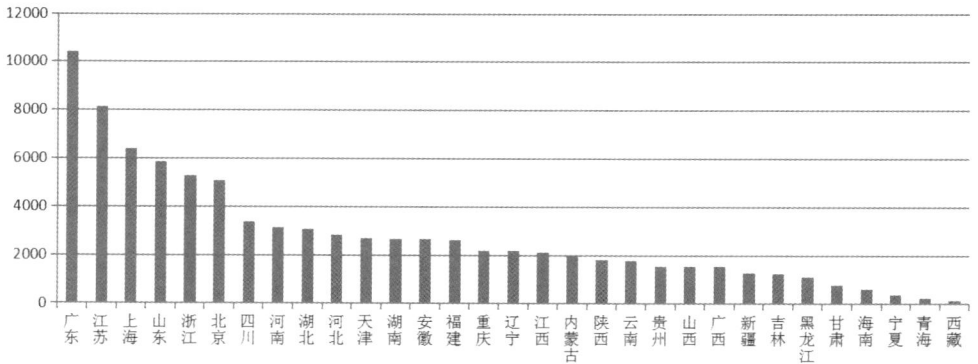

图 3-2　全国各省（自治区、直辖市）2016 年地方财政一般预算收入（亿元）

2. 地区间经济产业发展基础差距较大，完善产业链条增强配套服务能力需要一段长时间的建设

一个产业、一个企业的发展是需要相应的产业发展生态环境的，主产业、产业链条、配套服务等各个环节需要相互配合，缺少了某些环节对产业发展都会带来一定的影响。我国中、西部地区与东部地区相比，产业门类、链条、规模、质量和效益都存在巨大差距，差距在一定程度上是承接产业转移的机遇，但当差距鸿沟过大时，则会对承接产业转移造成巨大的阻碍。要实现产业转移顺利、企业发展成功需要长时期的建设和努力。

从宏观数据看，2017年江苏、山东和广东三省制造业主营业务收入均超过10万亿元，分别约为15万亿元、14万亿元和12万亿元。河南、湖北、安徽、湖南和江西等中部省市以及四川这一西部省份制造业主营业务收入都超过3万亿元，而中部其他地区、西部绝大部分地区和东北地区制造业主营业务收入都不超过2万亿元，黑龙江、贵州和云南等十个省（自治区、直辖市）制造业主营业务收入都还未达到1万亿元。数据明确显示江苏、山东、广东三省的制造业主营业务收入是大部分地区的3至5倍，乃至6至10倍。我国各地区之间制造业主营业务收入从10万亿元到不足1万亿元的差距，意味着地区间产业门类、产业链条、产业规模、产业发展质量、产业发展效益等方方面面都存在巨大的差距（图3-3）。

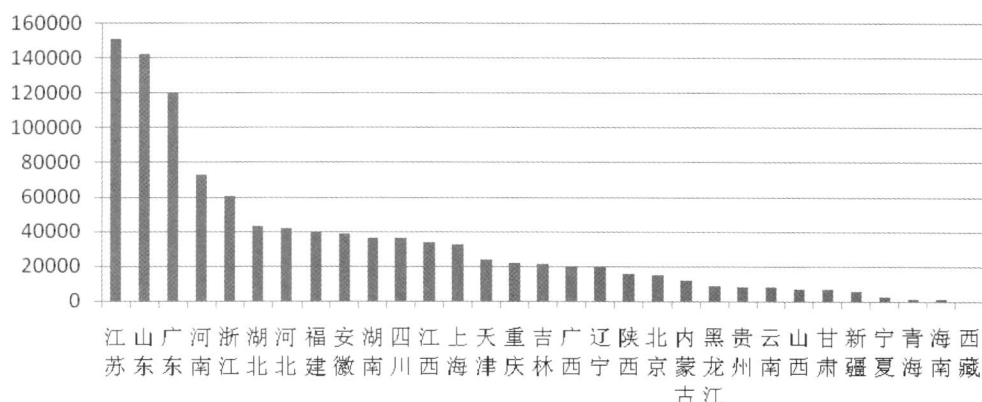

图3-3　全国各省（自治区、直辖市）2017年制造业主营业务收入（亿元）

与东部相比，中、西部地区和东北部地区，龙头企业缺乏、产业集群规模小、产业链条不完整，大部分产业散而弱，未形成有效的产业链条，产业还处于要素聚集阶段。一些行业有部分企业开始堆积，但整个产业链条的完整性和加工配套能力上的方便性还欠缺和较弱，而且缺乏带动产业集群形成的核心企业，这样的产业基础和配套保障是转出方与承接方目前所面临的最大障碍。

产业转移只是地方产业发展的第一步，产业链条的不断完善、配套服务的不断提升都需要长时间的积累和建设。以新疆纺织产业为例，新疆是我国重要的棉花生产基地，2011 年中央新疆工作座谈会决定全面启动 19 省市对口支援新疆的各项工作后，纺织工业作为新疆的特色优势产业得到了大力的支持和发展。经过 7 年多的大力建设，新疆纺纱产能已初步形成，新疆地区仍在围绕服装、棉纺织、毛纺织、化纤、针织、印染、地毯等 7 大产业，加大招商引资力度，重点吸引东中部地区优势品牌企业、全产业链龙头企业入疆发展。目前新疆的纺织服装产业正从棉花、纺纱逐步沿产业链向下游的织布、印染、针织、服装及辅料等方面延伸。

3. 中、西部地区在创新能力和要素等各方面存在的诸多不足将会影响其对知识技术密集型产业的承接

新常态下中国经济从要素驱动、投资驱动转向创新驱动，无论新兴产业的培育和发展，还是传统产业的提质与增效都依赖于创新。同时创新能力也伴随着产业的发展、转型而提升，创新与产业相互依赖、相互促进。创新不仅是本地经济发展的动力，也是地区承接产业转移的重要能力之一，尤其是对知识技术密集型的产业而言，产业的转移承接和未来发展都依托于创新。

目前我国各地区之间无论是企业现有的创新规模还是未来储备的创新能力差距都很大。以规模以上工业企业 R&D 经费投入来看我国各省（自治区、直辖市）间的创新现状，广东、江苏、山东企业研发投入经费均超过 1 500 亿元，湖北、河南、安徽等中部地区企业研发投入经费在 400 亿元左右，西部地区促进四川和重庆超过 200 亿元，陕西超过 180 亿元，内蒙古超过 120 亿元外，西部其他地区都不超过 100 亿元。东北地区，辽宁工业企业 R&D 经费投入超过 240 亿元，吉林和黑龙江在 90 亿元上下。单从绝对

量看，研发投入多的地区其投入经费是投入少的地区的百倍还多（图3-4）。

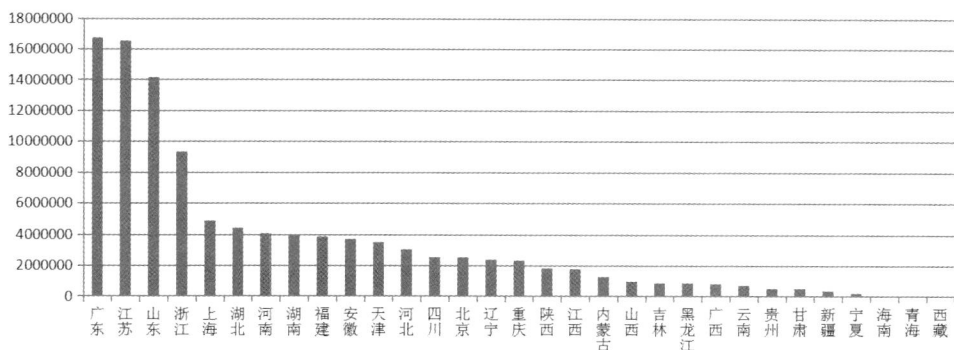

图3-4　全国各省（自治区、直辖市）2016年规模以上工业企业R&D经费（万元）

人才是创新的本源，是创新核心能力的来源，课题组简单以高等教育院校数量这一指标来代表各地人才培养和输出与能力。从图3-5可以看到，我国教育资源非常不均衡。从数量上看，广西、云南、贵州和内蒙古等西部地区高等教育院校数量不及东部地区的一半。从院校质量上看，西部地区优质的高校更不多，且主要集中在西安和成都两地。其中"211"工程大学仅有25所，"985"工程院校更是只有重庆大学、四川大学、电子科技大学、西安交通大学、西北工业大学、西北农林科技大学、兰州大学这7所高校。在2017年明确的"双一流"建设高校中还加入了云南大学和新疆大学。优秀高校的匮乏，导致许多西部本地优秀人员在高考跨出西部后少有返回，造成西部地区高级人才严重缺乏。这一人才流失现象在东北也非常严重。

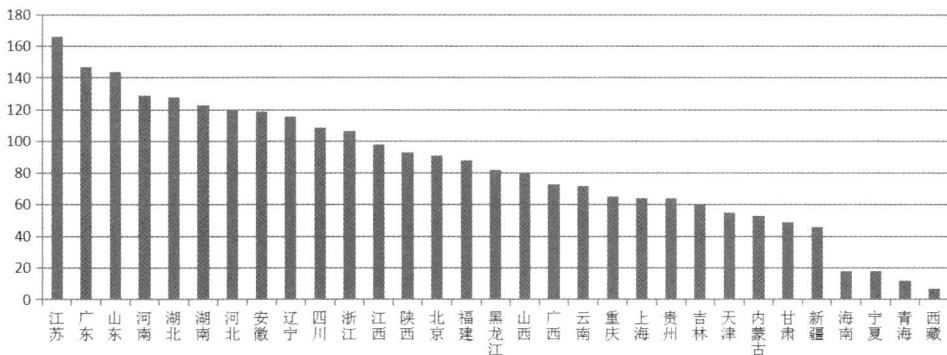

图3-5　全国各省（自治区、直辖市）2016年高等教育院所数量（所）

创新是产业未来发展的核心动力，而创新能力的建设涉及非常多的要素，需要大量的政策扶持和制度安排。上海市建设全球影响力科技创新中心方案提供了创新能力建设的核心要素和措施。与这些要素和措施相对应，可以看到中、西部地区在创新能力、创新要素和创新人才等方面存在诸多软肋，这势必影响产业转移尤其是知识技术密集型的高端新兴产业。区域基础高校紧缺、科研院所稀少的现状，导致其对产业研发提供的人才支持和技术基础支撑势必薄弱。而企业科研力量薄弱，研发投入不足，创新平台缺乏等，都必然导致产业整体技术水平不高，创新能力有限，这也势必导致承接高技术产业将有心无力。电子信息产业协会曾总结研发资源稀缺导致中、西部地区难以承接电子信息产业价值链高端环节的转移；中、西部地区科教资源有限和人口素质相对不高导致电子信息企业在当地招工困难。目前，我国乘用车发展就体现出上海凭借其乘用车的产业基础，更由于其人才聚集、创新要素丰富，其高地溢出效应明显，新兴车企纷纷围绕上海市布局产能，临近的浙江省拥有 4 家新兴乘用车企，江苏拥有 6 家新兴乘用车企，成为我国新兴车企落户最集中的区域。

4．基础设施公共服务等其他生产生活配套保障转移企业落地生根发展

基础设施和公共服务是一个地区产业转移承接能力的重要判断指标。基础设施是地方经济发展的基础条件，公共服务配套是产业发展的重要推动力。企业转移后其长期发展和成长往往会受到当地基础设施与公共服务等各类保障性要素的影响，尤其是对需要高端人才、需要国际性人才、需要大量人员跟随迁移的行业企业而言，当地的卫生医疗保障、教育资源，乃至日常休闲环境、商业消费环境等会影响他们是否扎根、是否愿意长期在此发展。

我国各区域间的不平衡除了经济发展和产业发展，还反映在社会和生活发展中的许多方面。大部分学者往往多是从基础设施、生活水平、经济活力、经济结构、经济发展等多个方面来全方位判断区域间的不均衡发展，具体指标会涉及城市基础设施投资、万人拥有卫生机构床位数、人均社会消费品零售额、全社会固定资产投资、地方财政收入、进出口总额、第三产业增加值占 GDP 比重、人均生产总值和工业增加值占 GDP 比重等。课题组根据数据可获取性和可对比性，选择城镇化率、城镇居民人均消费支出和人均道路面积来简略对比，发现中、西部地区城镇化发展非常迅速，从 2007—2016 年这十年间，城镇化率均提升至少 10%，但相对而言，还是落后于东部地区。从人均道路面积增长看，大部分中、西部地区都在大力新修道路以保障和促进地区经济发展，尤其是内蒙古和贵州两地，可见道路通达是产业转移、地区发展的起步。从城镇居民人均消费支出看，中、西部地区大部分城市的人均消费支出还是低于上海、北京、浙江、天津、广东和江苏等地。各行业协会纷纷在阻碍产业转移的因素总结中提到，基础设施条件相对薄弱导致企业运营成本增加；生活配套环境与东部发达地区差距较大，进一步加大了转入企业引智留人的难度（表 3-2）。

表 3-2　近几年各省（自治区、直辖市）城镇化率、人均道路面积和城镇居民人均消费支出

	2016 年常住人口（万人）	2016 年城镇化率（%）	2007 年至2016 年城镇化率变化（%）	2016 年人均道路面积（平方米）	2007 年人均道路面积（平方米）	2007 年至2016 年人均道路面积增长（%）	2016 年城镇居民人均消费支出（元）
北京	2 173	86.52	2.03	7.62	5.6	36.07	38 255.52
天津	1 562	82.91	6.58	15.39	11.94	28.89	28 344.58
河北	7 470	53.32	13.06	18.91	13.59	39.15	19 105.89
山西	3 682	56.22	12.19	14.77	8.55	72.75	16 992.82
内蒙古	2 520	61.19	11.05	23.45	12.23	91.74	22 744.45
辽宁	4 378	67.36	8.17	13.01	9.61	35.38	24 995.89
吉林	2 733	55.98	2.83	14.98	9.56	56.69	19 166.38
黑龙江	3 799	59.20	5.30	13.71	8.73	57.04	18 145.16
上海	2 420	87.89	-0.77	4.37	4.5	-2.89	39 856.76
江苏	7 999	67.72	14.52	25.37	19.28	31.59	26 432.93
浙江	5 590	66.99	9.79	17.73	14.6	21.44	30 067.66
安徽	6 196	51.99	13.28	21.82	13.55	61.03	19 606.25
福建	3 874	63.60	12.19	14.41	10.98	31.24	25 005.52
江西	4 592	53.09	13.28	17.33	10.5	65.05	17 695.65
山东	9 947	59.02	12.27	24.65	18.66	32.10	21 495.29
河南	9 532	48.50	14.16	12.97	10.81	19.98	18 087.79
湖北	5 885	58.10	13.79	16.14	12.76	26.49	20 040.03

（续表）

	2016 年常住人口（万人）	2016 年城镇化率(%)	2007 年至2016 年城镇化率变化（%）	2016 年人均道路面积（平方米）	2007 年人均道路面积（平方米）	2007 年至2016 年人均道路面积增长（%）	2016 年城镇居民人均消费支出（元）
湖南	6 822	52.76	12.30	14.59	11.41	27.87	21 419.99
广东	10 999	69.20	6.06	13.05	9.44	38.24	28 613.33
广西	4 838	48.08	11.84	17.06	11.28	51.24	17 268.45
海南	917	56.82	9.60	17.75	12.5	42.00	19 015.47
重庆	3 048	62.60	14.30	12.23	9.16	33.52	21 030.94
四川	8 262	49.21	13.62	13.73	10.33	32.91	20 659.81
贵州	3 555	44.16	15.91	12.11	6.21	95.01	19 201.68
云南	4 771	45.02	13.43	15.76	9.28	69.83	18 622.4
西藏	331	29.61	8.15	16.82	15.51	8.45	19 440.48
陕西	3 813	55.34	14.72	15.42	11.58	33.16	19 368.9
甘肃	2 610	44.67	12.41	15.42	9.83	56.87	19 539.22
青海	593	51.60	11.57	11.04	10.53	4.84	20 853.17
宁夏	675	56.30	12.20	23.11	17.16	34.67	20 364.23
新疆	2 398	48.33	9.19	18.35	13.32	37.76	21 228.5

（三）企业迁移动力问题

产业转移从微观上看还是靠企业迁移和发展来实现的。随着产业的不断变迁，产业结构的不断升级，东部地区凭借优秀软文化制度优势，又聚集了许多处于发展新起点和新阶段的各类产业与技术。传统土地成本和人力成本在未来产业竞争与产业转移中的作用将逐步降低。当年跟随我国中、西部地区开放开发政策的实施，大部分行业中的优秀企业已经开展了产业转移，转移后企业扎根发展，地方将"嵌入"产业发展为"根植"产业还需全力建设。因此，我国下一次大规模的产业转移还需中、西部地区的产业发展生态环境的优化建设，需要中、西部地区自身发展集聚出发展的源泉与动力，需要东部地区新兴产业和技术的成熟与完善。

1. 传统土地成本和人力成本在未来产业竞争与产业转移中的作用将逐步降低

改革开放以来，低人力成本、低土地成本、低环境成本是竞争制胜的比较优势，竞相比拼优惠政策是地方政府的招商利器。但这一格局不可能恒久不变，根据韩国等国的发展经验，低成本导向的加工贸易在一个地区的黄金发展周期，一般只有 20 年。

现阶段，单靠土地供应和人力成本等传统优势已经不能完全吸引新兴优秀企业向中、西部地区迁移。民营企业 500 强的地域分布数据能部分说明这一问题。据人民网《2017 民企 500 强地域解读："东边日出西边雨"》报道，2017 年最具市场活力的民营企业仍然是在东部城市"扎堆"、西部城市"惨淡"，贵州、西藏、青海、甘肃等省区，甚至没有一家企业入围。具体来看，以江浙粤为代表的东部沿海城市共 262 家，占 500 强企业的52.4%。而在西部城市中，重庆有 11 家入围 500 强，四川有 10 家入围，云南有 2 家，新疆 4 家，宁夏 3 家，内蒙古 6 家；贵州、西藏、青海、甘肃为零；西部 11 省（自治区、直辖市）仅有 36 家企业位列 500 强，仅占7.2%。可以看出，大部分企业仍然选择东部地区扎根发展。

由此推断，目前产业发展不仅仅是依赖于低土地成本、低人力成本，产业发展的动力和源泉更多来自于各类创新，来自于新的生产和生活理念。尤其是对于处于新起点、新阶段的各类朝阳产业和技术，地区的人才汇集、开放态度、创业创新、探索干劲、文化理念、社会生活与各类保障等系列软环境和软条件更能保障产业的发展。

专栏 3-2　各地土地、人力要素成本分析

根据广东省国土资源厅关于2016年度广东省省级开发区土地集约利用评价情况通报披露的信息，从土地供应和土地开发来看，东部地区可开发利用的空间不足。发达省份省内腾笼换鸟，产业转型升级任务繁重。广东省 62 个省级开发区中有近三分之一（21 个）尚可供应土地面积占可开发建设土地面积的比例不足 20%，其中 4 个开发区的土

地已全部开发供应完毕，1 个园区从设立至 2015 年底土地没有开发利
用。广东省国土资源厅印发《关于完善工业用地供应制度促进供给侧
结构性改革的指导意见（试行）》的通知，要求从 2017 年 9 月 1 日起，
工业用地全面实行弹性年期出让，缩短工业用地出让期限。

从土地的成本看，由于我国基准地价分类多、级别多，且最近正
好处于规定的地价调整年，因此课题组采用商品房平均售价来衡量。
国家统计局的数据显示，北京、上海遥遥领先全国其他地区，东部地
区商品房售价在 8 805 元/平方米至 12 830 元/平方米之间，除去北京和
上海，平均值为 9 405 元/平方米，多集中在 9 000 元/平方米元左右。
中部地区，平均为 5 490 元/平方米。湖北较高 6 724 元/平方米；湖南
最低，为 4 640 元/平方米。西部地区，平均为 5 055 元/平方米。四川
较高达到 5 762 元/平方米，宁夏最低为 4 241 元/平方米。东北地区平
均为 5 580 元/平方米。这意味着，东部土地成本相对其他地区要高，
而中部、西部和东北部地区间的差异并不显著（图 3-6）。

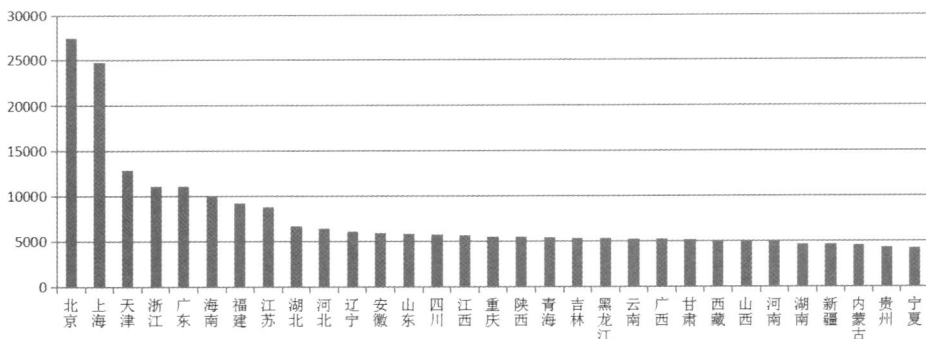

图 3-6　全国各省（自治区、直辖市）2016 年商品房平均售价（元/平方米）

国家统计局的数据显示，从用人成本看，各区域间用人成本差距，
除上海、北京、西藏、天津等地城镇单位就业人员平均工资远高于其
他地区，浙江、广东、江苏等地的年平均工资约在 70 000 多元，而西
部地区青海、贵州、宁夏、重庆、四川、新疆、内蒙古、云南等地的
年平均工资约超过 60 000 元，与浙江、广东和江苏等地仅差 10 000 多
元，其中青海、贵州、宁夏和重庆的年平均工资超过 65 000 元，与浙

江、广东和江苏等地的年工资差距仅 5 000 元。相比而言，广大中部地区的年平均工资略低于西部，其中，河南省最低，49 000 多元（图3-7）。

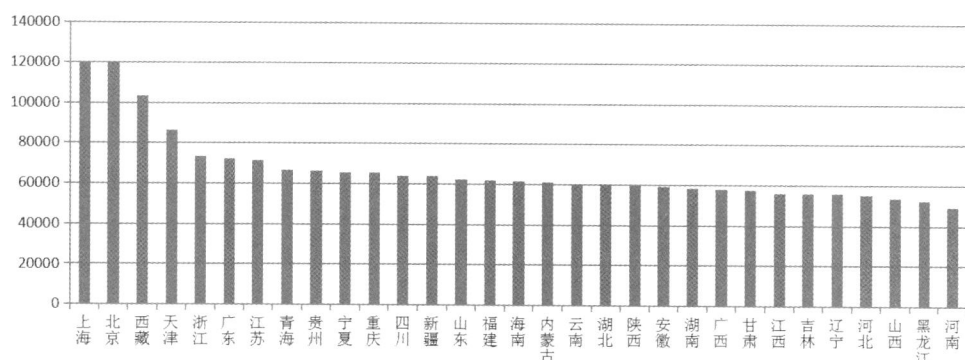

图 3-7　全国各省（自治区、直辖市）2016 年城镇单位就业人员年平均工资（元）

2.　大部分优秀企业已经开展产业转移，再次实施大规模转移需要新的动力推动

在产业转移中，主动实施转移的企业往往是生产经营状况比较好的，它们出于节约成本、发展空间受限、拓展市场等各种原因，积极主动开展产业转移（见表 3-3）。以产业转移开展较早的制鞋行业来看，东莞鞋业企业，有 50%左右到了中国的中、西部地区，如湖南、江西、四川、广西、河南等地设厂，有 25%左右到东南亚地区如越南、孟加拉、印度、缅甸等国设厂。百丽、康奈、奥康、红蜻蜓等企业分别在中部的安徽、湖南，西部重庆等地设厂；宝成国际集团在江西省上高县投产。纺织企业中如意、华孚、华瑞、苏美达由于原料、成本等因素纷纷布局于新疆、安徽和河南等地。电子信息产业中，富士康通过多次内迁，已经形成了泛珠三角、长三角、环渤海及中、西部四大产业集群。联想集团借助产业转移实现了企业从硬件向软件和应用、从传统向互联网企业的转型发展，并建成自东向西的产业格局。我国汽车产业，以乘用车为例，我国吉利、长安、比亚迪、

华泰、长城、江淮等自主品牌与传统合资品牌不论在传统汽车还是在新能源汽车上已几乎实现各省均有汽车企业布局，目前江浙沪地区、川渝地区、京津冀地区、两广地区和两湖地区产能位于前列。

表3-3　重点产业典型企业向中、西部转移和布局生产基地案例

所属产业	企业名称	原有产业基地	转移后的产业基地	转移年份	转移原因
电子信息产业	京东方光电科技有限公司	北京、苏州、厦门	重庆、绵阳、成都、福州、合肥、鄂尔多斯、河北固安	2007—2015年	人力成本、市场拓展、物流成本
	联想	北京、上海、惠阳、深圳及厦门	成都、合肥（联宝）、武汉（移动设备生产基地）	2010—2013年	产品线拓展、人力成本、物流
	富士康	珠三角、长三角、环渤海	郑州、太原、晋城、成都、重庆、衡阳、南宁、安庆、武汉、贵州、绵阳等	2009—2013年	人力资源、市场临近性、地方政府支持
轻工产业	联合利华	上海	合肥、天津、四川眉山	2003—2015年	需求市场辐射、土地、物流、商务成本
纺织服装	苏美达集团	上海	河南商丘	2016年	劳动力成本、政府推动
	江苏华瑞国际集团	江苏	安徽滁州、凤阳	2015年	劳动力成本、政府推动
	天虹集团、华孚色纺、如意集团	东部沿海地区	新疆石河子	2010—2016年	劳动力、原材料、能源、土地优势、区位优势

产业转移的前提是企业经营良好，发展壮大的愿望强烈，不断寻找市场机会，转移、投资、合作、扩大发展。然而，目前部分民营企业特别是中小型企业出现了"三心二意"现象。第一个"心"是指投资信心和对发展预期的信心不足，第二个"心"是对产权保护不放心，第三个"心"是一些企业对做实体不专心，心态很浮躁；"二意"是投资意愿不强，创新意愿不强。因此，还得大力促进企业发展，形成一大批有转移能力和转移意

愿的企业。

3. 转移后企业扎根发展、"嵌入"产业转为"根植"产业面临困难

早期企业往往是基于土地空间、原料资源及原地环保转型压力等开展转移活动。企业转移过来后，部分地方政府却不注意完善产业配套条件，形成不了集群优势。一些企业，例如纺织行业特别是服装加工企业的再迁移成本不高，迁移来的企业往往在"两免三减""免三减五"等政策优惠期过后，择机再次迁移。

现在产业转移多采取集群式、链条式的整体转移方式，地方政府也将产业转移与地区产业发展规划相衔接，但是由于我国中、西部地区与东部地区相比，整个经济发展水平、产业发展基础、服务配套保障等都相差较远，一些产业起步晚、规模小、产业链不完整，导致转入企业发展初期难以在当地建立上下游配套联系。再加之政府服务能力、地区创新能力、当地人员素质、文化环境、职业素养、消费习惯等各方面的软环境因素，要将转移产业和企业从"嵌入"式转为"根植"式需要经历较长的时期。

4. 各省注重省内迁移，推动跨区域产业转移需要打破行政藩篱

我国的区域不均衡发展不仅在东中西部地区和东北部地区之间显著，每个省内省会城市、中心城市与周边城市之间的差距，城市与乡村之间的差距都非常大。随着我国对区域均衡发展的重视，以及我国对农村经济、对贫困地区的发展要求，各省对其相对落后地区，尤其是贫困地区的发展都高度重视，各省出台各项政策，采取多种措施，如产业扶持、实体经济建设等来帮助这些相对落后和贫困的地区建立产业，从"输血式"帮助转变为"造血式"扶持。近几年，各省鼓励本省劳动密集型产业及资本向本省区内不发达和欠发达地区转移，减小区域差距成为各省开展产业转移的首要工作。如广东省从 2005 年开始重视省山区等地发展，2016 年再次印发《关于支持珠三角与粤东西北产业共建的财政扶持政策》。江苏省提出南北挂钩共建苏北开发区，目前江苏省已有南北共建园区 45 个，据苏北发展协调小组《关于共建园区 2016 年度考核结果的通报》，在全省南北共建园区 2016 年度考核中，苏宿园区继续稳居 45 家园区榜首，实现"八连冠"。陕西提出了"强关中、稳陕北、兴陕南"的发展目标，以破解区域发展不均衡难题。企业在省内实施转移行为必然会对它在全国的产业布局产生一

定的影响和作用。许多发达地区的企业往往应当地政府要求不出省，或是将研发或盈利能力强的业务或部门保留在当地，只转出技术含量相对不高的组装、加工等环节。

三、充分认识新时代加强产业转移工作的重要意义

当前我国经济发展取得了长足的进步，已进行了三次产业结构优化。制造业作为产业发展核心已经具备了建设制造强国的基础和条件，但与先进国家相比还存在较大差距，如创新能力整体偏弱，创新体系尚不完善；资源能源利用效率低，环境污染问题较为突出；低端供给过剩与高端供给不足并存，产业结构调整还有待深化等。此外，受国内外多重因素影响，部分行业下行压力持续加大，企业生产经营成本不断上升构成了产业发展的现实挑战。与此同时，我国在世界制造业格局中面临发达国家高端回流和发展中国家中低端分流的"双向挤压"。在新形势下，进一步加大产业转移工作力度，对促进区域协调发展，推动产业结构优化，制造业转型升级，实现产业政策转型具有重要意义。

（一）引导产业有序转移是贯彻落实党中央、国务院重大区域战略决策部署的重要举措

党的十八大以来，以习近平同志为核心的党中央，坚持新发展理念，统筹国际国内两个大局，明确提出重点实施"一带一路"建设、京津冀协同发展和长江经济带发展三大战略，标志着我国区域发展总体战略进入新阶段。产业转移是实施我国区域发展三大战略的重要内容。

首先，加强我国和沿线国家在更大范围内的产业转移与合作，是"一带一路"建设战略的重要目标。《推动共建丝绸之路经济带和 21 世纪海上丝绸之路的愿景与行动》中提出要"优化我国与沿线国家和地区的产业链分工布局，推动上下游产业链和关联产业协同发展。"其次，产业转移合作，是京津冀协同发展战略率先突破的三大重点领域之一。党中央、国务院明确提出京津冀地区要按照规划"一盘棋"、布局"一张图"、发展"一体化"

的思路，加快推动产业转移合作，理顺三地产业发展链条，形成区域间产业合理分布和上下游联动机制。最后，推动长江沿岸省（自治区、直辖市）的产业转移合作与协调发展，是长江经济带发展战略的重要内容。《国务院关于依托黄金水道推动长江经济带发展的指导意见》中明确提出，"发挥长江三角洲地区的辐射引领作用，促进中上游地区有序承接产业转移，提高要素配置效率，激发内生发展活力，使长江经济带成为推动我国区域协调发展的示范带。"

（二）引导产业有序转移是推动工业转型升级的必然要求

产业转移是推动工业转型升级的重要手段。本质上，工业转型升级是对要素资源的重新整合和配置，而产业转移主要是强调从空间层面对各类要素资源进行重新优化组合，促进其在更广阔的范围内转移、聚合、集散、调配，提升生产技术水平，改善产业组织结构，提高资源综合利用效率，最终实现推动经济内生增长，实现提质增效、转型升级。从调整存量方面来说，产业转移不是对产业项目跨区域简单搬迁，而是在生产规范性条件、产能（减量）置换等多种政策手段综合引导作用下，以更先进的技术水平和组织形态，实现要素资源在更适合的区域优化配置，促进产业绿色化、服务化、高端化。从增量上来看，产业转移可以为相对落后区域注入经济快速发展所必须的优质要素和生产力，特别是关键技术装备、管理人才、商业模式，以及配套相关资源等，带动承接地经济规模和质量的双重提升。

东部发达地区通过产业对外转移，可以将土地、资金、劳动力等生产要素集中到高新技术产业和产业链高端环节，为产业结构顺利调整升级创造有利条件；中、西部地区通过承接劳动密集型产业和地方优势资源型产业，对于巩固我国制造业传统成本优势，保持完整的国内产业链条，实现制造业持续平稳健康发展具有重要意义。转移与承接相结合，存量与增量相结合，制造与创造相结合的产业转移，是实现要素驱动、投资驱动转向创新驱动，提升我国制造业的全球竞争力的有力保障。

（三）引导产业有序转移是落实"产业政策要准"的重要实践

"十三五"规划纲要指出，"必须以提高供给体系的质量和效率为目标，实施宏观政策要稳、产业政策要准、微观政策要活、改革政策要实、社会政策要托底的政策支柱"。作为五大政策支柱之一，产业政策要准，是推进供给侧结构性改革的重要依托，是党中央、国务院新时期产业政策的最新要求。产业政策要准，就是要针对不同行业、不同地区，从总量与结构、供给与需求、内部因素与外部影响、体制机制与市场环境、中央政策与地方措施等多角度，剖析和找准问题及其成因，因业施策、因地施策，提高产业政策的针对性和有效性。

推动产业有序转移，是落实产业政策要准的具体实践。首先，产业转移政策立足于统筹规划、合理定位和承接有序。其强调从国家层面，根据各地的发展基础和优势，结合多方力量优化产业承接环境，提高产业承接能力，有利于解决产业承接中存在的比较劣势及盲目承接的问题，弥补市场在推动区域协调发展方面的失灵。其次，产业转移政策强调发挥监督规范作用。通过实施负面清单等产业政策，明确各地禁止和限制承接的产业，防止产业的梯次转移变为落后产能的梯次转移、污染的梯次转移，弥补市场在环境保护方面的失灵。最后，产业转移政策注重发挥区域的沟通交流作用。通过平台搭建和示范推广，拓展产业转移的渠道和方式，加强区域产业转移合作交流，提高产业对接的针对性、有效性和成功率，弥补市场在信息不对称方面的失灵。

（四）引导产业有序转移有助于促进不同产业梯度地区协调发展实现产业空间接续

我国各地区所处地理位置不同、气候地形差异较大、自然资源存储量差异较大、经济发展阶段和产业梯度等发展基础不同，我们需要正确认识并充分尊重各地区之间的差异，把握产业在不同地理区域之间进行转移接续的空间和机遇，加强对各区域承接产业转移和布局的分类指导，因地制宜地引导各地区有序承接产业转移，推动各地区之间结合自身特色优势，分工合作、优势互补、促进产业发展与工业发展阶段和空间要素环境相匹配，防止各地盲目同质化发展，无序恶性竞争。保障实现"西部大开发形成新格局，深化改革加快东北等老工业基地振兴，发挥优势推动中部地区崛起，创新引领率先实现东部地区优化发展"。

（五）引导产业有序转移有利于为地区经济发展注入新的活力

要充分认识新常态下中国经济从要素驱动、投资驱动转向创新驱动的大方向，通过产业转移为产业结构向高端升级提供坚强有力的保障。要从具体实施层面对各类要素资源优化组合，促进其在更广阔的空间范围内转移、聚合、集散、调配，提高资源综合利用效率，改善产业结构，提升产业层次，推动内生增长，实现优质发展。一方面要推动存量产能转型升级，以更高的准入条件、更先进的技术水平在更适宜发展的区域进行产能再布局，促进产业向高端发展；另一方面要通过增量发展为地区经济注入优质要素和活力，特别是要利用国际先进产能转移带动关键技术、人才、管理模式，以及配套企业资源，直接促进承接地经济质量的快速提升。

（六）引导产业有序转移有助于推进我国新型城镇化建设

新型城镇化是我国经济社会发展的要求，新型城镇化的建设将成为新常态下经济社会发展的重要引擎。制造业是实体经济的主体，是支撑城镇化的重要经济支柱。通过产业转移为新型城镇化提供必要的"动力燃料"，为新城、新区、新工业园区建设提供产业基础支撑，为城镇注入产业功能，夯实经济基础，为其他城市功能的拓展提供必要的资源和协同机制，带动城镇功能基础设施完善。同时，通过产业转移，带动就业岗位增加，促进农村劳动力从农村地区向工业部门释放，有助于破解城乡二元结构难题。

第二篇

重点区域篇

第四章
京津冀地区产业转移的现状与趋势

2017 年是《京津冀协同发展规划纲要》规定的近期目标收官之年。经过这几年的建设，京津冀协同发展取得重大成就，协同发展大格局基本形成，抓住疏解北京非首都功能这个"牛鼻子"，重点领域率先突破、百姓享有更多获得感，深化改革创新为协同发展清除障碍。借助产业转移，京津冀地区经济结构和产业布局不断优化调整，北京市"瘦身提质""高精尖"经济结构逐步构建，天津市"强身聚核"，先进制造业和现代服务业快速发展，河北省"健身增效"，产业结构调整步伐加快。未来随着《京津冀协同发展规划纲要》中期目标建设的展开，随着北京城市副中心和雄安新区两翼联动的强化，京津冀协同发展将进入"快车道"。京津冀产业转移也将步入新的发展阶段。

一、京津冀地区产业发展总体情况

（一）京津冀地区是全国重要的经济增长中心，但经济总量占比呈下降趋势

京津冀是我国最重要的区域经济中心之一，以占全国 2% 的土地面积，

养活了全国 8.1%的人口，创造了全国接近 10%的 GDP，中心集聚效应明显。近几年，受宏观经济形势影响，传统工业比重较高的京津冀地区经济增速呈下滑趋势，GDP 占全国比重从 2011 年的 10.64%，下降至 2017 年的 9.99%。区域内部，北京市经济虹吸效应越趋明显，经济总量占京津冀比重从 2011 年的 31.2%增加至 2017 年的 33.9%；河北省传统工业占比较大，经济转型难度大，经济总量占比从 47.1%下降至 43.6；天津市的经济比重则相对稳定（具体数据参见表 4-1，其中，2010—2016 年数据来源于国家统计局，2017 年数据来源于中经网统计数据库）。未来，随着京津冀协同发展不断加快，经济结构逐步优化，京津冀地区发展有望释放出更大的增长潜力。

表 4-1　历年京津冀地区经济总量（亿元）

地区	全国	京津冀	京津冀占比（%）	北京市	北京市占比（%）	天津市	天津市占比（%）	河北省	河北省占比（%）
2011	489 300.6	52 074.97	10.64	16 251.93	31.2	11 307.28	21.7	24 515.76	47.1
2012	540 367.4	57 348.29	10.61	17 879.4	31.2	12 893.88	22.5	26 575.01	46.3
2013	595 244.4	62 685.77	10.53	19 800.81	31.6	14 442.01	23.0	28 442.95	45.4
2014	64 3974	66 478.91	10.32	21 330.83	32.1	15 726.93	23.7	29 421.15	44.3
2015	689 052.1	69 358.89	10.07	23 014.59	33.2	16 538.19	23.8	29 806.11	43.0
2016	743 585	75 624.97	10.17	25 669.13	33.9	17 885.39	23.7	32 070.45	42.4
2017	827 122	82 595.78	9.99	28 000.4	33.9	18 595.38	22.5	36 000	43.6

（二）产业结构逐渐优化，第三产业比重逐年上升

随着京津冀协同发展战略的推进，京津冀地区的产业结构加快调整。据国家统计局的数据显示，区域三次产业结构由 2011 年的 6.1:43.8:50.1 调整为 2016 年的 5.1:36.7:58.2，一产、二产的比重逐步下降，第三产业比重稳步上升，成为京津冀地区主导产业。2016 年京津冀地区第三产业增长率达 13.0%，远高于第一、二产业的 1.4%和 4.3%（具体数据参见表 4-2）。其中北京市基本形成以金融、科技服务、信息服务等高端服务业为主导的产业格局，2017 年北京市第三产业占 GDP 比重超过 80%，金融、科技服

务、信息服务等优势行业对北京市经济增长的贡献率合计达到 53.3%。天津市产业结构相对均衡，第二产业还占有相当大的比重，2017 年天津市三产比重为 1.2:40.8:58.0。河北省得益于近几年京津冀产业转移，2017 年第二产业比重为 48.4%，超过第三产业的 41.8%[①]。

表 4-2 京津冀地区三产增加值及比重

第一产业增加值（亿元）	2011	2012	2013	2014	2015	2016
北京	136.3	150.2	159.6	159.0	140.2	129.8
天津	159.7	171.6	188.5	201.5	208.8	220.2
河北	2 905.7	3 186.7	3 382.0	3 447.5	3 439.5	3 492.8
京津冀合计	3 201.8	3 508.5	3 730.0	3 808.0	3 788.5	3 842.8
增长率（%）	—	9.6	6.3	2.1	-0.5	1.4
第二产业增加值（亿元）	2011	2012	2013	2014	2015	2016
北京	3 752.5	4059.3	4292.6	4544.8	4542.6	4944.4
天津	5 928.3	6663.8	7308.1	7766.1	7704.2	7571.4
河北	13 126.9	14003.6	14781.9	15012.9	14386.9	15256.9
京津冀合计	22 807.7	24726.7	26382.5	27323.8	26633.7	27772.7
增长率（%）	—	8.4	6.7	3.6	-2.5	4.3
第三产业增加值（亿元）	2011	2012	2013	2014	2015	2016
北京	12 363.1	13 669.9	15 348.6	16 627.0	18 331.7	20 594.9
天津	5 219.2	6 058.5	6 945.4	7 759.3	8 625.2	10 093.8
河北	8 483.2	9 384.8	10 279.1	10 960.8	11 979.8	13 320.7
京津冀合计	26 065.5	29 113.1	32 573.1	35 347.2	38 936.6	44 009.4
增长率（%）	—	11.7	11.9	8.5	10.2	13.0
京津冀三产比重（%）	2011	2012	2013	2014	2015	2016
第一产业	6.1	6.1	6.0	5.7	5.5	5.1
第二产业	43.8	43.1	42.1	41.1	38.4	36.7
第三产业	50.1	50.8	52.0	53.2	56.1	58.2

---

① 2017 年北京、天津、河北三产比重数据根据三地统计局公布测算。

（三）高起点高标准建设雄安新区，培育创新驱动发展新引擎

设立雄安新区是党中央做出的一项重大的历史性战略选择，是继深圳经济特区和上海浦东新区之后又一具有全国意义的新区，是千年大计、国家大事。雄安新区规划范围涉及河北省雄县、容城、安新3县及周边部分区域，地处北京、天津、保定腹地，区位优势明显、交通便捷通畅、生态环境优良、资源环境承载能力较强，现有开发程度较低，发展空间充裕，具备高起点、高标准开发建设的基本条件。雄安新区规划建设以特定区域为起步区先行开发，起步区面积约100平方千米，中期发展区面积约200平方千米，远期控制区面积约2 000平方千米。

一是京津冀全力支持雄安建设。设立雄安新区是以习近平同志为核心的党中央深入推进京津冀协同发展做出的一项重大决策部署。决定发布以来，北京市、天津市分别与河北省签署了战略合作协议，支持雄安新区建设。2017年8月，北京市人民政府与河北省人民政府签署《北京市人民政府河北省人民政府关于共同推进河北雄安新区规划建设战略合作协议》。根据协议，北京市将在协同推进创新驱动发展、推进交通基础设施直连直通、开展生态环境联防联治、合力推动产业转型升级、协同提供高品质公共服务、加强城市规划技术支持服务、加强干部人才交流等七个方面与河北省开展战略合作，集中优势资源全力支持雄安新区建设开局起步。根据北京日报的资料信息，部分北京与河北签订协议全力支持雄安建设合作内容参见表4-3。

表4-3　北京与河北签订协议全力支持雄安建设合作内容（节选）

主要方面	具体内容
协同推进创新驱动发展	将雄安新区规划建设与京津冀系统推进全面创新改革试验和北京建设全国科技创新中心紧密结合起来，引导以中关村科技园区为代表的首都科技创新要素资源到雄安新区落地，促进科技成果在雄安新区孵化转化，打造协同创新重要平台
	支持中关村科技园区与雄安新区合作共建雄安新区中关村科技园，打造高水平创新创业载体，形成联动发展的科技创新园区链

（续表）

主要方面	具体内容
	北京市积极支持雄安新区引进科技领军人才和创新团队，共同争取将中关村国家自主创新示范区政策向雄安新区延伸覆盖
	双方共同推动在京津冀协同发展基金下设立雄安新区创新创业子基金，共同争取科学技术部国家科技成果转化引导基金支持，搭建科技金融合作平台
合力推动产业转型升级	围绕雄安新区产业定位，双方加强产业转移与承接的协同联动，严格限制转移和承接一般性制造业、中低端第三产业，共同推动雄安新区发展高端高新产业
	鼓励有意愿的在京企业有序向雄安新区转移发展，支持北京市属国有企业在市政基础设施、城市运行保障等领域为雄安新区开发建设、城市管理提供服务
	支持北京市属金融机构在雄安新区设立分支机构，发展科技金融、普惠金融、互联网金融和绿色金融，为新区建设发展提供综合金融服务
	发挥"北京服务"品牌影响力，推动北京高端服务业向雄安新区延伸转移

二是高新技术企业积极响应雄安新区建设，战略合作有序推进。2017年12月，中关村科技园区管理委员会与河北雄安新区管委会签署共建雄安新区中关村科技园协议。根据协议，双方将按照"世界眼光、国际标准、中国特色、高点定位"要求，吸引集聚全球科技创新资源，推进各类创新主体、创新要素融合互动，实现创新链、产业链、资金链、政策链深度衔接，共同打造"布局超前、体系完备、宜业宜创、引领未来"的科技新城。中关村科技园区管理委员会结合雄安新区建设需求，组织碧水源、东方园林、东方雨虹、广联达、雪迪龙、清新环境、神雾、北京科锐、小桔科技、金山软件、首航节能、眼神科技等12家中关村节能环保及智慧城市服务企业与雄安新区签署了战略合作框架协议，入驻雄安中关村科技产业基地，支持服务雄安新区建设国际一流、绿色、现代、智慧的未来之城。与雄安新区开展合作的部分企业见表4-4。

表4-4　与雄安新区开展合作的部分企业列表

序　号	入驻企业	合作内容
1	百度	双方将共建雄安 AI-City、智能云基础设施和 AI 国家实验室，共推无人驾驶等
2	阿里巴巴（阿里巴巴雄安技术有限公司、蚂蚁金服雄安数字技术有限公司和菜鸟雄安网络科技有限公司在雄安完成注册）	双方将携手打造以云计算为基础设施、物联网为城市神经网络、城市大脑为人工智能中枢的未来智能城市

（续表）

序　号	入驻企业	合作内容
3	腾讯	与雄安新区管委会签订"金融科技战略合作协议"，成立金融科技实验室
4	碧水源	12家中关村节能环保及智慧城市服务企业与雄安新区签署了战略合作框架协议，入驻雄安中关村科技产业基地，支持服务雄安新区建设国际一流、绿色、现代、智慧的未来之城
5	东方园林	
6	东方雨虹	
7	广联达	
8	雪迪龙	
9	清新环境	
10	神雾	
11	北京科锐	
12	小桔科技	
13	金山软件	
14	首航节能	
15	眼神科技	

二、京津冀地区产业转移的现状和特点

（一）借产业转移促产业提质增效，培育产业创新能力

近年来，在京津冀协同发展战略的推动下，京津冀各地产业转移力度不断加大，北京向外疏解产业与津冀承接产业规模不断增加，产业转移成果初步显现。

1. 北京：低端疏解与高端聚集

北京是京津冀地区内产业转移的主要转出地。《京津冀协同发展规划纲要》明确指出，北京未来发展的定位是全国政治中心、文化中心、国际交往中心、科技创新中心，有序疏解北京非首都功能是京津冀协同发展的核心。在京津冀协同发展战略的安排下，北京市产业转移的主要方向是疏解退出一般性制造业、区域性物流基地和区域性批发市场，聚集总部经济产业、高新技术产业、高端生产性服务业、高品质生活性服务业、高价值文化创意产业等"高精尖"产业。

调整退出低端产业进程加快。根据《北京市新增产业的禁止和限制目录》，北京市执行禁限的制造业门类占比达到 78%，实现了禁限项目"零准入"。根据《北京市工业污染行业、生产工艺调整退出及设备淘汰目录》，修订后的淘汰退出目录涉及行业及生产工艺、设备两大类共计 172 项内容。2010—2016 年，累计关停退出 1 341 家一般制造和污染企业，提前超额完成《北京市 2010—2017 年清洁空气行动计划》关停退出 1 200 家的任务目标；成功引导首钢、四方继保、精雕科技、威克多制衣等企业将生产制造环节外迁津冀地区，总投资 74 亿元的沧州现代四工厂、总投资 18 亿元的新乐三元工业园等项目相继投产。

聚集高端产业力度加大。近几年，为加速高端产业聚集，北京市成立了制造业创新发展领导小组，发布《北京市鼓励发展的高精尖产品目录（2016 年版）》，成立"高精尖"基金，2017 年中航发动机总部、国家动力电池创新中心等项目相继落地。根据北京日报发表的文章《671 个优选"高精尖"大项目去年落户》的数据显示，2016 年北京市促成"高精尖"注册大项目 671 个。北京市投促局共促成服务业扩大开放重点领域注册大项目 740 个，包括神州网信技术有限公司、优舫（北京）信息科技有限公司等；促成技术创新总部注册项目 10 个，包括第一视频（中国）投资有限公司、布赫（中国）投资有限公司等；促成科技创新（高新技术）注册项目 1 256 个，包括中信云网有限公司、中科盈动新能源科技有限公司等；促成京郊十区注册项目 632 个。

2. 天津：大量引进京冀资本同时以重大项目投资河北

大量引进京冀资金。据天津招商网和天津市人民政府合作交流办公室的信息，2016 年天津引进国内投资项目 7 908 个，资金到位额 4 536.53 亿元。其中，京冀在津投资项目 2 701 个，资金到位额 1 994.09 亿元，增长 14.65%，占全市利用内资的 43.96%；北京投资项目 970 个，资金到位额 1 699.64 亿元，占全市利用内资的 37.46%。2017 年前 3 个季度，天津市共引进国内招商引资项目 6 560 个，资金到位额 3 747.50 亿元，同比增长 5.80%，呈现质量效益持续优化的好势头。北京企业在津投资 1 482.69 亿元。2017 年前 3 季度，天津市共引进北京企业投资项目 948 个，资金实际到位额 1482.69 亿元，同比增长 11.51%，占全市国内招商引资到位额的比重达到 39.56%。其中，北京企业 2017 年前三季度来津投资亿元以上项目 203 个，资金到位额 1 347.41 亿元，占京企投资的 90.87%。服务业项目 717 个，到位资金额 1 191.50 亿元，占京企投资的 80.36%，金融、科技信息服务、租赁及商业服务业均达百亿级规模。河北省企业在津投资 223.69 亿元，占比 5.97%，京冀两地投资占比接近一半。

以重大项目投资支持河北发展。在吸引京冀资金的同时，天津市也积极在河北布局重大项目，支持河北当地发展。如天津滨海汽车零部件产业园在河北青县投资兴建了河北滨海汽车零部件产业园，实现了天津市汽车制造产业链的跨区域整合；天士力集团投资 35 亿元，在河北安国建设"数字中药都"，已成为京津冀协同发展示范工程；一商集团投资 100 亿元在河北雄县开发雄州友谊新城和津雄工业园区，实现产城融合一体化开发；华旗食品有限公司、耕耘种业有限公司等农业龙头企业在河北建立生产基地，带动河北相关产业发展。

3. 河北：利用京津产业转移推动新兴产业培育和传统产业升级，整合创新资源提升创新能力

河北省是京津冀产业转移重要的承接地，近年来随着北京向外疏解产业力度的不断加大，河北省承接京津地区，特别是北京市的转出产业规模快速增加。根据河北新闻网和河北省发展和改革委员会的信息，2014 年以来，河北省累计引进京津项目 15 560 个、资金到位额 1.5 万亿元；其中 2017 年从京津引进项目 2 250 个，引进资金 1 875 亿元，占全省引进京津项目和资金总数均为 3/4 左右。2017 年河北全省从京津引进资金突破 2500 亿元、项目近 3000 个（见表 4-5）。

表 4-5　河北省引进京津项目数量列表

	2015 年	2016 年	2017 年
来自京津项目（个）	4 124	4 100	超过 3 000
在全省占比（%）	38.6	42	-
来自京津资金（亿元）	3 459	3 825	超过 2 500
在全省占比（%）	47.8	51	-

积极利用京津产业转移推动新兴产业培育和传统产业升级。河北省借

力京津的产业优势和科技资源，加强上下游合作，促进京津科技成果到河北孵化转化，理顺产业发展链条，改造提升产业结构，补齐发展短板。如张北云联数据中心、清华大学固安中试孵化基地等投产运营；北京三元河北新乐工业园已建成投产；张家口北汽福田项目一期二期均已投产；北京·沧州渤海新区生物医药产业园加快建设，签约超亿元医药项目86家，总投资279亿元；北京现代汽车沧州工厂18个月完成全部厂区建设，北京城建重工曹妃甸新能源汽车项目7月26日竣工。

借产业转移之力，整合创新资源，提升河北省创新能力。在承接京津产业转移过程中，河北省大力整合区域创新资源，吸引优质企业、科研机构、创新平台落户河北，优化创新机制，开展产学研合作，提升河北省创新能力。近年来，河北省先后打造了石保廊全面创新改革试验区、京南国家科技成果转移转化示范区等重点科技园区，与京津合作共建各类科技产业园区55个，产业技术联盟65家，各类众创空间300余家，京津550项科技项目、1300多家高技术企业落户河北。其中，保定中关村创新中心入驻企业94家，中关村海淀园秦皇岛分园108个项目落地；北京理工大学、北京交通大学、北京航空航天大学与张家口、沧州等市共建创新中心和研发基地。北华航天工业学院、北京理工大学电动车辆国家工程实验室、廊坊中航星北斗电子科技有限公司共建新能源汽车监测与管理平台。

（二）邻近省份成为京津冀地区产业转移重要辐射区，长江经济带成为北京科技成果重要转化区

在京津冀协同发展战略的推动下，京津冀周边省份凭借资源、交通、区位、要素等比较优势，成为分享京津冀特别是北京产业转移红利地域，这些地区既包括环渤海的辽宁、山东等地，也包括河南、内蒙古、山西等内陆地区。如北京是河南最大的省外资金来源地，十二五期间，河南与北京签订合作项目1900多个，累计实际利用北京资金4300多亿元。2016年，河南实际利用北京资金超过1300亿元，增长11.4%，呈现出良好发展态势。山东德州、滨州、聊城、东营四市积极承接非首都功能疏解，2016年，对接来自京津冀地区的400多个项目、价值2700多亿元。其中，滨州当地骨干企业围绕高端铝产业及新型化工、粮食加工、家纺纺织产业等主导产业，和京津冀地区大型企业对接合作，共签约京津冀地区招商引资

项目 158 个。

北京是全国科技创新成果最多的地区之一，但京津冀地区科技成果就地转化能力不高。据《北京技术市场统计年报》，2016 年，北京流向外省市技术合同 38 928 项，比上年增长 4.0%，占全市技术合同成交项数的 51.9%；成交额 1 997.2 亿元，增长 6.3%，占全市成交额的 50.7%。技术主要流向了广东省和长江经济带省份，其中，广东省居首位，技术合同 3 923 项，成交额 173.4 亿元，占流向外省市技术合同成交额的 8.7%；流向"长江经济带"11 个省（自治区、直辖市）技术合同 16 367 项，成交额 983.6 亿元，比上年增长 11.2%，占北京流向外省市技术合同成交额的 49.3%。另有相关数据显示，2017 年中关村国家自主创新示范区对外技术交易额已达约 4 000 亿元，其中京津冀地区占比仅 4% 左右，而剩余 96% 成交额背后的大部分高新技术都在江浙、珠三角、长三角等地区实现了产业化。河北只占中关村示范区每年对外技术交易额的 1.2%。

（三）围绕一带一路倡议，京津冀地区境外产业转移多点开花

京津冀利用外资与对外投资规模不断创新高。近些年，随着京津冀协同发展效应逐渐显现，服务业对外开放力度加大，京津冀地区双向投资不断增加。

对外投资呈爆发式增长。根据《2016 年度中国对外直接投资统计公报》的数据显示，2011—2016 年京津冀非金融类对外直接投资从 20.457 亿美元增长至 365.279 亿美元，增长近 18 倍；占全国比重从 3% 增加至 20.2%，逐渐成为全国重要的对外投资来源地（见表 4-6）。目前，在"一带一路"倡议的推动下，一带一路沿线国家成为京津冀地区对外投资的重要目的地，截至 2016 年 9 月底，京津冀三地共在"一带一路"沿线国家地区核准和备案企业机构 1 235 家，中方协议投资额 203 亿美元。2016 年，京津冀携手香港在北京举办开拓"一带一路"投资贸易项目洽谈活动，旨在推动京津冀港四地联手，与"一带一路"沿线国家地区展开务实项目合作，开启了京津冀对外投资合作的新模式。

表 4-6 京津冀非金融类对外直接投资流量（万美元）

区　域	2011 年	2012 年	2013 年	2014 年	2015 年	2016 年
北京	117 503	168 855	413 010	727 353	1 228 033	1 557 362
天津	40 706	67 495	112 020	414 637	252 654	1 794 146
河北	46 363	57 809	92 757	121 865	94 030	301 285
京津冀合计	204 572	294 159	617 787	1 263 855	1 574 717	3 652 793
全国	6 858 350	7 773 269	9 273 938	10 720 204	12 142 162	18 123 134
京津冀占比（%）	3.0	3.8	6.7	11.8	13.0	20.2

　　利用外资规模快速增加，2011 年至 2015 年，京津冀实际利用外资数量呈较快增长态势，由 247.9 亿美元增长至 403.1 亿美元，五年间增长了62.6%。根据各省国民经济与社会发展统计公报的数据，2015 年，京津冀地区实际利用外资占全国比重超过 30%，是全国利用外资最多的地区之一（见表 4-7）。其中，北京利用外资增长最快，随着北京服务业扩大对外开放试点和外商投资环境不断优化，北京市利用外资规模呈突破式增长。北京市商务委员会的数据显示，2013—2017 五年间，北京引进外资规模占到改革开放以来总量的 40%；2017 年增长 86.7%，达到 243.3 亿美元，规模跃居中国内地第一位；服务业利用外资占北京市实际外资的 95.4%。

表 4-7 京津冀实际利用外资情况（亿美元）

区　域	2011 年	2012 年	2013 年	2014 年	2015 年	2016 年	2017 年
北京	70.5	80.4	85.2	90.4	130.0	130.3	243.3
天津	130.6	150.2	168.3	188.7	211.3	101.0	106.1
河北	46.8	58.0	64.5	63.7	61.8	81.5	89.4
京津冀合计	247.9	288.6	318.0	342.8	403.1	312.8	317.9
全国总量	1 160.1	1 117.2	1 175.9	1 195.6	1 262.7	1 260	1 440
京津冀占比（%）	21.4	25.8	27.0	28.7	31.9	24.8	22.1

专栏 4-1　北京外商投资环境进一步优化

据北京市人民政府网站报道，2017 年北京市政府各部门围绕服务业扩大开放综合试点政策落实，积极打造外商投资新高地。从试点政策推进看，服务业扩大开放综合试点总体方案基本完成，形成 58 项全国首创或效果最优的创新举措，包括具有可复制、可推广价值的 10 项业态创新和 8 项体制机制创新。深化方案 85 项任务已实施过半，朝阳、海淀、通州、顺义和大兴已结合区域功能定位制定各区服务业扩大开放先行先试工作方案，2017 年 1—11 月服务业利用外资占全市外资比重达 95.4%，比前三季度提高 4.5 个百分点。从市场准入放开看，北京市商务委会同商务部外资司起草了《商务部北京市人民政府关于在北京市暂时调整相关行政法规和经国务院批准的部门规章部分规定的请示》，国务院 2017 年 12 月 10 日印发《关于在北京市暂时调整有关行政审批和准入特别管理措施的决定》，在金融、航空运输、文化娱乐、音像制品制作等相关服务业方面进一步放宽外资准入限制。从手续办理简化看，北京市商务委、工商局联合推动外商投资企业设立商务备案与工商登记实现"单一窗口、单一表格"办理，减少重复填报事项达 45%，缩短审批登记时限 20 个工作日、减少窗口往返 3 次，在全国属首创。外资企业备案管理实现网上办理，备案时限从原来的 20 个工作日缩短到 3 个工作日，外资备案工作实施以来完成备案事项 8594 件。2017 年北京市新设外资企业 1309 家，同比增长 22%，1—11 月实际利用外资 243.3 亿美元，居全国首位。

（四）国家政策是京津冀地区开展产业转移工作的重要支撑

当前，产业在京津冀地区内由北京向天津、河北转移是整个京津冀地区产业转移的主要方向，这既符合产业就近转移的市场特征，也受益于国家政策的推动和引导。

《京津冀协同发展规划纲要》明确了京津冀产业转移的方向和任务。2015年4月30日，中央政治局会议审议通过《京津冀协同发展规划纲要》。《纲要》指出，京津冀协同发展是重大国家战略，核心是有序疏解北京非首都功能，要在京津冀交通一体化、生态环境保护、产业升级转移等重点领域率先取得突破。京津冀地区产业发展重点是明确产业定位和方向，加快产业转型升级，推动产业转移对接，加强三省市产业发展规划衔接，制定京津冀产业指导目录，加快津冀承接平台建设，加强京津冀产业协作等。《京津冀协同发展规划纲要》的发布，将产业转移上升为推动京津冀协同发展重大国家战略的重点突破口，赋予了京津冀产业转移更多的国家使命和社会责任，这在很大程度上决定了京津冀地区内产业转移的任务、特征、方向和进程。

为推动京津冀产业有序转移，工业和信息化部及京津冀三地政府先后发布了一系列指导文件，为京津冀产业转移提供政策指导。宏观层面上，工业和信息化部联合京津冀三地政府发布了《京津冀产业转移指南》，为京津冀地区产业升级转移，优化区域产业布局提供了宏观指导。在《京津冀产业转移指南》的基础上，京津冀三地政府联合发布了《加强京津冀产业转移承接重点平台建设的意见》《京津冀协同发展产业转移对接企业税收收入分享办法》等文件，从平台建设、税收分配等方面进一步完善京津冀产业转移机制设计。部门层面上，三地负责产业转移推动工作的政府部门也通过联合编制产业规划、产业准入目录和负面清单等方式，推动相关产业有效转移和转型升级。津冀经信发改等部门先后签订《京津冀信息化协同发展合作协议》《2016年京津冀社会信用体系合作共建工作要点》，联合发布《京津冀协同推进北斗导航与位置服务产业发展行动方案（2017—2020年）》等。北京市经信委联合河北工信厅、唐山市政府编制发布《北京（曹妃甸）现代产业发展试验区产业发展规划》，联合中关村管委会、石家庄市政府发布石家庄（正定）中关村集成电路产业发展规划，配合河北工信厅研究雄安新区新增产业准入目录和负面清单。

专栏 4-2　京津冀协同发展规划纲要梗概

1.　功能定位

以首都为核心世界级城市群

功能定位是科学推动京津冀协同发展的重要前提和基本遵循。经反复研究论证，京津冀地区整体定位和三省市功能定位各 4 句话，体现了区域整体和三省市各自特色，符合协同发展、促进融合、增强合力的要求。京津冀整体定位是"以首都为核心的世界级城市群、区域整体协同发展改革引领区、全国创新驱动经济增长新引擎、生态修复环境改善示范区"。

区域整体定位体现了三省市"一盘棋"的思想，突出了功能互补、错位发展、相辅相成；三省市定位服从和服务于区域整体定位，增强整体性，符合京津冀协同发展的战略需要。

北京市："全国政治中心、文化中心、国际交往中心、科技创新中心"；

天津市："全国先进制造研发基地、北方国际航运核心区、金融创新运营示范区、改革开放先行区"；

河北省："全国现代商贸物流重要基地、产业转型升级试验区、新型城镇化与城乡统筹示范区、京津冀生态环境支撑区"。

2.　发展目标

北京 5 年后人口在 2 300 万以内

京津冀协同发展的目标是：近期到 2017 年，有序疏解北京非首都功能取得明显进展，在符合协同发展目标且现实急需、具备条件、取得共识的交通一体化、生态环境保护、产业升级转移等重点领域率先取得突破，深化改革、创新驱动、试点示范有序推进，协同发展取得显著成效。

中期到 2020 年，北京市常住人口控制在 2 300 万人以内，北京"大城市病"等突出问题得到缓解；区域一体化交通网络基本形成，生态环境质量得到有效改善，产业联动发展取得重大进展。公共服务共建共享取得积极成效，协同发展机制有效运转，区域内发展差距趋于缩小，初步形成京津冀协同发展、互利共赢新局面。

远期到 2030 年，首都核心功能更加优化，京津冀地区一体化格局基本形成，区域经济结构更加合理，生态环境质量总体良好，公共服务水平趋于均衡，成为具有较强国际竞争力和影响力的重要区域，在引领和支撑全国经济社会发展中发挥更大作用。

3．空间布局

首要任务解决北京"大城市病"

经反复研究论证，京津冀确定了"功能互补、区域联动、轴向集聚、节点支撑"的布局思路，明确了以"一核、双城、三轴、四区、多节点"为骨架，推动有序疏解北京非首都功能，构建以重要城市为支点，以战略性功能区平台为载体，以交通干线、生态廊道为纽带的网络型空间格局。

"一核"即指北京。把有序疏解非首都功能、优化提升首都核心功能、解决北京"大城市病"问题作为京津冀协同发展的首要任务。

"双城"是指北京、天津，这是京津冀协同发展的主要引擎，要进一步强化京津联动，全方位拓展合作广度和深度，加快实现同城化发展，共同发挥高端引领和辐射带动作用。

"三轴"指的是京津、京保石、京唐秦三个产业发展带和城镇聚集轴，这是支撑京津冀协同发展的主体框架。

"四区"分别是中部核心功能区、东部滨海发展区、南部功能拓展区和西北部生态涵养区，每个功能区都有明确的空间范围和发展重点。

"多节点"包括石家庄、唐山、保定、邯郸等区域性中心城市和张家口、承德、廊坊、秦皇岛、沧州、邢台、衡水等节点城市，重点是提高其城市综合承载能力和服务能力，有序推动产业和人口聚集。

4．功能疏解

四类非首都功能将被疏解

当前，北京人口过度膨胀，雾霾天气频现，交通日益拥堵，房价持续高涨，资源环境承载力严重不足，造成这些问题的根本原因是北京集聚了过多的非首都功能。按照习近平总书记重要指示精神，有序疏解北京非首都功能。

从疏解对象讲，重点是疏解一般性产业特别是高消耗产业，区域性物流基地、区域性专业市场等部分第三产业，部分教育、医疗、培训机构等社会公共服务功能，部分行政性、事业性服务机构和企业总部等四类非首都功能。

疏解的原则是：坚持政府引导与市场机制相结合，既充分发挥政府规划、政策的引导作用，又发挥市场的主体作用；坚持集中疏解与分散疏解相结合，考虑疏解功能的不同性质和特点，灵活采取集中疏解或分散疏解方式；坚持严控增量与疏解存量相结合，既把住增量关，明确总量控制目标，也积极推进存量调整，引导不符合首都功能定位的功能向周边地区疏解；坚持统筹谋划与分类施策相结合，结合北京城六区不同发展重点要求和资源环境承载能力统筹谋划，建立健全倒逼机制和激励机制，有序推出改革举措和配套政策，因企施策、因单位施策。

5. 重点领域

交通、环保产业升级先突破

在交通一体化方面，构建以轨道交通为骨干的多节点、网格状、全覆盖的交通网络。重点是建设高效密集轨道交通网，完善便捷通畅公路交通网，打通国家高速公路"断头路"，全面消除跨区域国省干线"瓶颈路段"，加快构建现代化的津冀港口群，打造国际一流的航空枢纽，加快北京新机场建设，大力发展公交优先的城市交通，提升交通智能化管理水平，提升区域一体化运输服务水平，发展安全绿色可持续交通。

在生态环境保护方面，打破行政区域限制，推动能源生产和消费革命，促进绿色循环低碳发展，加强生态环境保护和治理，扩大区域生态空间。重点是联防联控环境污染，建立一体化的环境准入和退出机制，加强环境污染治理，实施清洁水行动，大力发展循环经济，推进生态保护与建设，谋划建设一批环首都国家公园和森林公园，积极应对气候变化。

在推动产业升级转移方面，加快产业转型升级，打造立足区域、服务全国、辐射全球的优势产业集聚区。重点是明确产业定位和方向，加快产业转型升级，推动产业转移对接，加强三省市产业发展规划衔接，制定京津冀产业指导目录，加快津冀承接平台建设，加强京津冀产业协作等。

（五）产业合作交流平台是京津冀产业转移的重要推力

京津冀省际合作交流机制是推动产业有序转移的重要保障。为推动京津冀产业转移顺利对接，三地政府有关部门通过搭建平台、开展交流合作、完善工作机制等方式，有效地实现了信息、资源共享，有力推动了产业转移有序进行。如2017年北京市经信委联合津冀经信部门在京开展招商推介专项行动，组织意向企业200余家参会，促成一批重点项目现场签约，累计投资额311.7亿元。2014年以来，北京市经信委接待津冀代表团来访40余次，主动策划组织开发区、协会和企业代表赴津冀开展对接交流80余次。天津市建立了京津冀工信系统产业转移对接联席工作机制，并按照工业和信息化部要求，建立了京津冀工信系统联席工作机制；多次组织园区、企业到沧州渤海新区、秦皇岛市、唐山市、廊坊经济开发区、河北省海兴县、涉县进行产业对接活动。河北省举办了2017中国·廊坊国际经济贸易洽谈"大智移云"板块系列活动，组织了京津冀大数据创新应用论坛等对接交流活动，达成合作协议和合作意向430余项，总金额50.13亿元。

产业合作平台是京津冀产业转移的重要载体。当前，京津冀三地通过共建产业合作园区的方式推动了区域内大量产业转移与承接。在京津冀产业合作园区中，该模式主要是指在津冀地区原本存在产业园区的基础上，配合京津冀产业政策，专门用来对接北京转出产业的园区。通常这类园区具备一定的区位优势，能够整体承接一定规模的产业转移，比较有名的有白沟大红门国际服装城、沧州经济开发区等。2017年底，京津冀三地为解决承接平台较多、布局相对分散，部分平台存在功能交叉重复、同质化竞争等问题，联合制定发布了《关于加强京津冀产业转移承接重点平台建设的意见》（简称《意见》），初步明确"2+4+46"平台，以进一步优化产业转移平台布局、规范平台运营。

专栏 4-3　京津冀产业 46 个转移承接重点平台

据新华网报道，在京津冀产业转移的过程中，三地初步明确"2+4+46"平台，包括北京城市副中心和河北雄安新区两个集中承载地，四大战略合作功能区及 46 个专业化、特色化承接平台。46 个平台中，共涉及协同创新平台 15 个，现代制造业平台 20 个，服务业平台 8 个，农业合作平台 3 个。

现代制造业承接平台

沿京津方向，将聚焦廊坊经济技术开发区、北京亦庄·永清高新技术产业开发区、天津经济技术开发区、天津滨海新区临空产业区、天津华明东丽湖片区、天津北辰高端装备制造园、天津津南海河教育园高研园、天津西青南站科技商务区、沧州渤海新区、沧州经济开发区等承接平台，引导电子信息、高端装备、航空航天、现代化工、生物医药、现代种业等产业转移承接，积极承担京津冀地区科技成果产业化功能，打造高新技术产业带。

沿京保石方向，聚焦保定高新技术产业开发区、石家庄高新技术产业开发区、石家庄经济技术开发区、邯郸经济技术开发区、邢台经济技术开发区等承接平台，发挥制造基础雄厚和人口资源优势，引导汽车、生物医药、高端装备、电子信息、新材料等产业转移承接，打造先进制造产业带，建设军民融合产业基地。

沿京唐秦方向，聚焦曹妃甸协同发展示范区、唐山高新技术产业开发区、秦皇岛经济技术开发区、京津州河科技产业园等承接平台，整合发挥港口资源优势，引导精品钢铁、成套重型设备、海洋工程装备、现代石油化工、汽车及零部件、生物医药、港口物流、优质农副产品加工等产业转移承接，建设沿海临港产业集群，打造产业转型升级发展带。

沿京九方向，聚焦固安经济开发区、衡水工业新区、邢台和邯郸东部特色产业聚集区等承接平台，发挥沿线的土地、劳动力、农产品资源和生态环境等优势，引导食品加工、绿色食品、纺织服装、高端装备、航空航天等产业转移承接，借助北京的龙头企业、先进技术和市场渠道，建设特色轻纺产业带。

服务业承接平台

在"大红门""动批"等批发市场疏解的同时，一批服务业承接平台也在推进。

聚焦保定白沟新城、廊坊永清国际商贸城、石家庄乐城·国际商贸城、沧州明珠商贸城、香河万通商贸物流城、邢台邢东产城融合示范区等承接平台，依托当地较好的集聚基础和市场氛围，引导和推动北京服装、小商品等区域性批发市场有序转移，支持建设环首都承接地批发市场聚焦带和冀中南承接地批发市场聚焦带。

同时，将引导北京农产品批发市场过境物流及初加工、大宗仓储等功能向周边重点平台转移，加快构建环首都1小时鲜活农产品流通圈。

京冀将推动环首都物流仓储设施整合利用，在北京周边鼓励企业建设多功能大型现代化仓储和配送设施，推动北京区域性物流中心有序转移。

引导在京金融机构电子银行、数据中心、呼叫中心等劳动力密集的后台服务功能向廊坊、张家口、承德和天津市内六区等地转移。鼓励健康养老等部分新型服务业向静海团泊健康产业园、燕达国际健康城等地转移。

现代农业

现代农业合作平台也将开始联动发展。《意见》中称，将围绕首都农业结构调整，推动京津冀农业对接协作，以农业科技园区为支点，联合共建环首都现代农业科技示范带，支持涿州创建国家农业高新技术产业开发区。

未来，北京周边地区蔬菜、畜禽、绿色食品生产加工基地将建设起来，支持京张坝上蔬菜生产基地、京承农业合作生产基地建设，大力发展农产品冷链基础设施。

引导农产品加工企业向周边地区优质原料产地集聚，推进原料生产、精深加工、回收利用等产业集聚发展。支持市属农业龙头企业建设环京农业生产基地和现代循环农业示范园。

三、京津冀地区产业转移的趋势分析

（一）京津冀地区的区域内产业转移更加有序

目前京津冀产业转移取得了突出成绩，但在初期也出现了同质化竞争、盲目转移、部分地区无力承接项目落地等问题。《京津冀协同发展规划纲要》《京津冀产业转移指南》《关于加强京津冀产业转移承接重点平台建设的意见》《京津冀协同发展产业转移对接企业税收收入分享办法》等文件的颁布和落地做实，从产业布局、园区布局等方面进一步明确了各地分工，减少和避免了产业转移中的同质化竞争现象。未来随着京津冀各地推动产业转移方面的工作经验不断的增加，公共服务能力等承接能力的逐渐增加，会加速京津冀产业转移项目有序进行。

（二）雄安新区有利于加快京津冀产业转移进程

2017年，中共中央、国务院决定设立河北雄安新区，这一重大战略举措，对京津冀协同发展，推动京津冀产业转移将产生深远影响。一是加快北京非首都功能疏解。根据《关于加强京津冀产业转移承接重点平台建设的意见》，雄安新区连同北京城市副中心被定位为北京非首都功能附近的集中承载地，雄安新区将重点发展高端高新产业，打造创新高地和科技新城。将雄安新区作为北京市非首都功能集中承载地，为北京市非首都功能疏解指明了方向和路径，雄安新区的政策红利也有利于加速吸引北京市高端产业要素在雄安聚集。二是推动京津冀平衡发展，提高河北省发展水平。将雄安新区作为集中承载地，把雄安新区打造为创新高地和科技新城，通过提高雄安新区的发展水平，提升雄安新区的协同带动作用，带动周边城市发展，推动京津冀地区协同发展。三是为京津冀产业转移提供新示范。打造雄安新区的制度创新、机制创新、方法创新，能够为京津冀其他地区产业转移提供参考和借鉴，加快产业转移进程。

（三）京津冀地区与区域外地区产业转移规模有望加大

当前，区域内产业转移一直是京津冀产业转移主流，未来随着京津冀协同发展效应逐渐显现，以及一带一路战略的深入实施，京津冀地区的区域外产业转移规模有望持续扩大。一是京津冀地区向周边地区产业转移规模有望进一步扩大，京津冀作为北方经济中心，对周边地区经济发展具有重要的辐射带动作用，周边省份是京津冀经济发展的重要支撑，是京津冀协同发展的重要推动力量，地域、经济、文化、资源纽带必然会促进京津冀与周边省份产业转移规模进一步扩大。二是随着京津冀地区企业走出去的经验逐步累积，以及中国"一带一路"倡议深入实施释放的政策红利营造的良好国际投资环境，京津冀地区的企业有望充分发挥自身在资金、技术、人才、政策等方面的优势，加快向相关国家和地区转移优势产能的步伐，在推动国际产能合作的同时发展壮大自身。

（四）京津冀地区转入和转出的产业结构有望进一步优化

目前，京津冀内部和对外转移的，更多是制造业和互联网、IT等行业，涉及的生产性服务业、高端服务业等新兴业态转移较少。未来随着制造业承接地发展逐步成熟，以及北京的服务业不断转型升级，信息服务、商务服务、新金融等生产性服务业，众创空间等服务业新业态参与转移的力度有望进一步加大。在产业转入方面，制约相关产业要素向京津冀地区转移的一个重要因素是对外资的限制。当前我国在互联网、电信、物流、金融、科技研发等领域对外商仍有限制，未来随着我国持续提升对外开放程度，减少基础领域和高端领域对外商投资的限制，增加外资进入高污染、高能耗领域的限制，外商有望进一步加大对京津冀相关服务业和高新技术领域的投资力度，推动京津冀地区产业结构优化升级。

第五章
长江经济带产业转移的现状与趋势

　　长江经济带横贯我国东中西三大区域，覆盖上海、江苏、浙江、安徽、湖北、江西、湖南、重庆、四川、云南、贵州等 11 个省市，人口和 GDP 总量均占中国的 40%以上，被誉为中国经济的"金腰带"，在我国发展大局中具有举足轻重的战略地位。2018 年 4 月，习近平总书记在深入推动长江经济带发展座谈会上强调，要正确把握整体推进和重点突破、生态环境保护和经济发展、破除旧动能和培育新动能、总体谋划和久久为功、自身发展和协同发展等 5 个关系，努力把长江经济带建设成为生态更优美、交通更顺畅、经济更协调、市场更统一、机制更科学的黄金经济带。

一、长江经济带产业发展总体情况

（一）总体经济实力不断增强，工业增加值占比迅速攀升

　　长江流域经济基础优良，近年来持续平稳发展。其中，长江中上游地区已经成为我国经济发展最快的区域，尤其是上游的贵州、重庆，中游的

江西、安徽、湖北和湖南，近几年经济增速在各省份中名列前茅，带动长江经济带整体经济实力不断提升。综合国家统计局历年的数据显示，2016年长江经济带各省市地区生产总值达 33.3 万亿元，较 2012 年增加了 9.7万亿元，占全国经济总量的 43.1%，较 2012 年提高 2.2 个百分点。在经济总量稳步增加的同时，人均地区生产总值也在快速上涨。2016 年，长江经济带人均地区生产总值达 56 470 元，高于全国 2 490 元。长江经济带中有5 个省市超过全国平均水平，比 2012 年增加 2 个，在原有的上海、浙江和江苏的基础上，又有重庆和湖北两个省份人均 GDP 高于 53 980 元的全国平均水平。同时，长江经济带工业增加值占全国的比重也在攀升。数据显示，2011 年至 2016 年，长江经济带工业增加值占全国的比重上升了接近10 个百分点，流域内逾 20 种工业产品的产量占全国比重超过 40%，特别是纺织、家电、电子、电力、化工、汽车、船舶、建材和装备制造业等产业的集群优势明显（见图 5-1）。

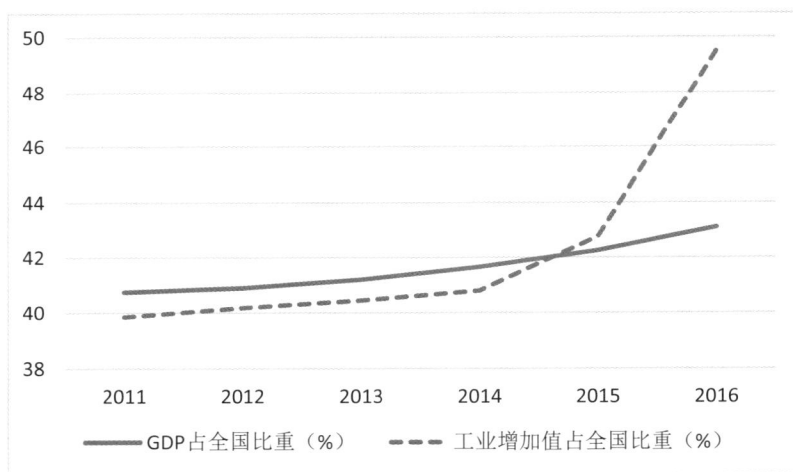

图 5-1　2011—2016 年长江经济带 GDP 和工业增加值占比情况

（二）上下游存在明显梯度差，地区间产业合作的空间大

虽然近年来长江中上游地区经济发展迅速，但是由于地理位置、开放程度、经济基础等差异，长江经济带各省市人均经济总量、三次产业结构、工业化率等指标评价分化明显，上游和中游地区仍处于工业化加速发展阶段，下游地区已进入工业化后期阶段，不同地区之间存在明显的发展梯度

差。下游长三角经济圈在全国 GDP 中占有举足轻重的地位，2016 年人均地区生产总值最高的上海市是最低的贵州云南省的 3.73 倍。从城乡居民人均可支配收入看，根据国家统计局《中国统计年鉴 2017》的数据显示，2016 年长江经济带内城镇居民人均可支配收入超过全国水平的省市有 3 个，分别是上海、江苏、浙江；农村居民人均可支配收入超过全国水平的省市有 4 个，分别是上海、江苏、浙江、湖北，下游地区经济优势明显。从城镇化率来看，2016 年长江经济带下游地区三省市城镇化率均超过 65%，上海（87.9%）、江苏（67.7%）、浙江（67.0%），长江经济带中上游地区除重庆城镇化率达到 62.6%外，中游四省城镇化率均在 50%～60%之间，上游三省城镇化率均低于 50%（见表 5-1）。各省市产业结构差异明显，长江经济带下游地区的三次产业结构较中游和上游地区更为优化，东西部地区的产业梯度差长期存在，地区间产业合作的空间很大。

表 5-1　2016 年长江经济带中上游地区各省市产业增加值占比情况（单位：%）

省　份	第一产业	第二产业	第三产业
安徽	10.52	48.43	41.05
江西	10.30	47.73	41.97
湖北	11.20	44.86	43.94
湖南	11.34	42.28	46.37
重庆	7.35	44.52	48.13
四川	11.93	40.84	47.23
贵州	15.68	39.65	44.67
云南	14.84	38.48	46.68

专栏 5-1　国家发展和改革委员会推"飞地经济"，鼓励江浙沪到长江中上游共建园区

据澎湃新闻网报道，2017 年 6 月 2 日，国家发展和改革委员会网站发布《关于支持"飞地经济"发展的指导意见》。意见指出在推动长江经济带发展战略中，鼓励上海、江苏、浙江到长江中上游地区共建产业园区，共同拓展市场和发展空间。

意见指出，近年来，有关省（自治区、直辖市）打破行政区划界限，创新跨区域合作模式，探索政府引导、企业参与、优势互补、园区共建、利益共享的"飞地经济"合作，取得了积极成效，同时也面临一些问题和制约。

意见要求完善"飞地经济"合作机制。鼓励按照市场化原则和方式开展"飞地经济"合作。鼓励合作方共同设立投融资公司，采取政府和社会资本合作（PPP）等模式，吸引社会资本参与园区开发和运营管理。提高园区专业化运行水平，支持通过特许经营、政府购买服务等方式，将园区部分或全部事务委托给第三方运营管理，条件成熟地区可探索园区管理与日常运营相分离。

意见支持在各类对口支援、帮扶、协作中开展"飞地经济"合作。在推动长江经济带发展战略中，鼓励上海、江苏、浙江到长江中上游地区共建产业园区，共同拓展市场和发展空间。

（三）固定资产投资加速，全国占比大幅提升

随着长江经济带的快速发展，尤其是中上游省份经济的快速崛起，长江经济带固定资产投资不断攀升。根据国家统计局《中国统计年鉴2017》的数据显示，2013—2016年，长江经济带累计完成固定资产投资888 213亿元，年均增长16.5%，高于全国平均增速2.2个百分点，占全国投资总量的比重由2012年的40.5%提高到2016年的44.2%，为长江经济带经济快速发展打下了坚实的基础。2016年，全国固定资产投资增长8.1%，九省二市中除上海和江苏两地增速低于全国，其余各省市均保持两位数增长。贵州和云南增长较快，增速分别为21.1%和19.8%，分别快于全国13和11.7个百分点；上海和江苏分别增长6.3%和7.5%，分别低于全国1.8个和0.6个百分点，其余各省增速保持在10%～20%之间，显著高于全国固定资产投资增速（见图5-2）。

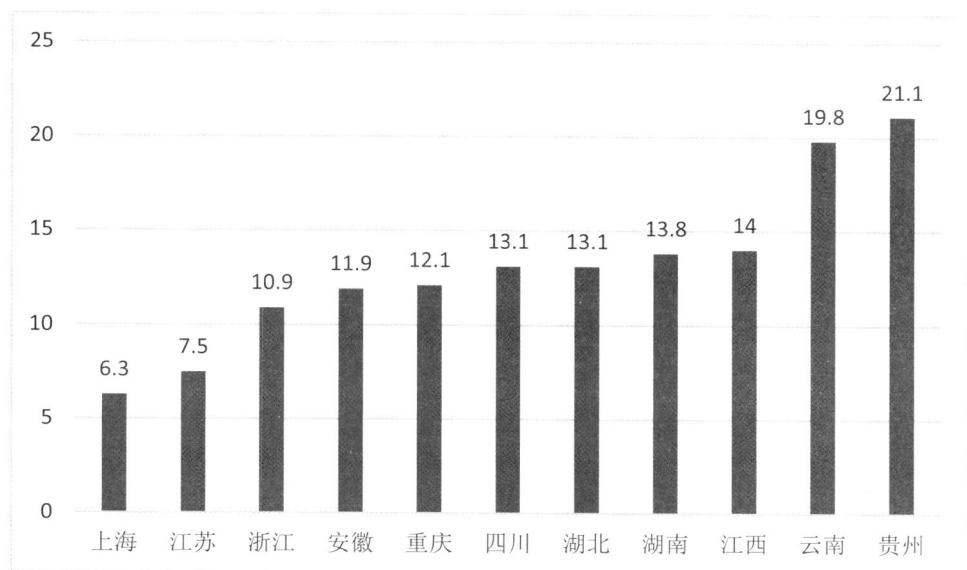

图 5-2　2016 年长江经济带各省市固定资产投资增速（%）

（四）经济发展动能强劲，外向型经济逐步扩大

　　一方面，长江经济带对外开放向纵深推进，外向型经济逐步扩大。近年来，沿江各省市外向型经济格局逐步提升。统计局数据显示，2012 至 2016 年期间，长江经济带 11 个省市货物进出口总额年均增长 1.6%，占全国的比重从 2012 年的 40.4%上升到 2016 年的 42.5%。同时，2012—2016 年期间，11 个省市累计出口总额、进口总额分别占全国的 45.6%和 38.4%。外商投资企业由 2012 年的 18.49 万户上升到 2015 年的 20.9 万户，增长了 13.0%。另一方面，经济运行质量稳步提升。2012—2016 年期间，长江经济带工业企业实现利润总额由 23 919 亿元上升到 31 023 亿元，占全国的比重由 38.6%上升到 45.1%。随着上海自贸区的改革探索渐趋深入，以上海带动长江全流域发展、以武汉带动中游、以重庆带动上游的双向开放大格局初步形成。五大自贸区（上海、浙江、湖北、重庆、四川）贯穿整个长江经济带，涉及的五个省市 GDP 总量、固定资产投资、对外贸易额占长江经济带的比重分别达到 47.0%、42.0%和 58.8%。

专栏 5-2　长江经济带对外开放新格局：五大自贸区贯穿其中

据两江新区网报道，2016 年 9 月印发的《长江经济带发展规划纲要》（以下简称"纲要"）提出，要基本形成陆海统筹、双向开放，与"一带一路"建设深度融合的全方位对外开放新格局。

推动长江经济带发展领导小组办公室负责人提到，深化向东开放，加快向西开放，统筹沿海内陆开放，扩大沿边开放，更好推动"引进来"和"走出去"相结合，更好利用国际国内两个市场、两种资源，构建开放型经济新体制，形成全方位开放新格局。这是推动长江经济带发展要遵循的五大原则之一。

在接受 21 世纪经济报道记者采访的分析人士看来，《纲要》强调各区域发挥自身优势，沿海区域主要是开放型经济升级版和引领优势，中、西部地区则是打造内陆开放型经济高地，多方集合实现陆海统筹和东西双向开放。更值得关注的是，上海、浙江、湖北、重庆、四川五大自贸区也将在长江经济带对外开放中发挥重要作用。

《纲要》提出，将立足上中下游地区对外开放的不同基础和优势，因地制宜提升开放型经济发展水平。其中，上中下游的不同城市各自承担的任务也不一样。上海及长三角地区主要发挥引领作用，云南要建设成为面向南亚东南亚的辐射中心，中、西部则要打造重庆西部开发开放重要支撑和成都、武汉、长沙、南昌、合肥等内陆开放型经济高地。

对于这一布局，华东师范大学长江流域发展研究院常务副院长徐长乐指出，自贸区战略贯穿对外开放整个格局，新获批的 7 个自贸区中，浙江、湖北、四川、重庆 4 个都在长江经济带范围之内。

湖北自贸区的定位就是发挥其在实施中部崛起战略和推进长江经济带建设中的示范作用。四川和重庆则是要加大西部门户城市的开放力度。

《纲要》提出，要加快复制推广上海自贸试验区改革创新经验，将上海自贸试验区打造成服务贸易创新政策先行区。同时，《纲要》鼓励上海及长三角地区重点发展高端产业、高增值环节和总部经济，加快培育以技术、品牌、质量和服务为核心的竞争新优势，率先打造开放型经济升级版。推动长三角与中上游地区共同构建航运、加工贸易和金融合作链条。率先构建引领跨境电子商务和国际贸易发展的规则体系。

2016 年 9 月 12 日，上海浦东新区副区长、自贸区管委会副主任简大年在接受 21 世纪经济报道记者采访时表示，浦东和自贸区很重要的一个方面是培育现代航运服务的开放和发展，将结合自贸区的负面清单政策扩大航运服务业的开放，包括航运金融培育、航运和保险结合、航运和融资租赁结合等都是重要的内容。

上海社科院世界经济研究所研究员沈玉良告诉 21 世纪经济报道记者，自贸区对长江经济带的重要性在于，自贸区是连接长江经济带的重要载体和平台，能够通过制度改革实现长江经济带的互联互通。

沈玉良举例说，自贸区内试验的货物状态分类监管，能够大幅度提升开放水平和开放程度，打通国内贸易和国际贸易，实现一体化。长江经济带覆盖 11 个省市，不仅会有国际货物中转，也会有国内货物流通的问题，各地之间制度可能会有割裂，自贸区能够有助于打破国内市场和国际市场分割的局面。

此外，构建引领跨境电子商务和国际贸易发展的规则体系，很大程度上也需要依靠自贸试验区的改革。徐长乐指出，政府职能转变和负面清单为核心的外商投资管理体制的改革，能够打破藩篱和原有的各种行政障碍，实现跨境投资贸易自由化。

二、长江经济带产业转移的现状和特点

通过以上分析可以看出，长江经济带区域发展不平衡，长江上中下游不同地区存在明显的产业落差，具备产业转移的强大动力。目前长江经济带产业转移工作按照习近平总书记的要求和指示有序开展。2016 年初，习

近平总书记曾两次对长江经济带生态环境保护做出指示，明确指出涉及长江的一切经济活动都要以不破坏生态环境为前提，共抓大保护，不搞大开发。2018 年 4 月，习近平总书记在深入推动长江经济带发展座谈会上强调，要正确把握整体推进和重点突破、生态环境保护和经济发展、破除旧动能和培育新动能、总体谋划和久久为功、自身发展和协同发展等 5 个关系，努力把长江经济带建设成为生态更优美、交通更顺畅、经济更协调、市场更统一、机制更科学的黄金经济带。

（一）坚持新发展理念，助力培育世界级产业集群

长江经济带产业转移坚持以不破坏生态环境为前提，坚持绿色发展新理念。2017 年环保部开始计划优化沿江产业布局，推动环境准入负面清单，2017 年 3 月，时任环保部部长陈吉宁表示，未来要优化沿长江产业布局，严格限制新建的小水电和引水式水电项目，长江干流及主要支流岸线 1 千米内严禁新建重化工园区，中上游沿岸地区严控新建石油化工和煤化工项目，严防高污染企业向上游转移。目前江苏等六个省市已经制定或者实施了生态保护红线方案。环保部还强化战略规划环评，完成规划环评审批 22 项，避让环境敏感目标 72 个，减少规划岸线 210 千米，缩减围填海 380 多平方千米，对于不符合环保要求的 4 个项目不予审批，涉及投资 220 亿元。经济带内对造纸、焦化、氮肥、有色金属、印染、化学原料药制造、制革、农药、电镀等产业的跨区域转移进行严格监督，对承接项目的备案或核准，实施最严格的环保、能耗、水耗、安全、用地等标准，严禁国家明令淘汰的落后生产能力和不符合国家产业政策的项目向长江中上游转移。

在如此严格的环保要求下，长江经济带的产业转移工作朝着绿色可持续方向不断拓展。近年来，随着交通运输条件的改善，长江中上游地区吸引了珠三角、长三角大量企业转移落地，装备制造、电子信息、高新技术等发展良好；下游地区积极聚焦创新驱动和绿色发展，重点发展先进制造业和战略新兴产业，疏解传统制造业向中上游转移。2017 年 9 月，工业和信息化部发布《长江经济带产业转移指南》，依托长江这一黄金水道，重点打造电子信息、高端装备、汽车、家电、纺织服装五大世界级制造业集群，构建"一轴一带、五圈五群"产业发展格局。在政策引导下，长江经济带

迎来了产业转移的新契机，资源加工型、劳动密集型产业，以及以内需为主的资金、技术密集型产业在区域内加快转移，有利于优化长江流域产业布局、促进产业价值链的整体提升。以重庆为例，2014 年至 2017 年，重庆全市累计签约引进亿元以上工业投资项目 2 152 个、协议投资额 1.88 万亿元，其中东部沿海省市占比超过 60%，长江经济带 10 省市占比超过 40%。同期，工业实际利用外资连续 4 年超过 40 亿美元。承接产业转移的有效开展，极大地推动了重庆笔电、手机、汽车、机器人、服装、材料等传统支柱产业和战略性新兴产业更好地实现集群发展。以汽车产业为例，为推动汽车整车和核心零部件项目向重庆转移，近 4 年累计引进 77 个汽车整车及零部件重点项目，协议投资额 2 103 亿元，形成以长安为龙头，长安福特、长安铃木、北京现代、上汽通用五菱、小康、华晨鑫源等知名整车品牌厂商为骨干，上千家汽车零部件配套企业为支撑的"1+10+1000"世界级汽车产业集群，基本实现对汽车产品所有细分市场的全覆盖，零部件本地配套率提升至 70%。2017 年，重庆汽车产量达 299.8 万辆，占全国产量约 10%，成为全国最大的汽车制造基地；汽车产业产值为 5 016 亿元，同比增长 6.8%（见表 5-2）。

表 5-2　长江经济带五大世界级产业集群发展目标

产 业	产业集群目标
电子信息	依托上海、江苏、湖北、重庆、四川，着力提升集成电路设计水平，突破核心通用芯片，探索新型材料产业化应用，提升封装测试产业发展能力。在合肥、重庆发展新型平板显示，提高高世代掩膜板等关键产品的供应水平。依托上海、江苏、浙江、湖北、四川、贵州，重点发展行业应用软件、嵌入式软件、软件和信息技术服务，培育壮大大数据服务业态。在物联网重大应用示范工程区域试点省市和云计算示范城市，加快物联网、云计算技术研发和应用示范，推进产业发展与民生服务以及能源、环保、安监等领域的深度融合
高端装备	依托上海、四川、江西、贵州、重庆、湖北、湖南，整合优势产业资源，发展航空航天专用装备。在浙江、安徽、湖南、重庆、湖北、四川、云南发展高档数控机床、工业机器人、3D 打印、智能仪器仪表等智能制造装备。在上海、浙江、江苏、湖北、四川、重庆、湖南，发展海洋油气勘探开发设备、系统、平台等海洋工程装备。在湖南、安徽、四川、贵州发展高铁整车及零部件制造。在湖南、重庆、浙江、江苏发展城市轨道车辆制造。在上海、江苏、浙江、湖南、重庆、安徽、四川，发展大型工程机械整车及关键核心部件

（续表）

产业	产业集群目标
汽车	依托上海、南京、杭州、宁波、武汉、合肥、芜湖、长沙、重庆、成都等地现有汽车及零部件生产企业，提高整车和关键零部件创新能力，推进低碳化、智能化、网联化发展。依托浙江、安徽、湖北、江西、湖南等零部件生产基地，大力发展汽车零部件产业，重点提升动力系统、传统系统、汽车电子等关键系统、零部件的技术和性能，形成中国品牌汽车核心关键零部件自主供应能力。在上海、江苏、安徽、湖北、重庆、四川，重点发展新能源汽车，积极发展智能网联汽车，重点支持动力电池与电池管理系统、驱动电机及控制系统、整车控制和信息系统、电动汽车智能化技术、快速充电等关键技术研发
家电	以江苏、安徽为重点区域，做强家电生产基地，按照智能化、绿色化、健康化发展方向，完善产业链，加快智能技术、变频技术、节能环保技术、新材料与新能源应用、关键零部件升级等核心技术突破，重点发展智能节能环保变频家电、健康厨卫电器、智能坐便器、空气源热泵空调、大容量冰箱和洗衣机等高品质家电产品，推动家电产品从国内知名品牌向全球品牌转变
纺织	以长三角地区为重点，推动形成纺织服装设计、研发和贸易中心，提升高端服装设计创新能力。在湖南、湖北、安徽、江西、四川、重庆等地建设现代纺织生产基地，推动区域纺织服装产业合理分工。依托云南、贵州等地蚕丝和麻资源、少数民族纺织传统工艺、毗邻东南亚等优势，大力发展旅游纺织品。在江苏、浙江加快发展差别化纤维、高技术纤维和生物质纤维技术及产业化。依托安徽、江西、湖南、湖北、四川等地，加强资源集聚和产业整合，全面推进清洁印染生产，推行节能降耗技术

（二）下游地区聚焦高端制造，产业转移输出加快

长三角地区产业集聚程度高，产业集群发展较为成熟，规模大，领军企业活跃，但是资源约束日益趋紧，产业疏解转移需求迫切。近年来，长江下游地区工业发展紧紧围绕"长三角地区的龙头作用"的区域总体战略，积极推动传统产业向长江中上游转移，大力发展高端制造业，发挥辐射作用，带动和帮助中游与上游地区发展。上海、江苏、浙江等发达区域着力加快形成一批自主知识产权、核心技术和知名品牌，提高产业素质和竞争力；促进加工贸易升级，积极承接高技术产业和现代服务业转移，提高外向型经济水平；优先发展先进制造业、高技术产业和服务业，着力发展精加工和高端产品，逐步从初级产品制造业和轻纺工业退出。以上海为例，2017年上海外移产业逐渐呈现分化趋势，对外转移项目逐渐分化出两种不同类型：一类是集中在具备空间布局能力、自主创新实力、价值链延伸要求的资本密集、技术密集型行业或企业，以汽车、精品钢材等行业为代表；

而另一类则集中在劳动密集型、资源密集型、环境损耗型产业，以电子信息制造业、纺织业、小钢铁、小化工、铅蓄电池等行业为代表。分行业看，电子信息行业中以广达、英业达及和硕集团为首的上海电子代工企业，先后在中、西部地区如重庆、成都等地投资建厂，随着上述企业产能的陆续转出，上海电子信息制造业年产值减少超过 1 000 亿元；汽车行业中上海汽车产业通过生产基地跨区域联动布局战略，逐渐走出上海，向长三角及全国范围扩张，除了拥有上海工厂外，先后在仪征、南京、宁波、武汉、沈阳、长沙等城市建立生产基地，在整车产量方面，外省市更是超过总产量的 55%，高于上海本地的生产规模；此外，上海调整行业集中在金属加工制品和四大工艺、传统机械、纺织印染和服装、化工和危化等"高投入、高消耗、高污染、低效益"的"三高一低"行业，积极推动上海产业转移由无序的自发型转移向有组织的政府引导型转移转变。

专栏 5-3　上海：着力优化产业结构，促进工业高端发展

近年来，上海市大力推进供给侧结构性改革，促进工业稳增长调结构促转型，围绕"六个着力"提出了 27 项重点任务，着力优化产业结构，促进工业高端发展力争"十三五"末制造业增加值占 GDP 比重 25%左右。

为此，上海市经信委发布《上海市工业区转型升级"十三五"规划》，以发挥上海工业区产业发展载体和创新平台作用，大力推进工业区转型升级提质增效。目标是到 2020 年，上海工业区的产业发展载体和创新平台功能进一步强化，基本建成产业优势明显、企业集聚辐射、创新活力迸发、特色错位竞争的产业园区体系，基本建成一批参与全球产业竞争、体现上海高端制造和精准服务水平的产业集群和品牌园区。"十三五"期间，力争打造 1～5 家具有全球影响力和竞争力的先进制造基地，新增 3 家国家新型工业化产业示范基地，新增 10 家左右市级新型工业化产业示范基地，全市累计建成 10 家国家生态工业示范园区，建成一批具有示范效应的智慧园区。

以新兴产业为例，上海市政府发布《关于本市推动新一代人工智能发展的实施意见》，提出到 2020 年实现人工智能重点产业规模超过 1 000 亿，成为上海经济新增长点。基本建成人工智能人才高地，培育 10 家具有相当影响力的人工智能创新标杆企业。《意见》共五个部分 21 条措施，主要内容突出"三个深度融合"：首先，推动人工智能与实体经济深度融合，形成经济新增量。其次，促进人工智能与创新创业深度融合，形成发展新动能。最后，打造多元主体深度融合的智能生态圈，形成要素新供给。《上海市工业互联网创新发展应用三年行动计划（2015—2019 年）》提出，到 2019 年上海将打造 30 个工业互联网标杆工厂，培育 300 个创新发展应用项目，该市范围内建设 1～5 个实践示范基地、10 个功能型平台，鼓励互联网企业和汽车制造商跨界合作，提供集成智能传感技术和信息服务能力的智能网联汽车产品。下一步，上海将聚焦生物医药产业、新材料产业、新一代信息技术产业、先进制造业以及创新创业服务等领域，按照成熟一个、启动一个的原则，加快培育建设一批具有全球影响力的功能型平台，使其成为提升本市科技创新能力、繁荣创新创业的重要载体，在上海建设具有全球影响力科技创新中心的进程中切实发挥"四梁八柱"的重要作用。

专栏 5-4 浙江省社科院课题组：产业转移浙江能走多远？

作者聂献忠、葛立成在浙江日报发表文章《浙江省社科院课题组：产业转移浙江能走多远？》文章指出，转型升级在空间上有两种基本形态：一是"原地转型""就地升级"；二是产业转移、"腾笼换鸟"。早在 21 世纪初，面对土地、能源、环境制约等"成长的烦恼"，浙江就提出要充分利用宏观调控的倒逼机制，痛下决心"腾笼换鸟"。十多年来，全省在淘汰落后生产能力和污染严重企业方面，取得了明显的进展和成效；但产业转移不足，仍在一定程度上影响着转型升级的进程。因此，适当加快产业转移的步伐，不仅可以为浙江"411"有效投资行动计划的落实拓展空间，而且可以为全省经济发展质量和效益的提高创造条件。

浙江的实践表明，产业转移是推进转型升级的有效路径。特别是在要素约束日益趋紧、生产成本和环境压力不断加大的背景下，一些地区和企业通过产业转移，不仅拓展了新的发展空间，而且提升了产业水平，改善了产业结构。

绍兴福全镇是传统工业强镇，但连续多年因没有新增工业用地指标，致使招商引资几乎陷于停滞。倒逼的压力，迫使他们加快"腾笼换鸟"。近年来，通过把传统的纺织印染企业转移集聚到滨海工业区，鼓励本地发展非纺产业和新兴产业，加快了转型升级的进程。目前，新兴产业销售占比达到工业销售产值的一半；一批工业企业在外迁生产基地的同时，规划建设总部商务区和发展生产生活服务业，使得产业结构发生了积极的变化。

嘉兴海宁经编产业园区是全省最重要的经编产业基地，一方面优势企业增资扩产的要求十分强烈，另一方面土地供应短缺、劳动力成本上升、用电紧张、环境容量指标限制等瓶颈约束十分严重。为开拓产业发展新空间，产业园管委会与安徽郎溪县政府、鸿翔控股集团三方共同设立郎溪经编产业园，将部分生产加工转移到郎溪经编产业园；同时规划建设集研发、检测、培训、创意、展示、商务办公等于一体的经编总部商务区，将企业研发、设计等技术部门留在海宁，发展"总部经济"。海宁还通过建设"产业用纺织品材料技术创新战略联盟""产业用纺织品公共服务平台""经编产业特色工业设计基地""经编研究院"等创新平台，整合企业和大学的创新资源，加快形成以企业为主体、市场为导向、产学研一体的技术创新体系，促进了部分产业转移后本地产业的结构调整和层次升级。

显而易见，转移部分产业链低端的生产加工基地，同时扩大和强化设计、营销、研发等产业链高端的环节，形成一种"大脑—手脚"型的产业梯度转移；或转移一批技术水平和附加值相对较低的产业，取而代之发展一批技术水平和附加值更高的产业，都是推动转型升级的有效形式。

产业转移受到劳动力、市场、内部交易成本等多种因素的影响，往往形成不同的模式和路径。从浙江的实践看，主要有以下四种。

一是加工生产基地外迁而核心高端留存的产业转移。全省许多的产业转移，是依据不同地区要素状况、发展环境和经济基础的差异，而形成的梯度转移。低层级的承接地区，往往结合自身优势和定位，通过制定引进承接产业的规划，开发建设转移产业园区，出台实施相关政策等，批次吸引和承接高层级地区的产业转移。但由于承接地往往在研发、营销与管理等方面缺乏优势和吸引力，因而使得这些转移产业的核心环节仍然留存在本地。同时，本地政府从税收、就业和产业衔接等方面考虑，也鼓励转移企业将核心高端部分留在本地，从而在转移地、承接地之间形成了一个包括研发、制造和营销在内的横向产业分工体系。

二是政府层面推动形成"飞地"型的产业转移。例如，嘉兴—安徽郎溪经编产业园，采取这种"飞地"的方式将园区"整体移栽"到安徽郎溪，不仅缓解了嘉兴产业发展空间问题，而且为调整升级创造了有利条件。同样，嘉善县罗星街道与江西永新县共建的永新—罗星工业园，采用两地政府通力合建"异地园区"的方式，由永新县负责园区的基础设施建设和优惠政策实施等，由嘉善方负责园区的整体规划和招商引资等，来共同推动产业的转移和提升，形成优势互补、合力双赢的发展格局。

三是引进高端要素、利用倒逼机制的产业转移。一些有条件的地方，不失时机地引进高端要素、培育新兴产业，利用倒逼机制推动低附加值产业向外转移。它们还将"筑巢引凤"与"筑巢孵凤"结合起来，改善发展环境，加快创新和人才培养，逐步以高附加值产业来替代低附加值产业的主导地位。例如，嘉兴通过引进和建设清华长三角研究院、中科院应用技术研究院及中国电器研究院华东分院等科研机构，吸引和整合高端要素资源，不仅增强了科技研发力量，而且培养了一批服务于新兴产业的人才，有效促进了本地高端产业的孵化成长，促进了产业转移和结构调整。

四是龙头企业战略性布局所带动的产业转移。例如，近年雅戈尔集团在重庆，培罗成集团在九江，太子龙集团在安徽，都布局和开发了新的生产基地。由于其特有的行业影响力和号召力，这类龙头企业的战略性布局，通常也会带动相关配套资源的跟随和相关产业的转移，从而在产业转移的承接地形成新的集群效应。实际上，这些龙头企业具有较强的生产能力和品牌效应，在战略性布局调整过程中，往往发挥其社会化协作程度高和横向联系广的优势，主动引导和带动相关行业的投资，鼓励为其配套的生产服务企业和供应商一起到承接地投资，在当地发展配套产业，进而形成关联产业群，实现零部件生产供应的当地化，从而形成产业链的整体转移。这既有助于降低产业转移风险，提升产业转移效益，也有利于产业转移地的"腾笼换鸟"和转型升级。

（三）中游地区加快承接国内外产业转移，产业转型升级加速

长江中游地区是我国重要的工业基地，具有良好的装备制造基础，产业配套能力比较强，而且区位条件好，交通四通八达，物流成本低，具有发展成为全国制造业中心的潜力。在要素价格普遍上涨、企业生产成本不断上升的当前，长江中游地区立足于自身的比较优势展开更高层次的分工合作，对符合比较优势的区域特色产业应加以优化升级，加快内陆开放型经济高地建设，推动区域互动合作和产业集聚发展，打造武汉、长沙、南昌、合肥等内陆开放型经济高地。近年来，长江中游省份产业结构日趋优化，已由传统制造业逐步覆盖到高端制造业、高新技术、现代农业、交通、商业等领域，从规模速度型转向质量效益型、从生产领域扩展到服务领域，长江中游地区已经设立了安徽皖江、湖南湘南和湖北荆州等三个国家级的承接产业转移示范区。例如合肥近年来不断强化创新驱动发展战略，培育壮大智能制造、新能源汽车、住宅产业化、电子信息、太阳能光伏、节能环保等新兴产业；武汉光电子产业表现出巨大的增长活力和带动力，已形成以通信为核心，激光、半导体、消费电子、显示竞相发展的产业格局。2017年，湖北自贸试验区成立，有利于湖北有序承接产业转移，建设一批战略性新兴产业和高新技术产业基地，在实施中部崛起战略和推进长江经济带发展中起到引领和示范作用。

专栏 5-5　湖北：自贸区建设助力承接产业转移

在长江经济带上，湖北位置突出。长江湖北段从宜昌南津关到江西湖口，岸线长达 1 061 千米，几乎拥有长江中游的全部区段，占据重要的航运及岸线资源。2017 年 3 月 31 日《中国（湖北）自由贸易试验区总体方案》印发，4 月 1 日，中国（湖北）自由贸易实验区正式揭牌成立。根据总体方案，湖北自贸区申报总面积 120 平方千米，共设武汉、宜昌、襄阳三个片区：武汉 70 平方千米、宜昌 28 平方千米、襄阳 22 平方千米。每个片区不能拆分，有明确的边界闭合点，主要功能是引领长江中游城市群产业转型升级。其中武汉片区重点发展国际商贸、金融服务、现代物流、研发设计等现代服务业和光电子信息、先进制造、生物医药等新兴产业；襄阳片区重点发展高端制造、新一代信息技术、新能源新材料、铁路物流等产业；宜昌片区重点发展文化旅游、航运物流、装备制造、高新技术等产业。湖北自贸区的成立，有助于落实中央关于中部地区有序承接产业转移、建设一批战略性新兴产业和高技术产业基地的要求，发挥其在实施中部崛起战略和推进长江经济带建设中的示范作用。

自 2013 年 9 月上海自贸试验区挂牌以来，我国陆续批准并建设了三批 11 个自贸试验区，将形成一个由南至北、由东至西的"1+3+7"的自贸试验区试点新格局。覆盖面积也从 2013 年的 28.78 平方千米，拓展到了 2017 年的 1 000 多平方千米。设立湖北自贸区是加快体制改革促进创新创业，推动产学研结合实现价值链跃升，稳步扩大开放融合全球资源，深入实施创新驱动发展战略的迫切需要；是推动长江经济带加快发展，积极推进"一带一路"建设，加快构建中部崛起战略支点，推进我国区域协调发展，贯彻落实区域发展总体战略的迫切需要；是深层次提高沿江开放水平，实践经贸新规则扩大开放领域，进一步改革开放管理机制，构建开放型经济新体制的迫切需要。

武汉自贸区申报办新闻发言人章欢表示，武汉高新技术产业发达，电子信息、生命健康、高端制造三大产业，将使武汉在中、西部地区承接产业转移、建设一批战略新兴产业和高新技术产业基地方面，发挥不可替代的作用。

专栏5-6 安徽：着力承接高端产业转移

总部位于深圳的惠科集团，是国内液晶显示领域的知名企业。2017年2月份，这家公司在合肥新站高新区打造的液晶显示产业基地正式投产。谈及企业为何落子合肥，该企业负责人坦言，看重的就是安徽省在打造新型显示产业集聚发展基地的政策机遇和产业配套优势。而随着惠科在合肥扎根发展，以前在深圳为其配套的十几家供应商，也陆续来到合肥安了"新家"。

行业龙头、世界500强等企业，投资规模大，经营效益好，是各地招商引资争夺的重要对象；引进一家企业，往往能带动一批企业落户。2017年以来，安徽省在招大引强上捷报频传，截至2017年2月底，全省实际利用外商直接投资25.1亿美元，同比增长7%；亿元以上在建省外投资项目3 017个，实际到位资金1 145.5亿元，同比增长18.7%。其中，已有74家境外世界500强公司在安徽累计设立132家企业，投资领域涉及交通、电力、能源和机电等30多个行业。

近年来，安徽省聚焦产业发展和转型升级需要，把高水平引进来作为重要抓手，着力优化招商引资的硬条件和软环境，提升招商引资的精准度，不断深化与央企、知名民企、外企合作，大陆车身电子、联宝电子、信义光能等一批战略性新兴产业项目陆续落户安徽，高水平承接产业转移效应已经显现。2017年1月至2月，战略性新兴产业项目到位资金6.4亿美元，同比增长35.3%，拉动全省利用外资增长7.1个百分点，占全省吸收外资总额25.5%，较上年同期提高5.3个百分点。

招商引资方式也在不断拓展，各地积极采用产业链招商、中介招商、委托招商、网络招商、以商招商、园区共建招商等精准招商方式，取得积极成效。马鞍山市锁定"三重一创"，聚焦重点招商；六安市利用现有企业闲置厂房和土地进行"二次招商"，由专业招商队伍对外精准推介对接，通过租赁、并购、重组等方式促成项目落户；黄山市开展"智慧招商"，设立"招商公众微信"，采用大数据手段，对目标企业实施信息精准投放；蚌埠、淮南、阜阳、安庆等市积极开展驻点招商，选择重点区域，主攻主导产业，取得明显成效。淮北、宿州、池州等市依托产业集聚发展基地，组织开展产业链、价值链招商。

为进一步承接高端产业转移，安徽省将鼓励各地在法定权限范围内完善招商引资优惠政策，加强与央企、全国知名民企的合作，鼓励外资以特许经营方式参与基础设施建设，支持外资企业在国内上市和发债融资，推进中德、中新苏滁等合作产业园建设，重点引进中高端产业和知名跨国公司，以及一批技术水平高、带动能力强的重大项目和高端技术人才团队。

（四）上游地区依托当地优势资源承接产业转移成果显著

长江经济带上游地区尤其是成渝城市群地区，工业基础好，形成了电子信息零部件、汽车零部件、精细化工、纺织服装和消费品制造等产业集群。充分发挥其原有工业基础、资源禀赋、科技队伍等方面的优势，承接来自中下游地区的产业转移，有助于将长江经济带上游地区建设成我国重要的先进装备制造业基地。近年来，上游地区地方政府从做大做强装备制造业入手，积极与下游长三角地区交流，进行优势互换，合作开发，吸引优势产业的顺利转入，产业转接承接成果初显。重庆大力优化投资环境，利用外资实现稳步增长，重庆连续保持每年100亿美元以上的规模，成功引进超过260家世界500强企业。一批重大外资项目成功落户重庆，投资80亿的巴斯夫40万吨MDI一体化项目已正式投产，年产30万台整车和30万台发动机的现代汽车项目开工，投资总额超过60亿的重钢—浦项冷轧镀锌钢板等项目签约；成都在加快培育具有核心竞争力的高端产业体系的同时，高度重视轨道交通产业发展，致力于打造全球轨道交通研发制造高地；贵州大力推动能矿资源深加工业、装备制造业、现代服务业、高新技术产业、现代农业、劳动密集型产业等产业承接，同时重点承接符合产业发展导向和市场需求、产业链条长、带动能力强、有利于资源节约利用和生态保护的生态型产业和战略性新兴产业。目前，TCL、万科、戴尔、华为、英特尔、甲骨文、谷歌、百度、富士康、奇瑞、吉利等一批知名企业已经入驻贵州。

专栏 5-7　重庆：电子信息行业再添"生力军"

近年来，重庆利用全球产业重构机遇，构建起"5+6+860"的电子信息产业集群，为集成电路提供了巨大市场需求。基于对市场前景的看好和重庆电子信息产业升级的需要，重庆把集成电路作为重点发展的十大战略性新兴产业之一，按照集群发展的思路，围绕原材料—单晶硅切片—芯片设计—芯片制造—封装测试—基座载板等六个关键环节，已成功引进英国 ARM、美国 AOS、奥地利 AT&S、韩国 SK 海力士等一批全球一流的集成电路企业，基本构建起一条完整的集成电路生态链。

2016 年 6 月，重庆与全球著名集成电路企业美国格罗方德公司签署备忘录，约定双方将在重庆共同组建合资公司，生产 300mm 芯片。此次落户重庆建设的 300mm 芯片厂，工艺水准高，产业链条长，是市场、技术和资本有机结合的硕果。双方的合作将有助于重庆提升集成电路生产技术，进一步完善、延伸重庆电子信息产业链。

在液晶显示方面，重庆努力培育、推动液晶显示产业集群发展，陆续引进了京东方、惠科、富士康、莱宝科技、美景光电和康宁等多家显示行业龙头企业。目前，已初步形成了集玻璃基板、液晶面板和显示模组等产品研发、生产于一体的显示产业链条。2017 年 11 月，重庆中光电产业园投产，重庆液晶显示产业集群增添一支"生力军"，对于重庆加快发展液晶显示产业集群乃至电子信息产业集群，起到重要的推动作用。

重庆中光电产业园由我国液晶显示行业的龙头企业——中光电通讯技术有限公司（简称"中光电"）投资运营。项目总投资达 50 亿元，计划分两期进行建设。其中，第一期已建成月产 2 000 万套显示模组的生产能力，第二期预计于 2017 年年底开工建设。待 2021 年项目全部建成后，预计可实现年产值 100 亿元，提供超过 8 000 个就业机会。重庆中光电产业园生产线覆盖了前端的模具、五金、注塑、导光板、模切等制程，以及最终的显示模组成品生产，填补了国内显示模组行业在全制程整合制造领域的空白。该产业园生产出来的产品，将供应给华为、富士康、诺基亚、中兴、TCL 和康佳等知名企业，用于手机、车载显示系统和平板电脑等电子设备。

专栏 5-8　贵州：大数据引领产业发展成就核心动力

据中国经济网报道，2018 年 1 月，一则苹果公司将把中国内地 iCloud 服务转由云上贵州大数据产业发展有限公司负责运营的消息，让贵州贵安新区再次受到高度关注。根据协议，云上贵州公司将运营支撑苹果公司 iCloud 服务的全国数据中心，总投资达十亿美元。这是贵安新区大数据产业的又一重量级项目。

2015 年 6 月，习近平总书记在贵安新区考察时要求，新区的规划和建设一定要高端化、绿色化、集约化，不能降格以求。两年多来，贵安新区认真贯彻落实习近平总书记的指示精神，深入实施创新驱动发展战略，加快发展以大数据引领的电子信息、大健康医药、文化旅游、高端装备制造、现代服务业等五大产业，培育跨越赶超的核心动力，经济社会发展的新动能日益强劲。

作为贵州建设国家大数据综合试验区的主战场之一，贵安新区在做大大数据产业集群上频出妙招，初步形成了优质的产业发展生态圈。

破解机制难题——在重点发展大数据产业的贵安综合保税区（电子信息产业园）推进财税管理模式创新，明确税收分成比例、土地出让收支管理、招商引资优惠政策补助等，推进事权与财权相统一、责权利相结合。

解决资金困难——贵安新区争取国家财政资金和产业发展基金支

持，成立了 3 亿元财政产业扶持资金和总规模不低于 100 亿元的产业合伙基金，引导和鼓励金融机构支持大数据产业发展。

解决人才问题——落地贵安新区的华为大数据学院首开混合所有制办学先河，实行企业化管理运营，将为贵安新区乃至贵州省输送大批大数据产业技能人才。此外，该区还积极推进周边高校在大数据"政产学研"方面协同发展，探索"人才＋项目＋团队""人才＋基地"等人才培养新模式，打造大数据人才梯队。目前，贵安新区已培养各类大数据人才 1.2 万人。

在做大大数据产业规模的同时，贵安新区实施了"大数据＋产业"工程，推动大数据与产业深度融合，促进产业供给体系升级。

在位于贵安新区的贵州星瑞安科技有限公司，一块进价 10 元钱左右的透明"玻璃片"经过 50 多道工序后，变成了中高端智能手机盖板，价格翻了近 10 倍。

目前，贵安新区依托富士康、高通、浪潮、纽戴尔等龙头企业，引进培育了一批智能终端产业链配套企业，生产产品从单一的手机组装发展到芯片研发和分销、触屏、数据线、检测维修，产业链条不断延长，价值链条不断向高端攀升。一个以手机、手机贴片、触摸屏、"3C"、服务器、精密刀具生产等为支撑的制造产业集群正在该区壮大。数据显示，2017 年，贵安新区高端装备制造工业总产值完成 25 亿元，同比增长 91%。

根据《贵安新区智能终端制造三年会战方案》，该区将力争在 2018 年实现年产 1.5 亿部手机的产能，建成国内重要的智能手机生产制造基地，并引进 30 家以上配套研发、生产企业，成为我国南方地区重要的智能手机制造集聚区。同时，该区还将前瞻性地部署 5G 智能手机制造，率先形成 5G 智能手机规模化生产能力。

贵安新区负责人表示，该区将坚持高端化、绿色化、集约化发展方向，紧盯大数据、高端装备制造、新能源新材料、信息经济等万亿元级产业领域和航空航天、光电芯片等"硬科技"制造领域，进一步聚集发展要素，打造战略性新兴产业航母集群，努力成为贵州省科学发展、同步小康的战略支撑和重要增长极。

三、长江经济带产业转移的趋势分析

（一）着力完善体制机制，不断深化区域合作

长三角地区的区域合作是市场经济体制下的"五流"合作，即人流、物流、资金流、信息流和技术流的合作，再走向制度的全面合作，即建设长江经济带的过程，是长江流域各地区由要素合作逐步转向要素+制度合作的过程。近年来，长三角地区经济结构持续优化，推动大量产业向长江中上游转移，与整个长江经济带的联动效应越来越明显。尽管沿江各省市也在港口、旅游、交通基础设施、社会公共服务等领域探索了多方面的合作，但距离深度一体化的方向还有一定的距离，突出表现在两个方面：一是此前区域合作主要在地方层面的开展，随着合作的不断深化，一些改革创新事项超出了地方的事权，需要国家的层面给予指导和支持；二是由于区域合作组织的管理相对比较松散，缺乏对合作各方的约束激励机制，相关省市之间签订的部分合作协议在落地实施方面也存在一定的困难。截至目前，区域合作已经不满足于土地等要素资源的交换，产业协调的合作机制和利益共享机制等正处于积极探索阶段。例如，"十三五"期间，上海将进一步加强规划衔接，积极参与"一带一路"和长江经济带，以及长三角城市群等相关规划编制，加强沟通衔接，继续与苏浙皖三省联动实施区域规划；丰富完善合作机制，加强与国内、国际重要区域合作机制的对接融合，建立健全全方位、多层次的区域合作体系，加强城市群合作和次区域合作；探索建立产业合作利益共享机制，探索跨区域产业园区共建、企业兼并重组、港口股份合作等方式，共同打造世界级产业集群。2017 年 10月 12 日，由长江流域 9 省 2 市共 48 个城市、59 个园区参加的长江流域园区与产业合作对接会在上海闭幕，各省市积极关注合作机制建设，在利益共享机制上下工夫，以形成整个产业集群生态圈，从而推动整个国家产业的转型升级。

（二）坚持贯彻绿色发展，避免陷入后发困境

2018 年 4 月，在深入推动长江经济带发展座谈会上，习近平总书记提出要"正确把握生态环境保护和经济发展的关系，探索协同推进生态优先和绿色发展新路子。""推动长江经济带绿色发展，关键是要处理好绿水青山和金山银山的关系。"这不仅是实现可持续发展的内在要求，而且是推进现代化建设的重大原则。要坚持在发展中保护、在保护中发展，不能把生态环境保护和经济发展割裂开来。工业和信息化部、国家发展改革委员会等五部委发布《关于加强长江经济带工业绿色发展的指导意见》，提出要紧紧围绕改善区域生态环境质量要求，落实地方政府责任，加强工业布局优化和结构调整，以企业为主体，执行最严格环保、水耗、能耗、安全、质量等标准，强化技术创新和政策支持，加快传统制造业绿色化改造升级，不断提高资源、能源利用效率和清洁生产水平，引领长江经济带工业绿色发展。到 2020 年，长江经济带绿色制造水平明显提升，产业结构和布局更加合理，传统制造业能耗、水耗、污染物排放强度显著下降，清洁生产水平进一步提高，绿色制造体系初步建立。在未来的产业转移升级工作中，长江经济带高梯度地区引领创新发展，低梯度地区承接转移而来的生产活动。同时要大力贯彻绿色发展，不走"守着绿水青山饿肚子"的穷路，也不走"先污染后治理"的老路，大力改造传统产业、扶持新兴产业、实现产业升级，避免陷入"引进－落后－淘汰－再引进"的后发困境，尤其是在承接项目过程中重视效益质量和生态影响。

（三）坚持创新驱动发展，大力促进新旧动能转换

2016 年 3 月，科学技术部印发《长江经济带创新驱动产业转型升级方案》，提出要把长江经济带打造成创新驱动的引领带、产业融合的先行带、区域协同的示范带和开放合作的共赢带。2018 年 4 月，在深入推动长江经济带发展座谈会上，习近平总书记提出要正确把握破除旧动能和培育新动能的关系，推动长江经济带建设现代化经济体系；要扎实推进供给侧结构性改革，推动长江经济带发展动力转换，建设现代化经济体系；要积极稳妥腾退化解旧动能，破除无效供给，彻底摒弃以投资和要素投入为主导的老路，为新动能发展创造条件、留出空间。近年来，沿江省份积极依托当地优势，布

局制造业创新中心，带动地区的产业发展，推进长江经济带协同创新，未来创新在长江经济带发展中的推动作用还将不断强化。例如，苏州长期坚持创新驱动，在纳米、光伏、云计算、氮化镓、机器人、生物医药、医疗器械等前沿技术领域，发展出一批拥有核心技术和自主知识产权的科技型企业，在20个特色产业基地基础上，打造基于产业创新生态圈的世界级制造业创新中心；杭州的专业镇经济国内知名，扬名海外，在以新模式新业态助推产业集群发展方面积累了大量经验和优势，目前正进一步发挥阿里巴巴集团的区域溢出和示范效应，积极探索"电子商务+集群升级"新模式，努力打造面向国际消费市场的世界级制造业创新中心；合肥近年来不断强化创新驱动发展战略，培育壮大智能制造、新能源汽车、住宅产业化、电子信息、太阳能光伏、节能环保等新兴产业，下一步合肥聚焦关键核心技术，建设基于国际一流产业集聚区的世界级制造业创新中心，与长江中上游地区形成良好互动，同时将下游地区的创新效应向中上游传递，促进长三角地区的协同创新。

（四）开放水平稳步提升，产业转移加速推进

长三角的产业转移，并不是淘汰落后产能或甩包袱。长江经济带和其他经济规划最大的不同，就是把东中、西部天然连接在一起，同时向西与丝绸之路经济带连接，形成东西双向开发开放的新格局，为企业发展带来新空间。近年来，长江经济带内陆地区按照中央要求大力推进内陆开放高地建设，初步形成"水空铁"交通枢纽、开放口岸、保税区"三个三合一"的内陆开放高地特征，数据处理也具备枢纽和口岸功能；基本构建起以长江黄金水道、渝新欧国际铁路联运大通道等为支撑的"一带一路"国际贸易大通道骨架；外向型产业基础不断巩固，经济结构向好向快发展。随着长江经济的自贸区数量和规模进一步扩大，企业将加快产业向长江中上游地区的转移。例如，飞利浦公司将小型家电和医疗保健类家电的生产制造中心放在成都，并不是因为这一类产品不够先进，而是成都"悠然生活"的城市定位和开放水平，为飞利浦开拓小家电市场创造了有利条件。2016年9月，全球油漆和涂料巨头荷兰阿克苏诺贝尔公司在成都和上海投入巨资建设生产线，其认为在上海和成都设厂，既可以更靠近中国快速发展的中、西部地区市场，又可以发挥东部地区智力优势，为中国市场提供创新解决方案。

第六章
泛珠三角地区产业转移的现状与趋势

泛珠三角地区包括福建、江西、湖南、广东、广西、海南、四川、贵州、云南等九省区（以下称内地九省区）和香港、澳门特别行政区，拥有全国约五分之一的国土面积、三分之一的人口和三分之一以上的经济总量，是我国经济最具活力和发展潜力的地区之一。在国家区域发展总体格局中具有重要地位，十九大报告指出，要支持香港、澳门融入国家发展大局，以粤港澳大湾区建设、粤港澳合作、泛珠三角地区合作等为重点，全面推进内地同香港、澳门互利合作，制定完善便利香港、澳门居民在内地发展的政策措施。近年来，在"9+2"各方共同努力下，泛珠三角地区合作领域逐步拓展，合作机制日益健全，合作水平不断提高。

一、泛珠三角地区产业发展总体情况

（一）泛珠三角地区的内地九省区产业发展总体情况

泛珠三角地区的内地九省区 GDP 占全国比重变化如图 6-1 所示。根据国家统计局统计数据库的数据，从 GDP 数值看，2012—2016 年，内地九省区 GDP 占全国 GDP 比重持续上升。2016 年，内地九省区 GDP 为 241 586.39 亿元，占全国 GDP 数额的 32.49%，同比 2015 年提高 0.69 个百分点，同比 2012 年提高 1.25 个百分点。内地九省区 GDP 占全国比重均比上年有所增加。区域内发展呈不平衡状态。其中，广东省 GDP 占全国比重超过 10%，是泛珠三角地区经济发展水平最高的区域；其次是四川和湖南，第三个层次是福建、江西、广西、云南、贵州、海南等省份。

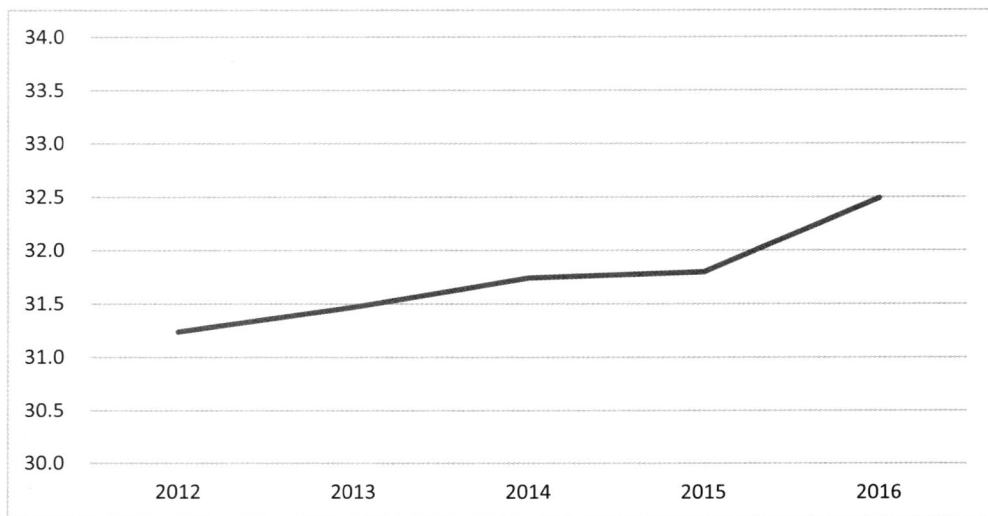

图 6-1　内地九省区 GDP 占全国比重变化

在内地九省区中，广东、福建和四川保持了较快的增长态势。泛珠三角地区各省（自治区）的 GDP 占全国比重变化如图 6-2 所示。2016 年 GDP 占全国比重分别比 2015 年分别增加了 0.3、0.1 和 0.07 个百分点。其中，2016 年广东 GDP 总值 80 854.91 亿元，同比增长 11.0%，对全国经济增长的贡献超过 10%。2016 年贵州 GDP 总值达到 11 776.73 亿元，突破万亿元，增速位列全国第四。福建、江西、四川、湖南等省份的 GDP 也实现了较快增长。在 2016 年 GDP 全国增速排名中，前十名的省份中有四个位于泛珠三角地区。进入 2017 年，泛珠三角地区 GDP 数据同样亮眼。2017 年第一季度，除广西外，其他八个省区 GDP 增速均超过 6.9% 的全国平均水平。

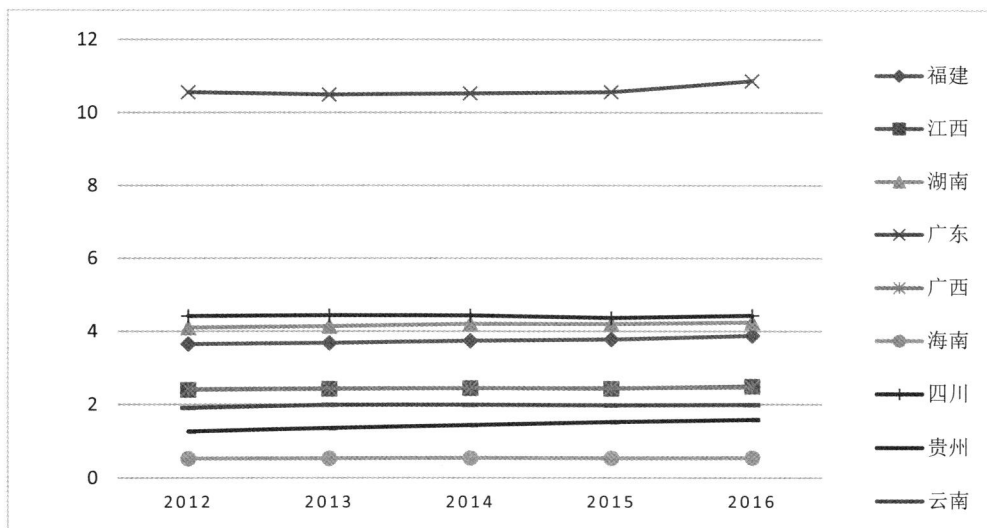

图 6-2　泛珠三角地区各省（自治区）GDP 占全国比重变化

从工业增加值看，2012—2016 年，内地九省区工业增加值占全国比重呈稳步增长态势。内地九省区工业增加值占全国比重变化如图 6-3 所示。2016 年，内地九省区工业增加值为 88 870.41 亿元，占全国比重为 35.85%，比 2015 年提高 0.34 个百分点，比 2012 年提高 1.70 个百分点。

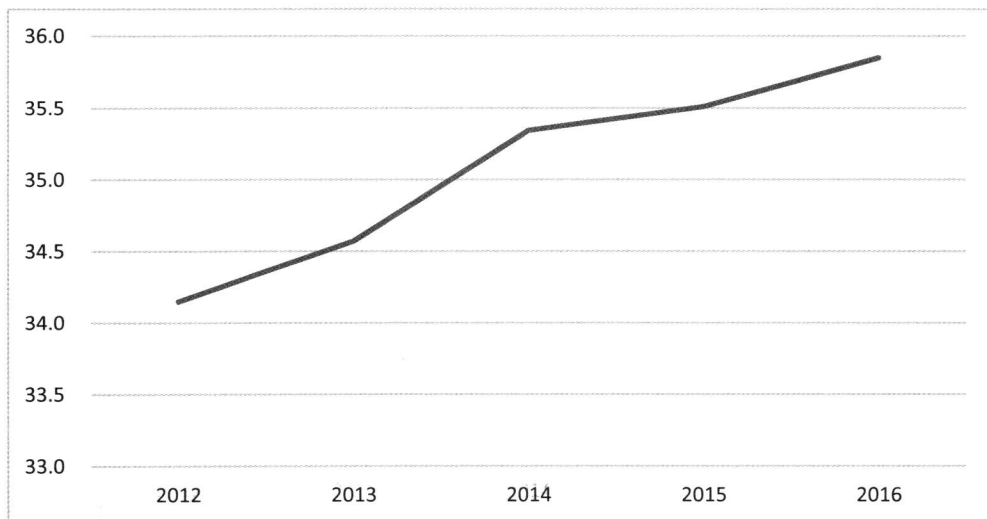

图 6-3　内地九省区工业增加值占全国比重变化

在九省区内部，广东、福建、贵州、广西工业增加值占全国比重都实现上升，转型升级效果显著。如图 6-4 所示，2016 年，广东工业坚持转型升级，不断提高工业经济质量和效益，在经济运行"新常态"背景下，实现持续稳定增长。2016 年，广东工业增加值 32 650.89 亿元，同比增长 7.9%，工业增加值增速比全国（4.8%）高 3.1 个百分点。全省规模以上工业中先进制造业完成增加值 15 260.88 亿元，同比增长 8.2%，增幅高于全省平均水平 1.8 个百分点；占规模以上工业比重为 48.7%，比上年同期提高 0.81 个百分点。高技术制造业完成增加值 8 475.25 亿元，增长 12.4%，高于全省平均水平 6.0 个百分点；占规模以上工业比重为 27.1%，比上年同期提高 1.45 个百分点，显示广东工业转型升级成果进一步稳固。福建积极应对经济增长放缓态势，多措并举加快供给侧结构性改革，围绕做大做强主导产业、发展壮大新兴产业、改造提升传统产业三大任务，大力培育工业新增长点。2016 年，全省规模以上工业增加值增长 4.7%，制鞋业、电子信息、非金属矿物制品业三大主导产业占规模以上工业增加值比重 23.8%，工业转型升级取得显著进展。

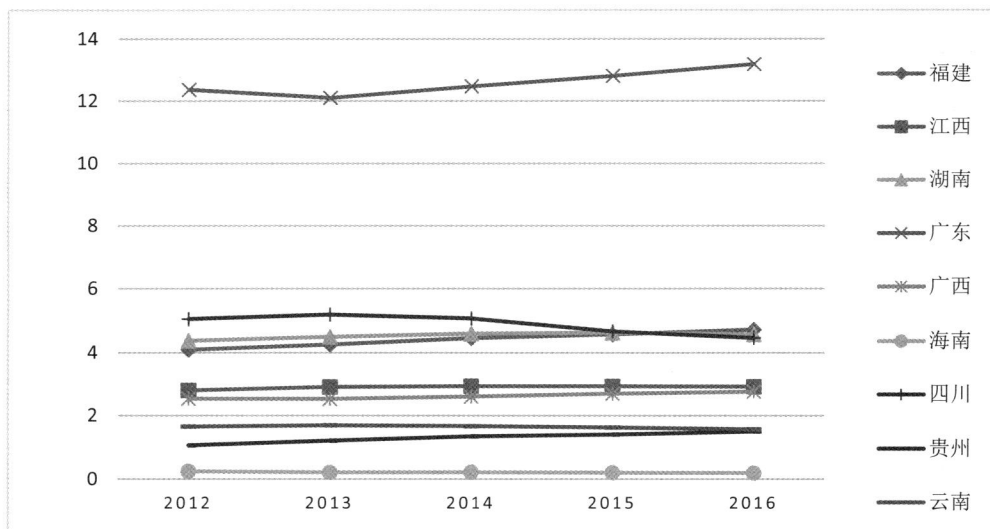

图 6-4　泛珠三角地区各省（自治区）工业增加值占全国比重变化

从三产比重看，泛珠三角地区各省服务业比重不断上升，产业结构不断优化，服务业成为第一大产业。根据各省统计年鉴，泛珠三角地区三次产业比重由 2012 年的 10.6∶48.5∶40.9 调整为 2016 年的 9.6∶43.2∶47.2。如表 6-1 所示，泛珠三角地区中的各省市中，除了贵州有小幅的下降，服务业在产业结构中的占比较 2012 年均有所提高。例如，广东三次产业比重由 2012 年的 5.0：48.5：46.5 调整为 2016 年的 4.6：43.4：52.0。广东率先推进转型升级，产业结构调整取得重大突破。目前广东产业正迈向中高端水平，产业结构实现从"二、三、一"到"三、二、一"的转变，初步形成了以战略性新兴产业为先导、先进制造业和现代服务业为主的产业结构。2016 年，广东现代服务业增加值 25 568.17 亿元，现代服务业增加值占服务业增加值比重达到 60.8%。其他省市的服务业比例也有了显著的提高，江西服务业占比从 2012 年的 34.7%提升到了 2016 年的 42%；四川从 2012 年的 34.5%提升到了 2016 年的 47.3%；云南从 2012 年的 41.1%提升到了 2016 年的 46.7%，见表 6-1。

表 6-1　内地九省区三次产业结构变化

省份	2012 年	2016 年
福建	9.0：51.7：39.3	8.2：48.9：42.9
江西	11.7：53.6：34.7	10.3：47.7：42.0
湖南	13.6：47.4：39.0	11.3：42.3：46.4
广东	5.0：48.5：46.5	4.6：43.4：52.0
广西	16.7：47.9：35.4	15.3：45.2：39.5
海南	24.9：28.2：46.9	23.4：22.4：54.2
四川	13.8：51.7：34.5	11.9：40.8：47.3
贵州	13.0：39.1：47.9	15.7：39.6：44.7
云南	16.0：42.9：41.1	14.8：38.5：46.7

　　根据国家统计局统计数据库的数据，从制造业全社会固定资产投资看，泛珠三角地区固定资产投资规模持续扩张，2012—2016 年间制造业全社会固定资产投资占全国比重提升了 2.57 个百分点。2016 年泛珠三角地区制造业全社会固定资产投资 48 604.03 亿元，占全国制造业全社会固定资产投资份额的 25.86%，比上年提高 1.01 个百分点。内地九省区制造业全社会固定资产投资占全国比重变化如图 6-5 所示。

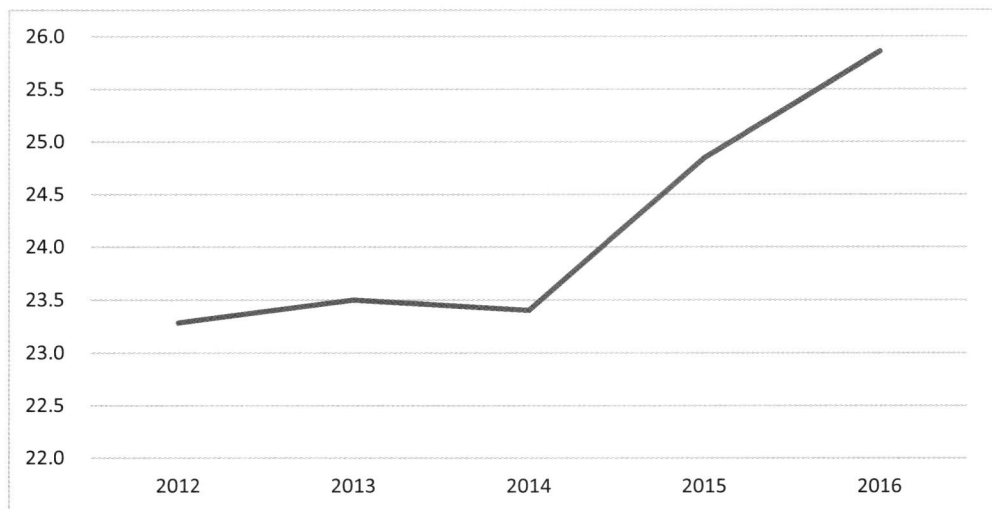

图 6-5　内地九省区制造业全社会固定资产投资占全国比重变化（%）

在泛珠三角九省区中，贵州、四川、江西等省的制造业固定资产投资均有较大幅度增长。2016 年，贵州制造业全社会固定投资 1 723.1 亿元，增长 43.0%。其中，计算机、通信和其他电子设备制造业投资 82.45 亿元，增长 95.5%，明显高于全部制造业投资 52.5 个百分点。除此之外，农副食品加工业投资 167.0 亿元，同比增长 71.1%。2016 年，四川制造业固定资产投资 5 910.91 亿元，同比上年增长 13.8%。四川扩大有效投资，注重优选龙头项目，加大引进港资力度，到 2016 年底，近 5 000 家港资企业在四川落地生根，有效带动了产业集聚。2016 年江西制造业固定资产投资 91 90.84 亿元，同比增长 13.5%。江西坚持把固定资产投资作为调整优化产业结构、加快经济发展方式转变的重要抓手。

图 6-6 显示了泛珠三角地区各省（自治区）制造业全社会固定资产投资占全国比重的变化情况。相比 2012 年，在 2016 年，除了湖南、广西、云南有小幅的下降，其他各省均有显著的提高，其中贵州和四川增幅较大。

从外商直接投资看，2012—2015 年，内地九省区外商直接投资额占全国比重持续上升，但从 2016 年开始，占比出现下降。2016 年内地九省区实际利用外商直接投资金额 710.46 亿美元，占全国外商投资金额的 56.39%，比 2015 年下降 3.79 个百分点（见图 6-7）。

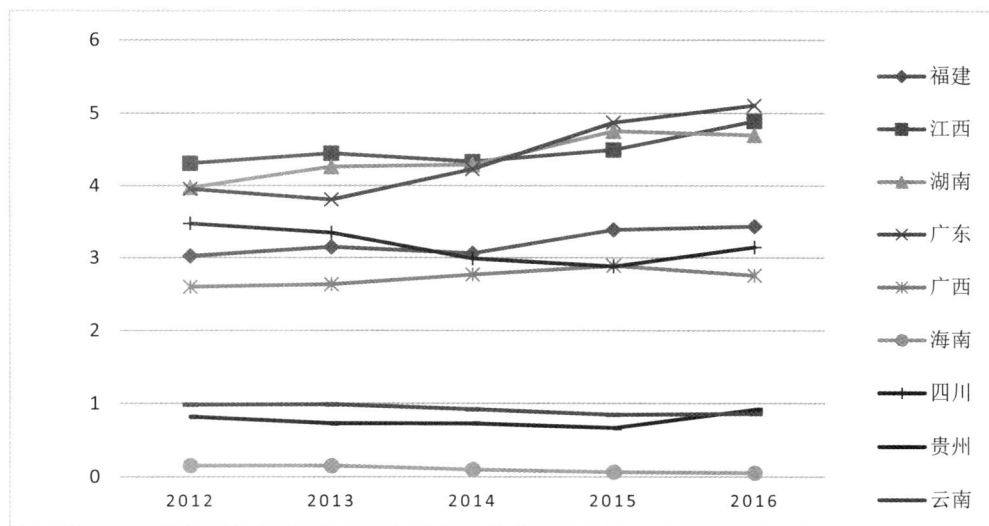

图 6-6　泛珠三角地区各省（自治区）制造业全社会固定资产投资占全国比重变化（%）

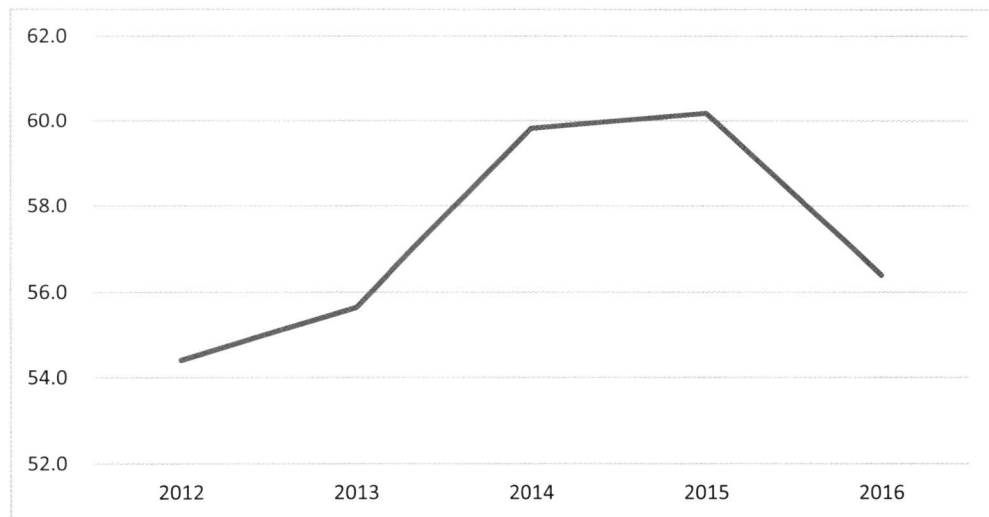

图 6-7　内地九省区实际利用外商直接投资占全国比重变化（%）

2016 年，在全国实际利用外商直接投资金额首次出现下降的大背景下，湖南、贵州、江西、福建实际利用外资金额占全国比重有所增长，但是泛珠三角地区其他各省都在 2016 年出现下降。2016 年广东外贸处于深度调整期，广东实际利用外商直接投资金额出现较大幅度下降，下降13.4%。广东当地的廉价生产要素投入、规模经济与外商的海外市场资源结合所取得的出口贸易优势不再具有。

　　然而，随着自贸试验区改革的纵深推进及该区域经验的复制推广，广东外商投资下行的压力有望减缓。2017 年 1—3 月，广东自贸试验区吸收外资项目 1 199 个，合同利用外资 157.3 亿美元，增长 68.8%，占同期全省总量的 59.3%，拉动全省合同利用外资增长 34.9 个百分点。广东自贸试验区贡献了该省近六成的合同外资和超过三成的实际利用外资，极有可能成为广东"留住"外资的希望。湖南借助澳门作为"一中心一平台"，发展与澳门特区，以及葡语系国家的经贸合作关系，2017 年 1—7 月，澳门在湘投资企业主要从事制造业、房地产业、物流等服务业，截至 2016 年底，澳门在湖南省投资项目 299 个，合同外资 12.3 亿美元，实际利用外资 9.9 亿美元。内地九省区外商直接投资占全国比重变化如图 6-8 所示。

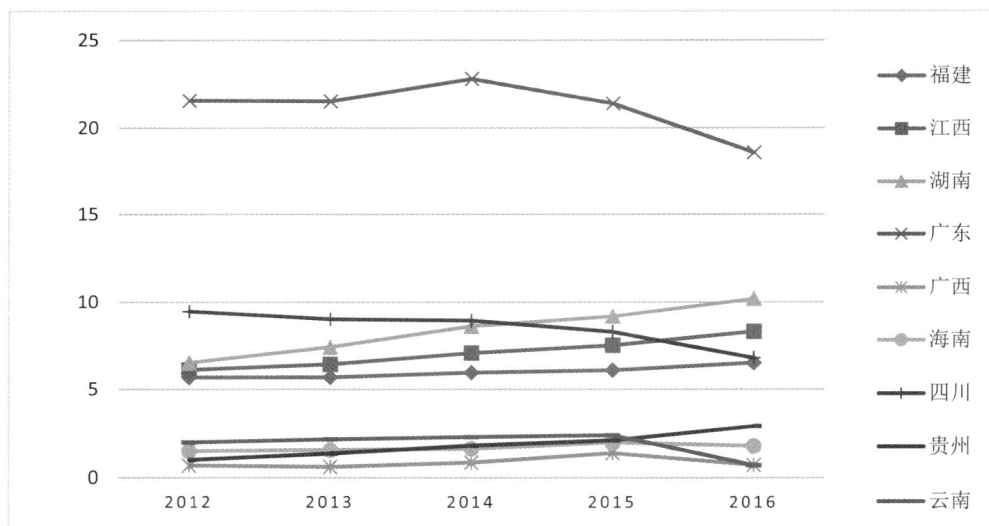

图 6-8　泛珠三角地区各省（自治区）实际利用外商直接投资占全国比重变化（%）

　　从货物出口看，在 2016 年全国货物出口同比下降的大背景下，内地九省区 2016 年货物出口金额与 2015 年相比也有所下降，而且其在全国所占比重也下降（见图 6-9）。泛珠三角地区货物出口占全国比重超过 1/3，是我国对外贸易的重大引擎之一。如图 6-10 所示，在内地九省区中，广东、湖南两省的货物出口占全国比重有所增长，福建、江西、广西、贵州、海南、四川、云南的货物出口占全国比重有所下降。广东 2016 年出口虽然总量下降，但其降幅比同期全国水平小 0.8 个百分点，且在全国占比提升，对全国外贸发挥了中流砥柱作用。2016 年湖南省进出口总额 1 782.2 亿元，比上年下降 2.1%。其中，出口 1 205.3 亿元，增长 1.5%；进口 577.0 亿元，下降 8.9%。其中，一般贸易出口 883.0 亿元，增长 21.3%。加工贸易出口 302.6 亿元，下降 22.7%。从产销国家和地区看，对香港出口 307.3 亿元，下降 7.5%；美国 174.3 亿元，增长 26.5%；欧盟 155.1 亿元，增长 40.0%；日本 28.0 亿元，增长 11.5%。

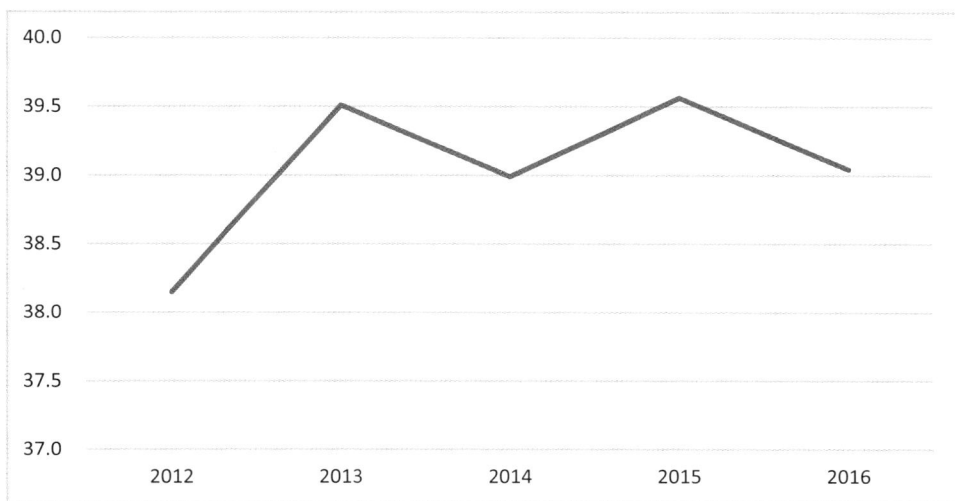

图 6-9　内地九省区货物出口额占全国比重变化（%）

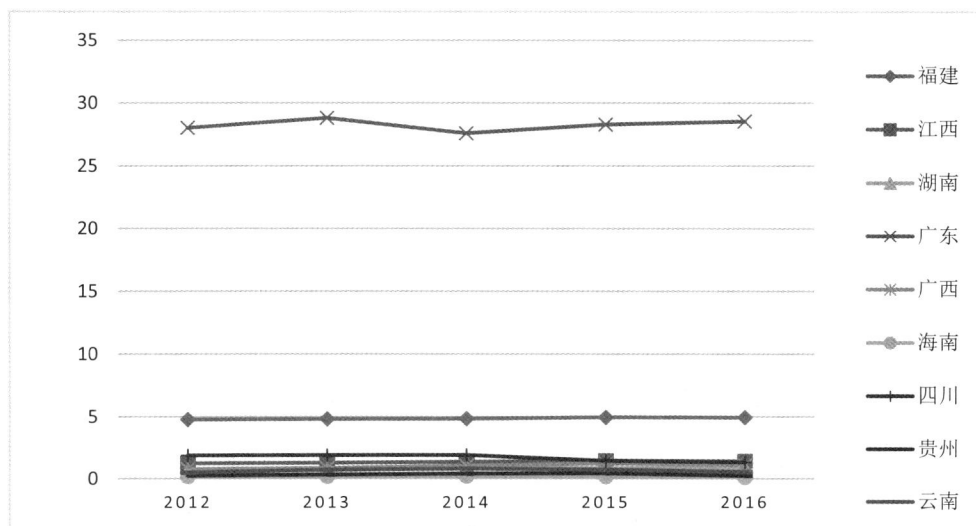

图 6-10　泛珠三角地区各省（自治区）货物出口额占全国比重变化（%）

从研发经费看，内地九省区规模以上工业企业研究与试验发展经费占全国比重持续上升，如图 6-11 所示。2012—2016 年，内地九省区规模以上工业企业研究与试验发展经费占全国比例持续上升。2016 年，内地九省区规模以上工业企业研究与试验发展经费 3 115.1 亿元，比 2015 年增长了11.8%，增速比上年高 0.89 个百分点。

如图 6-11 所示，2016 年，泛珠三角九省除海南、广西外，其他各省规模以上工业企业研究与试验发展经费占全国比重都明显上升。2016 年，广东省规模以上工业企业研究与试验发展经费 1 676.3 亿元，占全国比重超过 15%，企业研发投入居于全国第一。近些年来，广东在研发投入、技术转移以及创新载体培育方面狠下功夫，部分指标翻番增长，"第三产业增加值""高技术产业主营业务收入""高技术产品出口额"等多项指标排名均列全国第一。2017 年 11 月发布的《中国区域创新能力评价报告 2017》显示，广东区域创新能力综合排名超越江苏，首次排名全国第一；在企业创新、创新环境及创新绩效方面广东省均排名全国第一位。2017 年四川综合科技创新水平排名全国 11，技术市场输出技术成交额实际增长速度超过300%，科技成果和高技术产品输出能力显著提升。云南、贵州、广西在技术市场上吸纳技术成果金额实际增长速度超过两倍，高技术产品出口额增长速度均超过三倍，产业结构优化的步伐明显加快。

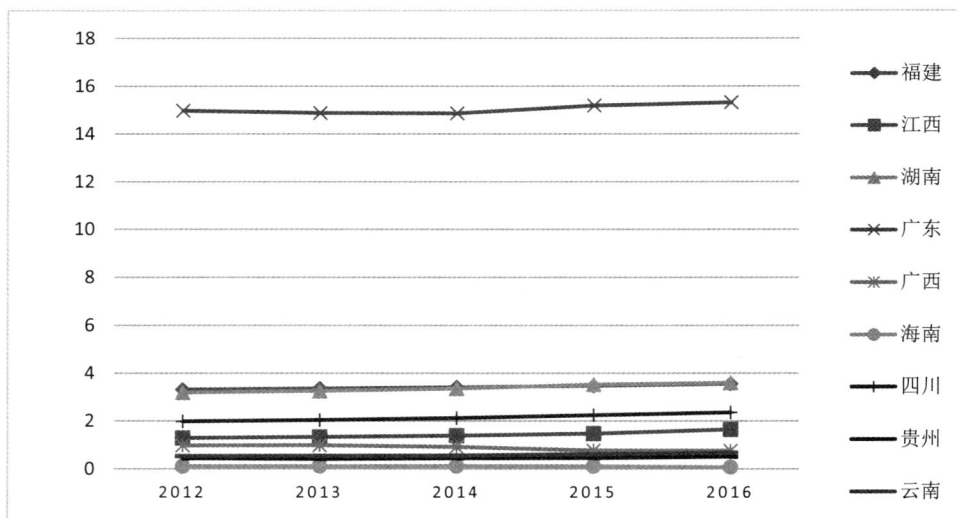

图 6-11　泛珠三角地区各省（自治区）规模以上工业企业研究与试验发展经费
占全国比重变化（%）

（二）港澳地区产业发展总体情况

改革开放以来，内地各省加强了与港澳地区的经济合作，广东引进外资中约70%来自港澳地区。泛珠三角地区内地各省与港澳合作的不断加强和推进，极大地促进了区域资源整合和产业结构调整、升级。在国内经济快速发展的背景下，即使港澳地区的经济总量占比正在下降，但两地在"9+2"地区中的经济总量占比仍达10%。鉴于港澳地区与大陆仍实行独立的统计指标体系，属于独立的统计区域，本部分将港澳地区经济发展与其他九省区分别加以介绍。

香港特别行政区。受全球经济疲软影响，香港经济放缓。2016年，香港的货物出口、服务输出、旅游业均表现出下滑趋势。2016年，香港按当时市价计算的GDP249十亿港元（约合3 206.8亿美元），同比增长3.86%，人均本地生产总值约4万美元。2016年，香港四个主要行业货物及流通、专业服务及其他工商业支援服务、金融服务、旅游增加值占GDP的比重依次为21.7%、12.5%、17.7%、4.7%。截至2016年底，香港是内地最大的实际利用外商直接投资来源地，占内地吸引外资总额的54.2%，且主要集中在广东省。大陆是香港外来投资的第二大来源地。到2016年年底，内地累计批准港资项目近40万个，实际利用香港资本总计9 147.9亿美元。

澳门特别行政区。2016年，澳门经济复苏，全年经济实现正增长0.8%，产业结构呈现多元化发展趋势。2016年博彩业回稳，增加值占GDP的比重为47.15%，其在产业结构的比重下降了0.9个百分点。紧随博彩业之后，不动产业务、建筑业、批发及零售业、金融业、租赁及向企业提供服务和酒店业皆是在本澳经济中的比重处于前列的行业。2013年至2016年间，主要非博彩行业的收益由2013年的2 861.6亿澳门元，上升至2016年的3 570.0亿澳门元，增长24.8%；收益增长最大的三个非博彩行业依次为建筑业（70.9%）、金融业（57.1%）及饮食业（27.2%）。部分非博彩行业的发展速度更超过了博彩业的发展速度。另外，直接投资上升，2016年葡语系国家在澳门的累计投资总额约为90.6亿澳门元，按年上升4.2%，泛珠三角地区九省的投资总额为21.9亿澳门元，按年上升50.6%。2016年出口货值为100.5亿元，按年减少6.0%，本地产品出口则上升7.8%。

二、泛珠三角地区产业转移的现状和特点

（一）粤港澳大湾区建设将成为珠三角地区产业转移合作新引擎

2017 年 7 月，习近平主席出席《深化粤港澳合作 推进大湾区建设框架协议》签署仪式。按照协议，粤港澳三地将在中央有关部门支持下，完善创新合作机制，促进互利共赢合作关系，共同将粤港澳大湾区建设成为更具活力的经济区、宜居宜业宜游的优质生活圈和内地与港澳深度合作的示范区，打造国际一流湾区和世界级城市群。

广东省有关地市政府工作报告也概述了参与大湾区建设的诉求。例如：广州市政府提出，要加快推进一批跨区域交通基础设施建设。依托南沙粤港澳全面合作示范区，建设粤港产业深度合作园等重大产业合作平台。东莞市提出，要打造粤港澳大湾区先进制造业中心：发挥制造先发优势，在人工智能、芯片制造、智能终端、半导体、新能源等高端制造产业链，以及工业设计、融资创投、服务外包等生产性服务业领域，主动对接一批关键项目、总部项目及行业领军人物，力争促进一批成熟项目的投资落户。此外，珠海市也积极打造粤港澳大湾区创新高地。

专栏 6-1 粤港澳大湾区闪耀世界 三大重点项目高效推进

来自泛珠三角合作信息网的文章报道。2017 年 7 月 1 日，国家发展改革委和粤港澳共同签署了《深化粤港澳合作推进大湾区建设框架协议》，各方将推进基础设施互联互通的任务摆到了首要合作领域的位置，并明确提出了共同推进港珠澳大桥、广深港高铁、粤澳新通道等区域重点项目建设，打造便捷区域内交通圈。近段时间，这三个重大工程项目陆续传来喜报，引来世界瞩目，为粤港澳大湾区砌起了从愿景走向现实的大道。

港珠澳大桥恰似撑起大湾区的脊梁

2017 年 6 月 5 日在北京举行的 2017 世界交通运输大会上,港珠澳大桥作为中国建设史上里程最长、投资最多、施工难度最大的跨海桥梁惊艳全场,引来大批与会者点赞。再加上早前被海外媒体冠以"新世界七大奇迹"的头衔,港珠澳大桥一时风头无两。9 月 11 日,港珠澳大桥岛隧工程沥青路面摊铺正式拉开帷幕,宣告大桥工程已全面进入最后的决战期。

人们在珠江东岸见识过了粤港澳携手创造的合作奇迹,而一江之隔的珠江西岸土地开发率仍处于较低水平,生产要素供给制约条件也相对较少。这里的先进装备制造产业带风头正劲,一颗颗智能制造产业新星冉冉升起;这里的生态环境资源优势显著,滨海旅游产业如火如茶……这一切无不昭示着,粤港澳合作开发珠江西岸引人遐想的新前景。目前珠江西岸与香港之间的陆路需要绕行虎门大桥,行程 3 个小时以上,即使选择水路也要 1 小时。港珠澳大桥开通后,来往两地时间将缩短到 20—30 分钟。港珠澳大桥一旦正式通车,无论是三地居民的生活、旅游,还是企业间的商务洽谈、货运贸易,必将几何倍数地提高人流、物流、资金流的流通效率,对粤港澳三地的经济生活形势产生深远的积极影响。

广深港高铁无缝衔接内地高铁网络

广深港高铁作为港澳地区全面对接国家高铁网络的重点工程项目,继 2011 年广深段通车运营后,截至目前香港段整体工程已完成约 95%,就 2018 年第三季通车的目标而言,当前的进度已超过预期进展。同时,高铁工程的调试和试运行计划将于 2017 年下半年展开。

广深港高铁是中国"四纵四横"客运专线中,京广高速铁路至深圳、香港的延伸线,也是粤港澳大湾区城际快速轨道交通网的骨干部分。其中,香港段全长 26 千米,连接香港与深圳、广州以及内地的高速铁路网。通车后广州到香港只需 48 分钟,深圳到香港仅需 14 分钟,将促进粤港澳大湾区形成"1 小时生活圈"。这不仅为珠三角城市居民及内地其他省区的旅客前往香港提供了快捷的轨道交通方式,香港更可以通过这条线路与内地长达 2 万千米的高铁网络无缝衔接,将大大有助于促进香港的旅游及商贸发展。

线路开通后，广深港高铁每日会有 200 班客车前往内地，繁忙时间每小时会有 10 班来回列车，接载约 1 万名乘客，最高行车班次每班相距 3 分钟。该铁路项目在建造期间已创造 5 000 个职位，营运期间可创造 1 万多个职位。香港市民对广深港高铁香港段表示深切期待，认为高铁省时又方便，期待能早日通车。2017 年 7 月 25 日，香港特区政府宣布广深港高铁香港段西九龙站将实行"一地两检"通关程序，乘坐高铁的旅客将可在高铁西九龙站完成出入境手续。

青茂口岸促粤港澳共建优质生活圈

2017 年 7 月广东省人民政府印发的《实施<粤澳合作框架协议>2017 年重点工作》中，粤澳新通道（青茂口岸）作为粤澳合作的重点项目赫然在列。8 月 11 日，粤澳双方在广州召开了粤澳新通道（青茂口岸）第十次工作小组会议，就青茂口岸联检大楼设计方案、鸭涌河综合整治方案方向和粤澳新通道口岸通关模式等问题进行了充分研究，并初步达成共识，待进一步修改完善后，争取尽早启动鸭涌河整治和主体工程建设。

新通道开启将有利于实现广珠城际轨道与澳门轻轨的便捷对接，有效纾解关闸—拱北口岸通关人流压力，改善澳门北区的城市环境，让约占澳门人口总数 40%的近 22 万北区居民共享粤澳合作的发展成果。同时，通过项目之一的迁建新批发市场，输澳食品供应将更加稳定，平抑物价通胀。各项工作全部完成后，将树立起一座粤澳边境线全新的城市地标，推动粤澳、澳珠协同发展，促进粤港澳共建优质生活圈。

（二）泛珠三角地区产业转移合作加快推进

近年来，珠三角地区辐射带动作用进一步放大，泛珠三角地区产业转移合作加快推进。

跨区域政策联动更加顺畅。根据国家文件精神，内地九省区制定了深化泛珠三角地区合作实施意见、实施方案、工作清单。例如，贵州省明确引导产业有序转移承接，以国家级、省级开发区为主要载体，建设承接产业转移示范区，加大对加工贸易梯度转移承接地的培育支持力度，探索产业转移跨区域合作等。

跨区域产业合作载体和合作区加快形成。根据新华社记者王攀的文章《从跨省合作区到海外产业园：泛珠三角构建产业转移新路径》，据不完全统计，泛珠三角地区的内地九省区已经设立各类产业转移对接园区近 20 个，形成了珠江—西江经济带、闽粤经济合作区、粤桂合作特别试验区、粤川自贸试验区等产业合作平台。以粤桂合作特别试验区为例，作为中国唯一横跨东西部地区省际流域合作试验区，试验区肩负改革使命，打破行政区划壁垒，探索"一体化、同城化、特区化"开发的全新模式，打造两广一体化发展、东西部合作发展、流域可持续发展的先行示范平台，形成珠江—西江经济带新增长极、西江流域生态共建区、省际合作机制创新区和东西部合作示范区。建设三年多以来，入园重点企业已超过 300 家，一批港澳台资企业入驻注册，新能源、电子信息、食品医药产业集群初具雏形。

跨区域投资与项目合作更加紧密。以云南省为例，2017 年 1—11 月，泛珠三角、长三角、京津冀在滇投资实际到位资金分别为 3 720.8 亿元、1 347.5 亿元和 1 500.7 亿元，同比分别增长 18%、11.7%和 1.1%。《三湘都市报》2017 年 10 月 11 日报道，根据 2017 年第十三届泛珠三角地区省会城市市长联席会议披露，泛珠三角地区各城市相互投资规模不断扩大，经贸合作考察对接活动日益频繁。以长沙市为例，2016 年以来，长沙市引入泛珠三角地区投资项目 1104 个，引进投资 1093 亿元。

（三）泛珠高铁经济带加速区域内互联互通

高速铁路快速发展，催生了高铁经济等新经济领域，对加强城市群城际间联系，促进区域经济社会协调发展具有积极作用，建设高铁经济带，有利于促进高铁与城镇化、产业、民生、旅游等深度融合，更好地发挥交通运输对经济社会发展的支撑引领作用。2015 年底，广东省实现"县县通高速"，出省高速公路通道达到 17 条，其中 5 条通广西，4 条通湖南，4 条通江西，3 条通福建，1 条通海南。2016 年，粤东西北再增出省通道 1 条、连接珠三角通道 4 条，经济大动脉进一步打通，制约粤东西北发展的交通瓶颈有了根本性改观。广东"十三五"期间将推进约42个铁路项目建设，包括深茂铁路、赣深客专、广汕客专等23个干线铁路建设，以及19个城际和地方铁路项目建设，其中不少位于粤东西北。到2020年，全省将实现"市市通高铁"，高快铁路运营里程达到2000千米，粤东西北也将完全进入"高铁时代"。

泛珠三角地区横跨东中西三大板块，区域内既有在全国发挥重要引擎作用的珠三角地区，又有资源丰富、环境承载力强的广大中、西部腹地，地区间比较优势明显，产业发展互补性强。"十二五"期间总共有817个珠三角的加工贸易项目转入粤东西北，包含的进出口额78.8亿美元。在产业转移过程中，高铁经济带和跨省合作产业园区成为主要抓手和形式。到2020年，泛珠三角地区内高铁里程将达1万千米，2030年将达1.98万千米左右，形成相邻大中城市间1～4个小时交通圈，大大缩短区域内各省区城市间的距离，同时形成高铁与经济深度融合的经济发展带，使通道合作具有一定的辐射度、宽度和深度，促进经济合作走廊加快形成。泛珠三角地区发达的高铁网，有效促进跨省合作园区的建设，泛珠各省通过跨省共建合作园区的方式有效推进各省产业合作和转移。目前已建成的跨省合作园包括肇庆—梧州粤桂特别合作区、粤闽经济合作区和年内开建的湛江—北海粤桂北部湾经济合作区等。珠三角原先的加工贸易企业、制造业向更广阔的中、西部地区转移过程中，有可能造成产业断层现象，而跨省经济合作区不仅弥补了产业断层的危险，还可以将不同经济圈联系到一起，更好地发挥区位优势，促进产业优化升级。

专栏6-2　泛珠各方发出《共建泛珠三角地区高铁经济带倡议》

据泛珠三角合作信息网报道，2017年9月25日，泛珠合作各省区在2017年泛珠三角地区合作行政首长联席会议发出《共建泛珠三角地区高铁经济带倡议》，号召区域内的各省区强化统筹协调，深化区域协作，共同将泛珠三角地区打造成为全国高铁经济带合作示范典型。截至目前，泛珠三角地区内沪昆客专贵阳至昆明段（贵昆铁路）、贵广高铁、南广高铁、厦深高铁已建成通车，成都至贵阳铁路、贵阳至南宁客运专线（广西段）、广深澳高速铁路进展顺利，赣深高铁（江西段）、兴国至泉州（江西段）、渝昆铁路（川滇段）、贵阳至南宁铁路（贵州段）、张家界至海口旅游高铁（张家界至怀化段）正式开工建设。

在 2017 年泛珠行政首长联席会议和省（区）部际协商会议上，"高铁"成为核心讨论议题。为做好高铁经济发展这篇大文章，借泛珠行政首长联席会议召开契机，泛珠各方正式发出《共建泛珠三角地区高铁经济带倡议》，旨在实现更高层次的开放发展和协同发展。倡议提出三个方面内容，一是积极对接"一带一路"，共同建设粤港大湾区，统筹推进高铁经济带研究，协调推动编制国家级高铁经济带发展规划，将泛珠高铁经济带建设纳入大湾区建设的重要内容；二是积极开展跨省区高铁线路规划研究，加快推动已规划铁路项目开工建设，再谋划储备一批高铁建设项目；三是推动建立部省协同推进机制，共同将泛珠三角地区打造成为全国高铁经济带合作示范点。泛珠三角地区作为中国高铁布局最早、发展最快的地区，高铁经济正在成为经济增长的新动力、新引擎。随着国家"一带一路"倡议的深入推进，加快建设高铁经济带已成为泛珠各方的重要共识，2017 年 5—7 月相继出台的贵广、南广高铁经济带规划也为泛珠高铁经济带的建设提供了良好借鉴。截至目前，泛珠三角地区内沪昆客专贵阳至昆明段（贵昆铁路）、贵广高铁、南广高铁、厦深高铁已建成通车，成都至贵阳铁路、贵阳至南宁客运专线（广西段）、广深澳高速铁路进展顺利，赣深高铁（江西段）、兴国至泉州（江西段）、渝昆铁路（川滇段）、贵阳至南宁铁路（贵州段）、张家界至海口旅游高铁（张家界至怀化段）正式开工建设。

（四）从跨省合作区到海外产业园构建产业转移新路径

依托自贸区，以粤港澳大湾区为龙头，"9+2"的泛珠三角地区正在全球产业格局调整中争取国际合作竞争新优势。一头在国内推进产能梯度转移，一头在海外谋求国际产能合作；一边是不断升级的省际合作试验区，一边是规模不断扩大的海外产业园，泛珠三角地区在谋求自身发展的同时，积极培育对外开放优势，争取国际合作竞争新优势。

到 2017 年 10 月，泛珠三角地区的内地九省区已经设立各类跨省产业转移对接园区近 20 个，形成了珠江—西江经济带、闽粤经济合作区、粤桂合作特别试验区、粤川自贸试验区等产业合作平台。国内企业抱团出海，有利于同合作国达成发展共识，获得更多的优惠政策，推动产品和服务进入发达国家市场，加快国际产能合作及双边关系发展。泛珠三角地区多地积极建设海外产业园区，广东已经与伊朗格什姆自贸园区、迪拜机场自贸区建立合作关系，与马来西亚、印尼、白俄罗斯等国家商建自贸园区或产业园区。还有多家上市企业谋求扩大位于白俄罗斯的广东光电产业园区，一些已经在非洲扎根的广东企业在谋求扩大规模，并吸引上下游企业完善当地产业链条，积极推动非洲等地的海外产业园区投资项目，广东开展国际产能合作的前景广阔。

专栏 6-3 从跨省合作区到海外产业园：泛珠三角构建产业转移新路径

据泛珠三角合作信息网报道，福州尚飞制衣有限公司近年在非洲和越南开设工厂。眼下，总经理陈耿还在江西筹建新工厂。

"国外的产能在增长，国内的产能在升级，两边同时发力。"他说。

一头在国内推进产能梯度转移，一头在海外谋求国际产能合作；一边是不断升级的省际合作试验区，一边是规模不断扩大的海外产业园——尚飞制衣是众多泛珠三角地区制造企业摸索产业转移新路径的缩影。依托自贸区，以粤港澳大湾区为龙头，"9+2"的泛珠三角地区正在全球产业格局调整中争取国际合作竞争新优势。

以粤桂合作特别试验区为例，作为"珠江—西江经济带发展规划"国家战略的重要组成部分，广东、广西联合共建数年来，全试验区招商引资累计到位资金 209 亿元，固定资产投资累计达 2 十亿元，年均增长 30% 以上，呈现快速发展的良好势头。

目前，粤桂合作特别试验区正全力打造"两广金融改革创新综合试验"平台，已经设立各类产业基金、创业基金130多亿元。同时，试验区积极建设中国—东盟环保技术与产业合作交流示范基地等生态发展平台，强化开发地区生态修复，开展流域生态联防联控行动。

另一方面，泛珠三角地区多地积极建设海外产业园区。广东省商务厅厅长郑建荣说，广东已经与伊朗格什姆自贸园区、迪拜机场自贸区建立合作关系，与马来西亚、印尼、白俄罗斯等国家商建自贸园区或产业园区。

中交建、中铁等大型央企在南沙设立投资公司，集中国际结算业务形成"资金池"，统筹国内外资金结算业务，并与国际会计事务所、亿赞普等全球领先的国际结算公司及大数据应用公司开展合作，探索建设国内大型企业"一带一路"资金"走出去"财资中心（资产管理中心），其中中交产业投资控股正在积极推动非洲等地的海外产业园区投资项目，打造千亿元级的中交集团国际产业投资发展平台。

《国务院关于深化泛珠三角地区合作的指导意见》指出，促进区域经济合作发展和共同培育对外开放新优势，是泛珠三角地区协作发展的重要使命。

专家和业内人士认为，通过融入"一带一路"建设、完善联通内外的综合交通运输网络，有着独特区位优势的泛珠三角地区可以更大力度地鼓励有条件的企业参与境外经济贸易合作区和农业合作区开发建设，推进国际产能和装备制造合作。

（五）"一带一路"倡议促进泛珠三角地区产业升级和创新

泛珠三角地区连接南亚、东南亚和沟通太平洋、印度洋，区位优势突出，是交通运输网络枢纽，有着独特区位优势的泛珠三角地区可以更大力度对接"一带一路"。区域内与南亚、东南亚国家的铁路骨架交通网、公路交通网已贯通；区域内建成万吨级以上泊位300多个，集装箱外贸航线达

200 多条，海上通道加快拓展；区域内开通空中国际航线近 1 200 条，实现"海丝"与"陆丝"有效对接，空中通道不断加密。

《"一带一路"大数据报告（2017）》显示，在全国 31 个省（自治区、直辖市）参与"一带一路"建设情况测评中，广东福建居前，广西首次进入前十。广东是国内与沿线国家贸易额最大的省份，占全国 20.9%。其他地区也在积极融入一带一路建设中。香港发挥资金、人才和技术管道的独特优势和"超级联系人"的角色，协助内地省区与海外实现"引进来"与"走出去"，同时香港积极发展与一带一路沿线国家的贸易，2017 年 11 月 12 日，香港与东盟签署自由贸易协定及相关投资协定，香港将与内地、东盟连为一体，实现经贸上的互联互通；广西推进中越德天—板约跨境旅游合作区建设，建设全国首个国际旅游合作试验区，携手泛珠各方深化与东盟的交流合作。江西、湖南、海南、四川、贵州、云南等制定了参与"一带一路"建设实施方案，四川全面探索建设自由贸易港，加快打造西向南向开放战略中心，在对内联通的基础上，积极对接"一带一路"，拓展外部发展空间，人行成都分行主动作为，大力推动跨境人民币业务，探索将成都建成南丝绸之路跨境人民币结算中心，全面推动跨境人民币结算中心功能建设。

2017 年，泛珠三角地区各方代表签署了《"一带一路"背景下泛珠三角地区知识产权合作协议》，约定从五个方面开展合作。即加强"一带一路"沿线国家的知识产权法规、政策信息研究；引导企业建立知识产权预警机制、降低知识产权侵权风险；加强各区域在"一带一路"沿线国家优势产业知识产权布局合作，提升区域产业的创新能力和市场竞争力；探索开展校企合作，联合培养熟悉国际贸易和知识产权规则、专业化程度较高的知识产权服务业人才；加大对"一带一路"知识产权合作交流的宣传力度，提升区域内各类市场主体的知识产权意识。协议还约定了坚持联席会议制度、联络员制度和专题工作小组制度等合作机制。

在广泛对接"一带一路"倡议中，泛珠三角地区产业升级和创新成果明显。2016年广东省先进制造业增加值 15 260.9 亿元，比 2015年增长 8.2%。其中，高技术制造业增加值 14 102.5 亿元，增长 12.4%。现代服务业增加值 25 568.17 亿元，现代服务业增加值占服务业增加值比重达到 60.8%。先进制造业和现代服务业是现代产业体系的核心，广东初步形成了以战略性新兴产业为先导、先进制造业和现代服务业为主体的产业结构，产业高级化态势明显。《中国区域创新能力评价报告 2017》显示，广东的区域创新能力综合排名超越江苏，首次排名全国第一；在企业创新、创新环境及创新绩效方面广东省均排名全国第一位。2017 年四川综合科技创新水平排名全国 11，技术市场输出技术成交额实际增长速度超过 300%，科技成果和高技术产品输出能力显著提升。云南、贵州、广西在技术市场上吸纳技术成果金额实际增长速度均超过两倍，高技术产品出口额增长速度均超过三倍，产业结构优化的步伐明显加快。

专栏 6-4　促进泛珠三角地区互联互通，共同推进"一带一路"

　　据中国新闻网报道，2017 年泛珠三角地区合作行政首长联席会议于 9 月 22～25 日在湖南长沙召开，同期还将召开省部际协商会议，以及各省区之间的高层会晤。

　　2017 年行政首长联席会议四个讨论议题，其中第一个就是打通出海出边大通道，促进泛珠三角地区互联互通，共同推进"一带一路"建设。由此可见，泛珠三角地区作为丝绸之路经济带和 21 世纪海上丝绸之路、中国—东盟自由贸易区升级版建设的重点区域，泛珠三角各地在联手参与"一带一路"建设方面已经达成广泛共识。可以预见的是，泛珠三角地区各地联手参与"一带一路"建设将会是未来合作的重要方向之一。

　　2016 年泛珠三角地区与"一带一路"沿线国家贸易额达 1.8 万亿元人民币，对"一带一路"沿线国家和地区投资额 7 000 亿美元，双向贸易得到有效拓展。

　　在互联互通方面，泛珠三角地区与南亚、东南亚国家的铁路骨架交通网、公路交通网已贯通，开通了中欧等国际货运班列，累计开行900 余列，陆路通道日益完善；中越红河水运、中缅伊洛瓦底江路水联运项目有序推进，区域内建成万吨级以上泊位 300 多个，集装箱外贸航线达到 200 多条，海上通道加快拓展；泛珠三角地区共开通空中国际航线近 1 200 条，实现"海丝"与"陆丝"的有效对接，空中通道不断加密。

经贸合作方面，成功举办 21 世纪海上丝绸之路博览会、"一带一路"国际产能合作会、"一带一路"高峰论坛、亚洲合作论坛工商大会等活动，企业"走出去"步伐加快，2016 年泛珠三角地区与"一带一路"沿线国家贸易额 1.8 万亿元，对"一带一路"沿线国家和地区投资额 7 000 亿美元，双向贸易有效拓展。此外，跨境金融合作发展迅速，在老挝发起设立了老中银行，中国首家中缅货币兑换中心在云南成立，并发布人民币对缅币"瑞丽指数"。

会议上，各方行政首长围绕"打通出海出边大通道，促进泛珠三角地区互联互通，共同推进'一带一路'建设"等议题进行了互动讨论。泛珠各方共同签署的联席会议纪要指出，将完善联通内外的综合交通运输网络，打通经大西南各省区连接沿线国家的运输大通道，加快构建面向东盟、南亚、东南亚的国际大通道。

（六）泛珠三角地区合作发展基金促进珠三角地区产业链转移和优化

2017 年泛珠三角地区合作行政首长联席会议上，在国家发展和改革委员会、泛珠三角地区各方政府及国家开发银行的支持和指导下，国家开发银行全资子公司国开金融有限责任公司牵头发起设立总规模 1 000 亿元（首期 100 亿元）的泛珠三角地区合作发展基金。泛珠三角地区合作发展基金调动区域内各省区、大型央企、金融机构等多方资源，实施国家区域合作总体战略，推动泛珠三角地区的跨区域、跨流域的重大合作项目建设、重大规划研究和产业承接转移，并针对泛珠三角地区内各省区的产业特点和优势，开展有针对性的支持和投资。

设立泛珠三角地区合作基金，支持实体经济发展，推动重大合作项目建设、重大规划研究和产业承接转移。产业链集群转移对承接地的产业配套、要素资源供给、公共管理、社会服务等提出了更高的要求，泛珠三角地区合作基金为泛珠三角地区产业链集群转移提供了资金保障，为充分利用当地的科技、人才和总部企业聚集优势提供资金支持。在龙头企业的带动下，产业集群往往迅速集结，形成了横跨整个泛珠三角地区的"前店后厂"模式。在一个相互间形成关联关系的产品供应体系内，各关联企业的转移活动往往会带来连带效应。对处于某种供应链环节的生产者来说，如果其上下游关联产品的生产者已经大量转移到某地生产，则会迫使尚未进入者跟进转移，提高转入地的配套体系的运作效率。

（七）创新资源集聚促进泛珠三角地区产业科技创新合作

改革开放以来，珠江东岸的产业沿高速和轨道等轴向布局，在这一轴线区域上已经集聚了高科技企业、人才、技术、信息、资本等大量的创新要素，珠江地区内创新资源聚集度高，先进制造业发达，与香港科技创新的协同发展，初步形成了广深科技创新走廊的雏形。

2016 年泛珠九省的规模以上工业企业 R&D 经费 3 115.1 亿元，占全国规模以上工业企业研究与试验发展经费的 28.5%。2017 年 11 月 25 日发布的《中国区域创新能力评价报告 2017》显示，广东的区域创新能力综合排名超越江苏，首次排名全国第一；在企业创新、创新环境及创新绩效方面广东省均排名全国第一位。其中广州科技创新发展实力正不断彰显，截止到 2017 年 12 月，全市科技创新企业数量达 16.9 万家，全市 2016 年新增高新技术企业 2 820 家，总量达到 4 739 家，目前已形成新一代信息技术和平板显示两大千亿级产业集群，新材料、生物与健康两个 500 亿级的产业集群。

在创新科技发展方面，香港在大湾区建设和泛珠三角合作中同样发挥重要作用。香港发挥其在资讯流通、科研基础、市场触觉、服务业、知识产权等方面的优势，积极融入国家创新科技体系，推动香港的大学和泛珠三角省区的产业及研发机构进行更多合作，建立两地联合资助研发项目长效合作机制。香港正与深圳共同发展落马洲河套地区"港深创新及科技园"，将成为香港有史以来最大的创新及科技园地，并通过粤港澳大湾区建设和港深合作，贯通创新及科技产业的上中下游，打造大湾区的国际创新及科技中心。

专栏 6-5 广深科技创新走廊助大湾区建国际一流科技产业创新中心

南方日报网报道，《广深科技创新走廊规划》（下称《规划》）正式印发，提出到 2050 年建成国际一流的科技产业创新中心，成为全国创新发展重要一极，剑指中国版"硅谷"。

广深科技创新走廊坐落于粤港澳大湾区东侧，北起广佛交界处，经广州主城区、东莞松山湖、深圳主城区，南至深圳大鹏新区，依托约 180 千米的高速、城轨等复合型交通要道，总覆盖面积达 11 836 平方千米。《规划》提出"一廊十核多节点"的空间格局，即依托广州大学城—国际创新城、琶洲互联网创新集聚区、广州中新知识城、广州科学城、东莞松山湖、东莞滨海湾新区、深圳空港新城、深圳高新区、深圳坂雪岗科技城、深圳国际生物谷等十大核心创新平台，及广州市国际生物岛园区、深圳市前海深港现代服务业合作区、东莞市中子科学城等 37 个创新节点。

"横向看，美国硅谷、波士顿地区、日本东京—横滨—筑波创新带等全球科创中心，都背靠世界级湾区，呈带状分布。广深科技创新走廊也是这样。纵向看，穗深莞经过改革开放近 40 年的发展，无论在产业基础、市场活力，还是创新能力、创新生态，都有条件建成国际一流的科技产业创新中心。"暨南大学经济与社会研究院副院长张思思表示。

广深科技创新走廊对内将打破行政壁垒，集中三地创新资源，形成一个产业联动、空间联结、功能贯穿的创新经济带；对外集聚全球创新要素，特别是高精尖的创新人才、科研成果和科技企业，最终建成全球科技产业技术创新策源地、全国科技体制改革先行区、粤港澳大湾区国际科技创新中心的主要承载区和珠三角国家自主创新示范区的核心区，为全国实施创新驱动发展战略提供重要支撑。

牵头起草《规划》的省住房和城乡建设厅副厅长郭壮狮表示，"党的十九大报告提出加快建设创新型国家。省委、省政府这一决策，是贯彻落实习近平总书记对广东'四个坚持、三个支撑、两个走在前列'重要批示精神的具体举措，是主动适应把握引领经济发展新常态，紧紧把握全球科技革命和产业变革重要机遇的体现，为广东未来发展奠定坚实基础。"

三、泛珠三角地区产业转移的趋势分析

（一）粤港澳大湾区建设稳步进行，为内地与港澳深度合作核心区提供支撑

2016 年 3 月，中国国务院印发《关于深化泛珠三角地区合作的指导意见》，明确要求广州、深圳携手港澳，共同打造粤港澳大湾区，建设世界级城市群。2018 年全国两会期间，习近平总书记在广东代表团参加审议时指出，要抓住建设粤港澳大湾区重大机遇，携手港澳加快推进相关工作，打造国际一流湾区和世界级城市群。截至 2018 年 3 月，由广东省政府、香港特区政府和澳门特区政府协助，国家发展和改革委员会编著的《粤港澳大湾区的发展规划纲要》已经顺利完成，产业发展、交通、生态环境等方面的专项规划正在加快编制。未来，将以珠三角九市和香港、澳门为主体，把打造粤港澳大湾区和建设世界级城市群结合起来同步规划，着力打造全国经济发展转型升级重要引擎、"一带一路"建设战略支撑区域、全球重要的科技产业创新中心、具有国际竞争力的现代产业先导区、国家绿色发展示范区。其中，广州、深圳要充分发挥龙头带动作用，进一步释放创新、创造、产业辐射带动能力。

（二）服务业对经济发展的贡献进一步增强，泛珠产业合作"含金量"提升

泛珠三角地区服务业占 GDP 比重已经超过 47%，对经济拉动作用明显。泛珠三角地区作为我国经济最具活力和发展潜力的地区之一，有着完善的现代服务业体系，为制造业转型升级、提升经济发展的质量和效益提

供更有力的保障。2017 年 9 月 25 日，泛珠合作各方旅游部门负责人共同签订《泛珠三角地区旅游大联盟合作协议》，将在共同打造泛珠旅游品牌和精品线路、联合开展旅游整体营销、促进内地与港澳旅游合作、共同提振入境旅游、共建良好旅游市场秩序、加强旅游人才培养和智库合作、完善合作机制等 7 个方面深入开展合作，将泛珠三角地区丰富的旅游资源转化为经济发展的新动力。泛珠三角地区将加快发展与先进制造业相配套的现代服务业体系，建设与港澳地区错位发展的国际金融、航运、物流、贸易、会展、旅游和创新中心。珠三角地区要建成世界级现代服务业基地，成为服务泛珠三角、辐射全国及东南亚地区的服务业中心区。

（三）发展绿色产业，泛珠三角地区九省共创共赢合作局面

2017 年 11 月 17 日，泛珠九省（区）共同签署《泛珠三角九省（区）工业和信息化合作共建清洁能源绿色产业集聚区倡议书》，提出携手共建清洁能源绿色产业集聚区，大力促进清洁能源产业发展。泛珠三角地区既是我国重要的清洁能源基地，也是"西电东送"的重要基地。全国十大水电大省中，泛珠三角地区占七席。该倡议提出，按照市场机制原则，鼓励九省（区）符合国家产业政策、环保政策的绿色产业向清洁能源富集省（区）有序转移，共建"合作园区"等。四川、云南充分发挥清洁能源资源优势和电价综合优势，积极建设清洁能源绿色产业发展示范区。在国家政策的引导下，绿色产业将成为泛珠三角地区产业转移和合作的重要形式。

（四）长江经济带与泛珠三角地区两大战略相互融合，区域合作将进一步深化

长江经济带与泛珠三角地区在空间上与江西、湖南、四川、贵州、四川等五省重叠。长江经济带带动区域资源整合，完善域内基础设施建设，培育区域统一市场，保护区域生态环境，为泛珠三角地区合作发展打下重要基础。泛珠三角地区在发挥市场配置资源基础性作用、港澳世界城市和自由贸易港建设、对外开放和经贸合作等方面则可以与长江经济带区域相互借鉴学习。通过深化区域合作，加强与长江经济带发展的衔接协调，推动构筑横向纵向经济发展轴带，有利于统筹和提高沿海、沿江、沿边和内

陆开发开放水平。

泛珠三角地区服务业占 GDP 比重已经超过 47%，对经济拉动作用明显。泛珠三角地区作为我国经济最具活力和发展潜力的地区之一，有着完善的现代服务业体系，为制造业转型升级、提升经济发展的质量和效益提供更有力保障。2017 年 9 月 25 日，泛珠合作各方旅游部门负责人共同签订《泛珠三角地区旅游大联盟合作协议》，将在共同打造泛珠旅游品牌和精品线路、联合开展旅游整体营销、促进内地与港澳旅游合作、共建良好旅游市场秩序、加强旅游人才培养和智库合作、完善合作机制等方面深入开展合作，将泛珠三角地区丰富的旅游资源转化为经济发展的新动力。泛珠三角地区将加快发展与先进制造业相配套的现代服务业体系，建设与港澳地区错位发展的国际金融、航运、物流、贸易、会展、旅游和创新中心。珠三角地区要建成世界级现代服务业基地，成为服务泛珠三角、辐射全国及东南亚地区的服务业中心区。

第七章
"一带一路"倡议下的区域产业合作与转移

"一带一路"建设是党中央和国务院统筹国内外形势变化提出的重大长远战略，是新时期我国全方位对外开放的旗帜和主要载体，是我国真正具有全球视野的战略，事关我国产业转型升级、世界强国建设和"中国梦"实现。该战略源自国家主席习近平在 2013 年 9 月和 10 月出访中亚和东南亚国家期间，先后提出的共建"丝绸之路经济带"和"21 世纪海上丝绸之路"的战略构想（下文简称"一带一路"）。2017 年 5 月，首届"一带一路"国际合作高峰论坛在北京成功举行，29 位外国国家元首和首脑对"中国倡议"凝成世界共识，规划了"一带一路"未来合作的路径，展示了共同发展繁荣的愿景。

一、我国"一带一路"总体建设进展

2017 年是"一带一路"建设取得突破性进展的一年。从"一带一路"国际合作高峰论坛，到中国共产党与世界政党高层对话会；从蒙内铁路正式通车，到亚马尔液化天然气项目首条生产线投产，"一带一路"建设进入新的阶段。2017 年 5 月，在北京举行的"一带一路"国际合作高峰论坛上，习近平主席提出，要把"一带一路"建成和平之路、繁荣之路、开放之路、创新之路、文明之路。论坛形成政策沟通、设施联通、贸易畅通、资金融通、民心相通 5 大类，共 76 大项、270 多项具体成果。

（一）政策沟通

"一带一路"沿线各国政治特点、发展方式、文化传统等存在很大差异，如何实现联动发展，首先在于政策沟通，即各国可以就经济发展战略和对策进行充分交流，本着求同存异原则，协商制定推进区域合作的规划和措施，在政策和法律上为区域经济融合"开绿灯"。作为"一带一路"建设的"五通"之首，政策沟通是开展各方面务实合作的基础，也是共建"一带一路"的重要保障。对"一带一路"这首沿线各国的大合唱来说，政策沟通唱出了国际社会的共鸣。

四年多来，"一带一路"建设在政策沟通方面不断深化，在发展战略、发展规划、机制平台、具体项目等四个层面的对接上成果丰硕。截至 2017年 5 月，"一带一路"倡议已得到 100 多个国家和国际组织的响应，先后与沿线国家和国际组织签署了 80 多份"一带一路"合作协议，同 30 多个国家开展了机制化产能合作，在相关 24 个国家推进建设 75 个境外经贸合作区。我国同有关国家协调政策，包括俄罗斯提出的欧亚经济联盟、东盟提出的互联互通总体规划、哈萨克斯坦提出的"光明之路"、土耳其提出的"中间走廊"、蒙古提出的"发展之路"、越南提出的"两廊一圈"、英国提出的"英格兰北方经济中心"、波兰提出的"琥珀之路"等。同老挝、柬埔寨、缅甸、匈牙利等国的规划对接工作也全面展开。

（二）设施联通

习近平总书记指出："丝绸之路首先得要有路，有路才能人畅其行、物畅其流。"设施联通是合作发展的基础，也是"一带一路"建设的优先领域。"一带一路"倡议提出以来，中国秉持共商、共建、共享的原则，积极谋划，主动作为，利用既有双边合作机制、国际组织和多边论坛等有效平台，在推动形成共识的基础上，以基础设施互联互通规划和技术标准对接为切入点，以基础设施建设项目为依托，务实推进与沿线国家在铁路、公路、水运、民航、邮政等领域的深度合作，推动区域交通互联互通不断取得新进展。

2017 年，"一带一路"沿线国际合作重大工程项目有序推进，开工、完工项目不断增加，无论是铁路、公路、机场，还是港口、隧道、管廊，"一带一路"基础设施互联互通可谓上天入地、通江达海、进展迅速、成绩斐然。一是先行项目进展迅速。4 月 10 日，中缅原油管道工程正式投入运行。4 月 14 日，哈萨克斯坦南线天然气管道项目完工。5 月 31 日，肯尼亚蒙内铁路建成通车。11 月 12 日，中俄原油管道二线工程全线贯通。11 月 30 日，柬埔寨亚非欧 1 号（AAE-1）海底光缆竣工投产。12 月 4 日，中乌合建卡拉库利气田项目一期投产。12 月 16 日，在非洲肯尼亚，中国交通建设集团承建的内罗毕集装箱内陆港正式移交并启动运营，推动"一带一路"建设探入非洲腹地。12 月 8 日，中俄能源合作重大项目——亚马尔液化天然气项目正式投产。12 月 9 日，在斯里兰卡，该国政府在科伦坡举行仪式，正式启动中斯汉班托塔港合作项目，并宣布通过合资方式将汉班托塔港交由中国招商局港口控股有限公司运营。二是新增项目密集开工，蓬勃发展。7 月 15 日，印度尼西亚雅万高铁瓦利尼隧道工程正式开工。雅万高铁一期工程全长 142 千米，连接印尼首都雅加达和第四大城市万隆，最高设计时速 350 千米，计划 3 年建成通车。雅万高速铁路是中国"高铁走出去"第一单，对实现我国与"一带一路"沿线国家交通基础设施互联互通具有十分重要的意义。11 月 28 日，匈塞铁路塞尔维亚段开工。匈塞铁路连接匈牙利首都布达佩斯与塞尔维亚首都贝尔格莱德，是中国·中东欧合作的旗舰项目，也是中欧互联互通合作的重要组成部分，对于"一带一路"倡议与欧洲发展战略对接、深化中欧合作、实现共同发展具有重要意义。12 月 21 日，中泰铁路一期工程开工。中泰铁路合作项目是泰国第一条标准轨高速铁路，除了能够进一步提升泰国在中南半岛的交通枢纽地位，中泰铁路合作项目还将惠及沿线各国。这条铁路的建设，不仅将实现中国与泰国铁路的互联互通，对构建中国与东盟间安全、通畅的铁路运输网络，发挥铁路在建设中的服务保障作用具有积极意义，还将有力推动东盟各国在贸易、投资、物流、旅游、科技、文化等方面的交流合作。

2017 年，开工和完工的"一带一路"国际合作重大工程项目可谓"上天入地、通江达海"，涉及范围之广、取得成效之大，前所未有。"一带一路"设施联通的诸多合作成果和重大项目的落地开花，不仅改善了沿线国家和地区的发展环境条件，促进了区域经贸和人文往来，还带动当地经济社会发展，创造了大量就业机会。据不完全统计，目前，中国企业对"一带一路"沿线国家累计投资超过 500 亿美元，为沿线国家创造超过十亿美元的税收和超过 16 万个就业岗位，这些都与基础设施互联互通紧密相关。然而，在设施联通取得积极成效的同时，一些在建设中所面临的困难和风险仍然不容忽视。由于大多数沿线国家的经济发展比较落后，一些大型的项目都是采用 BOT 的模式，即我国帮助其建设及运营一段时间后，再转让给这些国家，因时间跨度太长，可能会面临来自政局变动、法律等风险。因此，"一带一路"沿线国家需要加强共同治理，政治互信，真正建设一条超越地缘政治和文明隔阂的互利共赢之路，更大程度上惠及沿线国家和人民。

（三）贸易畅通

贸易畅通是推进"一带一路"建设的重要内容，也是大有可为的重要领域。从国际经济合作角度看，无论是推进基础设施互联互通还是促进产能合作，最终均应转化为贸易转移与贸易创造效应，通过优势互补，扩大贸易规模，带动并促进双方以至区域整体经济发展。因此，贸易既是"一带一路"建设的基点，也应成为衡量其合作成效的主要标准。贸易畅通主要有以下几个方面。

一是双方贸易投资持续增长。2018 年 5 月《"一带一路"贸易合作大数据报告 2018》正式发布。报告显示，2017 年，中国与"一带一路"国家的进出口总额达到 14 403.2 亿美元，同比增长 13.4%，高于我国整体外贸增速 5.9 个百分点，占中国进出口贸易总额的 36.2%，"一带一路"国家重要性愈发凸显。其中中国向"一带一路"国家出口 7 742.6 亿美元，同比增长 8.5%，占中国总出口额的 34.1%；自"一带一路"国家进口 6660.5亿美元，同比增长 19.8%，占中国总进口额的 39.0%，近五年来进口额增速首次超过出口。

二是打造产业集群式"走出去"的平台。沿边国家级口岸、边境经济合作区和跨境经济合作区等沿边重点地区是我国深化与周边国家、地区合作的重要平台，在共同打造陆上经济走廊和海上合作支点中具有十分重要的地位。截至 2017 年 9 月，中国企业正在推进建设的境外经贸合作区已达 75 个，遍布亚非拉欧 34 个国家，共带动投资近 180 亿美元，吸引入区企业 1 141 家。其中，中资控股企业 711 家。中国埃及苏伊士经贸合作区、泰中罗勇工业园等新的一批重点园区正在加快推进建设，越来越多的中外企业到这些园区投资设厂，为东道国创造了大量税收和就业岗位。

三是继续发挥沿线各国区域、次区域相关国际论坛、展会的平台作用。2017 年 5 月，在北京举行的"一带一路"国际合作高峰论坛成为"一带一路"建设进入新阶段的标志性事件。论坛进一步凝聚了世界各国、社会各界共建"一带一路"的共识，推动了"一带一路"与各国发展战略对接，形成各国相向而行的战略选择，签署一批重大项目和重大政策的合作协议。另外，中非合作论坛峰会、中国—中亚政党论坛、丝绸之路国际文化论坛、中国—中东欧国家经贸论坛、丝绸之路美洲论坛、"一带一路"先锋论坛、"一带一路"语言文化高峰论坛、"一带一路"国际产能合作产业园区建设论坛、中英经济贸易论坛等平台也在"一带一路"发展中发挥了建设性作用，对鼓励社会、企业等加强沟通、促进往来，促进贸易投资活动具有重大意义。

（四）资金融通

资金融通是"一带一路"建设的重要支撑，融资瓶颈是实现互联互通的突出挑战。随着越来越多有关"一带一路"共识的形成，推动构建长期、稳定、可持续、风险可控的多元化融资体系，提供足够的资金保障，成为"一带一路"建设的关键点之一。

作为共建"一带一路"的倡议者，更是负责任、有担当的行动派，在资金融通方面，我国已做出诸多努力，与"一带一路"建设参与国和组织开展了多种形式的金融合作。截至 2018 年 1 月，亚洲基础设施投资银行（亚投行）成员两年来从 57 个增至 84 个，开展了 24 个基础设施投资项目，贷款总额 42 亿美元，还获得了全球三大评级机构的最高信用评级。另外，据中国人民银行统计，2016 年前 8 个月，中国与"一带一路"沿线国家和地区跨境人民币实际收付的金额为 8 600 亿元，人民银行与 21 个沿线国家和地区的央行签署了双边本币交换协议，总规模达 1.45 万亿元。

（五）民心相通

"一带一路"源自中国，但属于世界。"一带一路"建设跨越不同地域、不同发展阶段、不同文明，是一个开放包容的合作平台，"一带一路"建设共商、共建、共享的理念更加深入人心。

截至 2017 年底，我国已与 53 个沿线国家建立 734 对友好城市关系，各类博览会、旅游节、电影节、论坛、联合考古等交流活动频繁。四年来我国积极传承和弘扬丝绸之路友好合作精神，同"一带一路"沿线国家和地区广泛开展人文交流活动。截至 2017 年底，中国与"一带一路"沿线国家和地区建立了 17 个中医药海外中心；在 30 多个国家和地区开办了数百所中医药院校。

二、我国各区域"一带一路"产业合作与转移现状

"一带一路"战略实施以来，国家在整体层面上从更高水平和更宽领域开展全面的对外开放，聚焦政策沟通、设施联通、贸易畅通、资金融通和民心相通，与"一带一路"各国从经济、社会、科技、生活各方面取得了不同程度的进展。国内各省（自治区、直辖市）积极在中央支撑保障体系建立的条件下积极参与"一带一路"建设，在贸易合作中不断寻找优势产业，扩大贸易领域，优化贸易结构，挖掘新的贸易增长点。

（一）各区域与"一带一路"国家对外贸易情况

2017 年，"一带一路"对外贸易合作在探索中前进，沿线产能合作不断深化、贸易投资水平不断提升。然而，我国各省（自治区、直辖市）与"一带一路"各国的联系紧密度不同，自然资源和经济社会环境等禀赋不同，东、中、西部地区经济发展水平差异较大，参与"一带一路"建设的能力和实力也各不相同。东部地区经济实力雄厚，对外开放发展早、基础好，成为"一带一路"特别是 21 世纪海上丝绸之路建设的排头兵和主力军。上海、浙江等部分省份与"一带一路"国家进出口额远高于西部省（自治

区、直辖市）。如浙江，2017 年上半年对"一带一路"沿线国家进出口、出口规模均居全国前列。全省对"一带一路"沿线国家进出口 3 843.4 亿元，增长 18.1%，出口 3 048.8 亿元，增长 12.1%，出口、进口规模分别位居全国第二和第三位。同期，上海对"一带一路"沿线国家进出口达 3 214.3 亿元，增长 23.2%。中部地区虽然未进入《"一带一路"愿景与行动》圈定的 18 个省（自治区、直辖市），但湖北、河南和河北等部分省（自治区、直辖市）表现不俗。2017 年上半年，湖北进出口总值 1 404.4 亿元人民币，比 2016 年同期（下同）增长 25%，对"一带一路"沿线国家进出口增长 12%。河南 2017 年前 10 个月对"一带一路"沿线国家进出口 943 亿元，增长 77.8%，其中出口 473 亿元，增长 19.6%，对捷克、保加利亚等 7 个沿线国家出口增长 1 倍以上。西部地区新疆和广西表现较为突出。新疆与"一带一路"对外贸易往来增长较快。前 3 季度新疆外贸总值超千亿元人民币，达 1 028 亿元，同比增长近三成，与"一带一路"沿线贸易伙伴进出口增长 35.6%，高出同期新疆进出口增速近 6 个百分点。广西对"一带一路"沿线国家进出口值 999.2 亿元，增长 11.9%。东北地区辽宁 2017 年前 7 个月"一带一路"沿线国家出口 435.3 亿元，同比下降 5.6%。其中，对俄罗斯、伊朗分别增长 26.9% 和 51.9%。

（二）各区域对"一带一路"国家的投资情况

总体来看，2017 年我国对"一带一路"沿线国家投资合作稳步提升。据商务部数据显示，2017 年，我国企业共对"一带一路"沿线的 59 个国家非金融类直接投资 143.6 亿美元，同比下降 1.2%，占同期总额的 12%，较上年提升了 3.5 个百分点，主要投向新加坡、马来西亚、老挝、印度尼西亚、巴基斯坦、越南、俄罗斯、阿联酋和柬埔寨等国家。对"一带一路"沿线国家实施并购 62 起，投资额 88 亿美元，同比增长 32.5%，中石油集团和中国华信投资 28 亿美元联合收购阿联酋阿布扎比石油公司 12%股权为其中最大项目。

东部地区。东部地区对"一带一路"国家的投资，让东部地区的传统产业焕发新机。浙江商务厅牵头，多家单位共同发起的浙江丝路产业投资基金于 2017 年 6 月正式落地，基金首期规模 50 亿元人民币，并将通过社会资本撬动不少于 200 亿元人民币。同期，浙江召开参与"一带一路"建设推进会，会上共签约项目 14 个，总投资 660 多亿元。签约项目国、境外合作方涉及"一带一路"沿线 10 个国家和地区。山东的纺织服装企业也纷纷向东南亚集中。除纺织行业外，大型企业纷纷开展海外并购，如海尔并购通用、青岛万达并购美国传奇影业、金正大并购德国康普化肥公司、雷沃重工并购德国高登尼农机公司。在国际产能合作方面，山东 2017 年前四个月对"一带一路"沿线国家实际投资 21.1 亿元，同比增长 63.8%。江苏重点装备制造企业徐工集团也发力"一带一路"，截至 2016 年底，江苏共有 1 067 家企业参与"一带一路"投资，覆盖 54 个相关国家，投资项目 513 个，贸易总额达 1 097.5 亿美元。

中部地区。中部地区优势产业和企业强势出击，抢滩"一带一路"市场。2017 年，湖南国企充分发挥湖南"一带一部"区位优势，对外开放合作力度明显加大。湖南建工集团、黄金集团、中联重科等与"一带一路"沿线国家达成合作意向或签署正式协议的项目达 70 多项。湖南省属国企紧跟国家政策，湖南建工集团参与中国（湖南）——波兰工业合作园的投资建设，近年来累计承接海外业务达 15 亿美元，项目遍及 30 多个国家和地区，涉及房建、公路、桥梁、水利、环保、设备安装等多个领域。中联重科在"一带一路"沿线国家已打造 9 个生产基地、20 个贸易平台、10 个备件中心库，产品销售覆盖沿线 31 个国家，T630-32 起重机出口印度，刷新国内出口海外最大吨位平头塔新纪录。江西，主动参与国际经济合作，对外承包工程不断取得重大突破。截至 2017 年底，全省完成对外承包营业额 37.9 亿美元，增长 8.47%，总量全国排名第七，新签合同额 37.2 亿美元，增长 102%。在农业方面，江西参与"一带一路"建设较为突出。据省农业厅不完全统计，江西在境外设立且存续经营的农业企业达 25 个，累计投资 2.72 亿美元，其中 2017 年新增投资 3 109.62 万美元。安徽，通过建立和完善"一带一路"重点项目库，积极参与"一带一路"建设，截至 2017 年 4 月，已经入库 106 个项目，总投资 9 624 亿元，目前已有过半项目开工建设。安徽一批企业积极布局，成效显著，比如海螺集团抓住沿线国家建筑材料短缺的机遇，积极对印尼、缅甸、柬埔寨、老挝等东南亚国家和俄罗斯进行投资，初步形成熟料 3 700 万吨、水泥 5 000 万吨产能。奇瑞巴西工业园、安徽省农垦津巴布韦经贸合作区等境外产业合作园区建设初具规模。

西部地区。西部各省（自治区、直辖市）在工程建设、能源资源开发和农牧林业等各领域开展投资。甘肃 2017 年重大项目 160 余个，总投资约 1 万亿元，其中有很大一部分是与"一带一路"相关的项目，包括装备制造、交通、特色农业等领域的国内国际项目。同时，甘肃将扩大与中西亚贸易合作范围，"一带一路"相关项目建设将陆续落实。陕西在英国、澳大利亚和"一带一路"沿线国家和地区新设 10 个商务代表处。截至 2017 年年底，全省新设外商投资企业 203 家，增长 75%。

东北地区。东北三省也在其装备制造等优势领域与"一带一路"国家开展合作。辽宁，建立了国际产能和装备制造合作核心项目库，并实现了对合作项目的动态管理。目前，项目库涵盖了境外投资（包括建厂、并购）、境外园区建设或经营、工程承包三大类共 103 个项目，按照产业划分，包括装备制造、跨境物流和资源开发等省内优势产业；按照地域分布划分，例如沈阳联立铜业在哈萨克斯坦投资的铜资源综合开发及冶炼项目、特变电工沈变公司在非洲乍得和尼日尔的电力项目、大连机车出口南非内燃机车项目等一批核心产能合作项目也在"新丝路"上留下辽宁烙印。吉林，吉林通用机械有限公司近年来先后收购、兼并了德国凯撒和法国 C2FT 两家公司，通过资本输出，换回了技术和市场，一举成为奔驰、宝马、奥迪等汽车巨头的重要合作伙伴。黑龙江，哈尔滨电气集团水电、核电等产品大步伐"走出去"；哈尔滨轴承集团与德国西门子等企业签署了合作协议。

（三）我国吸收"一带一路"国家投资和产能合作情况

各区域在大力推进比较优势产能走出去的同时，也在积极吸收"一带一路"各国的投资，积极开展产能合作。总体来看，2017 年我国利用外资总体实现了稳中向好，投资环境继续改善，绝大部分外资企业仍然看好中国的投资环境和市场潜力，投资信心继续增强。

东部地区。山东，2016 年 8 月 24 日，《青岛欧亚经贸合作产业园区建设实施方案》出台。这是经商务部批准的我国唯一横跨欧亚大陆、境内外双向投资互动合作的园区。2016 年烟台市新引进外资项目 232 个，其中世界 500 强投资项目 12 个。截至 2016 底，累计有 99 家世界 500 强企业在烟台市投资 144 个项目，涉及汽车、电脑、手机、船舶、电子信息技术等众多领域。为吸引外资，烟台市 2016 年先后举办了跨国公司烟台行、烟台—艾伯塔经贸合作恳谈会等大型投资推介活动，并与北京首创集团、住友商事（中国）等签署战略合作协议。上海，2013 年 9 月 29 日开启的上海自贸区试验，截至 2017 年 9 月新注册企业 4.8 万家，超过挂牌前 20 多年的总和。新设企业中，外商投资企业 8 781 家，占比已从挂牌初期的 5%上升到目前的近 20%。

西部地区。紧抓区位优势和开放时机更加大力吸引外资。如陕西 2017 年，全省新设外商投资企业 203 家，同比增长 75.0%；其中，合同利用外资 100.29 亿美元，同比增长 116.46%；实际利用外资 58.94 亿美元，同比增长 17.6%。四川，2017 年，全省新设外商投资企业 579 家，同比增长 74.92%，增速为近五年来最高，达到单年的历史新高，也是中、西部省份最高，外商投资合同外资 62.38 亿美元，同比增长 44.44%；实际利用外资 586 亿人民币，同比增长 5.6%。重庆，积极参与中新战略性互联互通示范项目，依托"水公铁"联运体系，引进普洛斯（重庆）珞璜物流园、重庆珞璜宝湾物流中心、中艺（重庆）物流园、丰树江津综合产业园等中新合作项目 4 个，总投资达 30 亿元。甘肃，不断加大利用外资和招商引资力度。甘肃省商务厅介绍，该省以产业链招商为核心，多渠道多形式走出去、请进来，开展"点对点""一对一"精准招商活动。2017 年举办第 23 届兰洽会、首届药博会、文博会丝绸之路文化经贸展、河西走廊有机葡萄美酒节、世界 500 强走进甘肃（北京）对接交流会、甘肃（香港）中医药产业招商会、以色列企业走进甘肃对接会、甘肃—哈萨克斯坦投资合作项目推介会等系列招商活动，在广东、江苏等加工贸易集聚区开展专项招商对接活动，组织广药集团、首创集团等 100 多家国内领军企业，赴相关市州实地考察洽谈。内蒙古，建成了满洲里边境经济合作区等一批对外经济合作和产业开发园区，初步形成了以对外贸易、口岸物流、旅游、进出口资源加工等为特色的产业体系，内蒙古构建开放型经济新体制步伐加快。广西更是大力建设国际产业园区，如中马钦州产业园、马中关丹产业园、百色中国——东盟农产品自由贸易示范园区等项目，加强了东盟各国的产业合作。

东北地区。黑龙江，2016 年，黑龙江省实现利用内外资双增长。新设立外商投资企业 116 家，实际使用外资 58.2 亿美元，增长 6.8%；引进省外投资项目 3 801 项，增长 2.6%，实际利用省外资金 4 473.9 亿元人民币，增长 2.3%。其中，涉及省"十大重点产业"项目实际利用外资 46.8 亿美元，占全省实际利用外资总额的 80.43%。辽宁，全省实际利用外资 49.6 亿美元，同比增长 91.4%；新设立外商投资企业 594 家，同比增长 19.5%。全省 14 个市中，11 个市实现实际利用外资额同比增长，8 个市同比增幅超过 100%。

三、当前"一带一路"倡议下产业转移面临的形势分析

2017 年是"一带一路"建设具有里程碑意义的一年，在国家高层引领和相关部门的密切配合推动下，"一带一路"建设各项工作加快推进，国际合作范围和领域不断扩大，国内推进机制不断完善，重点方向及重点领域建设取得积极进展和显著成效。展望 2018 年，国际国内经济形势总体保持稳定，但大国间博弈依然激烈，沿线国家安全形势仍不容乐观，国内经济仍面临稳定增长和结构转型的双重压力。如何按照党的十九大对"一带一路"建设提出的新要求，逐项落实"一带一路"国际合作高峰论坛形成的成果，更加积极主动地推动"一带一路"建设再上新台阶，仍将是我国构建全面开放新格局的重大努力方向。

（一）全球经济状况将持续改善

"一带一路"沿线国家经济有望持续向好。根据联合国发布的《2018 年世界经济形势与展望》，2017—2019 年全球经济将持续保持 3% 的增长速度。国土开发与地区经济研究所所发表的《"一带一路"建设 2017 年进展及 2018 年展望》一文中的数据显示"一带一路"沿线国家和地区中，南亚和东亚将继续保持全球最高的经济增速，南东欧、非洲和西亚经济体在 2018 年的经济增长速度均会比 2017 年有较大幅度的提升，这将为推动"一带一路"建设尤其是深入推进中国—中南半岛、新亚欧大陆桥及中国—中亚—西亚经济走廊建设提供重要经济支撑。见表 7-1。

表 7-1　国际机构对世界各主要经济体的经济增长速度预期（%）

	联合国		世界银行		国际货币基金组织		经济合作与发展组织	
	2017	2018	2017	2018	2017	2018	2017	2018
全球经济	3	3	2.7	2.9	3.6	3.7	3.6	3.7
发达经济体	2.2	2	1.9	1.8	2.2.	2	—	—
美国	2.2	2.1	2.1	2.2	2.2	2.3	2.2.	2.5
欧元区	2.1	2	1.7	1.5	2.1	1.9	2.4	2.1
日本	1.7	1.2	1.5	1.0	1.5	0.7	1.5	1.2
新兴市场与发展中经济体	4.3	4.8	4.1	4.5	4.6	4.9	—	—
东亚	5.9	5.7	—	—	—	—	—	—
中国	6.8	6.5	6.5	6.3	6.8	6.5	6.8	6.6
南亚	6.3	6.5	6.8	7.1	—	—	—	—
印度	6.7	7.2	7.2	7.5	6.7	7.4	—	—
南-东欧	2.5	3.2	—	—	—	—	—	—
俄罗斯	1.9	1.9	1.3	1.4	1.8	1.6	—	—
西亚	1.9	2.3	—	—	—	—	—	—
非洲	3	3.5	—	—	—	—	—	—

（二）"一带一路"沿线国家经济不平衡使产业转移决策更复杂

"一带一路"横跨亚、欧、非三大洲，涉及近 60 个国家，这些国家的经济发展水平差异悬殊，有经济不发达的发展中国家，如柬埔寨、老挝等，也有经济较发达的欧洲国家，如德国、法国、荷兰等。在实施国际产业转移的过程中面临的挑战是，如何基于这些国家经济发展不平衡条件，挖掘这些国家与我国间的相对比较优势，寻找到互利共赢的行业产业。例如，中东欧国家的饮料、烟草等农业产品对我国具有比较优势，而我国的机械设备、运输设备、工业制成品等对中东欧国家具有比较优势。因此，我国的对外投资主要流向中东欧国家的汽车、制造业和轻工业，这在满足中东欧国家需求的同时，也有助于实现我国转移过剩产能。

（三）"一带一路"沿线国家的政治性风险阻碍产业转移

从相对比较优势的角度看，我国制造业向外转移的主要目标国应是"一带一路"沿线上的亚非拉的发展中国家和地区，这些国家资源优势丰富，有广阔的市场空间，但又存在基础设施薄弱、社会动荡等问题。例如，丝绸之路经济带是伊斯兰极端主义、恐怖主义、分裂主义"三股势力"影响较大地区，潜藏较大政治暴力风险。巴基斯坦边境部落区脱离政府实际控制。巴基斯坦和阿富汗两国伊斯兰极端主义肆虐所带来的风险会阻碍产业转移。同时，21世纪海上丝绸之路沿线的一些东南亚和南亚国家与我国存在领土争端，这也将干扰对外直接投资，阻碍比较优势产业转移。近年来全球范围内恐怖主义、极端主义和民粹主义势力不断抬头，加大了"一带一路"沿线的安全风险，对我企业"走出去"形成挑战。2018年，部分"一带一路"沿线国家政局动荡态势可能会增强，相关国家政策持续性将受到影响；贫富分化导致极端民族主义抬头，对我企业的投资落地带来阻碍；中东地区的宗教冲突、欧洲及南亚地区的恐怖袭击、我国与周边国家的主权和权益争端、美俄大国的地缘博弈等都可能对我国顺利推进"一带一路"建设产生不同程度的负面影响。

（四）"一带一路"沿线国家的文化环境复杂多样

"一带一路"沿线国家在宗教信仰、风俗习惯、语言文化方面存在显著差异，那些被世代传习下来的习俗、文明等在各个国家和地区具有深厚的历史根基与深远的社会影响，不同的文化决定着特定区域范围内人们共同遵守的行为准则。因此，我国在对"一带一路"沿线国家进行直接投资并实现产业转移的过程中，要尊重不同国家的文化、宗教和习惯，高度重视并促进我国与不同国家间的文化交流，通过开展多层次、大范围的文化、教育、卫生等方面的民间交流活动，夯实民意基础，为进一步顺利开展国家间的产能合作与产业转移奠定坚实的软基础。

第三篇

典型行业篇

第八章
电子信息产业转移情况

一、产业发展与布局现状

（一）产业发展现状

近年来，作为我国先导性、战略性产业，我国电子信息产业发展势头良好，产业体系不断完善，产业链掌控能力显著提高，正在成为供给侧结构性改革的"加速器"、中国制造的新引擎、网络强国建设的重要保障。

近五年来，我国电子信息产业规模持续扩大，2013—2017 年，我国电子信息产业整体规模由 12.4 万亿元增长至 18.5 万亿元，增长 53.2%。其中电子制造业收入从 9.3 万亿元增至 13 万亿元，增长 39.8%；软件业收入从 3.1 万亿元增至 5.5 万亿元，增长 77.4%。目前，我国电子信息产业结构调整与动能转换成效显著，一方面传统规模优势继续保持，手机、计算机和彩电产量分别达到 19.2 亿部、3.1 亿台和 1.7 亿台，稳居全球第一。另一方面，主要行业和产品的高端化、智能化发展成果显著，智能手机、智能电视市场渗透率超过 80%，智能可穿戴设备、智能家居产品、虚拟现实设备等新兴产品种类不断丰富。在虚拟现实/增强现实、无人驾驶、人工智能、无人机、智慧健康养老等新兴领域，国内涌现出一大批创新型企业，技术和应用在全球处于领先位置。

2010—2017 年，我国电子信息行业投资增势突出，固定资产投资从 7161 亿元增至 1.3 万亿元，实现增长 85.7%。2014 年，我国电子信息行业固定资产投资增速变缓，大部分领域投资不够活跃，外商投资低迷；2015 年开始，我国电子信息企业整合国外资源能力不断提升，并且在政策取向和技术趋势的引导下，财政基金、产业投资基金的撬动作用不断凸显，尤其是在重点领域，集成电路大基金累计有效承诺投资额超过千亿元，缓解了产业投资融资瓶颈，有效推动了上下游企业的战略合作。目前，我国电子信息行业资源整合与协同合作不断深化，2017 年电子信息行业固定资产投资增速高于全国制造业投资增速 20.5 个百分点，对制造业投资增长的贡献率接近 30%。

（二）产业布局现状

我国电子信息产业集中分布在沿海、沿江和中、西部一些产业基础比较好的地区，区域化特征十分明显，产业集群逐步显现，初步形成了以深圳为龙头的珠江三角洲、以上海为龙头的长江三角洲、以北京为龙头的环渤海地区，以及以重庆、西安、成都、武汉、长沙为重点城市的中、西部地区的四大电子信息产业基地。北京、天津、苏州、上海、深圳、东莞、重庆、西安、成都、武汉、长沙等城市也形成了国内重要的电子信息产业集群。

1. 环渤海地区

环渤海地区内不同省市之间的经济条件差异较大，但各省市依靠自身工业基础好、科研实力强、良好的地理位置和交通优势，通过制定合适的发展战略，在电子信息产业的某些领域形成了竞争优势，发展出了各具特色的电子信息产业集群。北京电子信息产业具备了研制、规模生产各类计算机系统及软件、半导体分立器件及集成电路、通信设备、广电设备、电子测量仪器和专用设备、元器件等系列产品的综合能力，是全国重要的软件基地和主要的电子技术研究开发基地、生产基地；天津拥有国内最完整的手机生产及配套企业和基础设施，其移动通信设备及终端产品、集成电路、新型元器件、彩管、彩显、磁卡、软件等都已经成为全国具有较大规模的重点产品；山东重点发展高性能计算机及外围设备、高速宽带网络与通信产品、高性能信息家电、新型元器件、新型电子材料以及软件产品，拥有了海尔、海信等大集团。但环渤海地区电子信息产业总体增长速度相对珠三角和长三角地区并不高，未能充分发挥北方经济的"龙头"作用，主要在于该地区体制改革相对滞后、开发意识不强、缺乏协调发展的整体规划和明确可行的战略部署，未能实现区域经济一体化。

2. 长三角地区

以上海为中心的长江三角洲地区是我国重要的电子信息产业带，从上海到苏州的科技走廊，已经成为世界电子信息产业的重点投资地区，国际电子信息产业，特别是电子信息产品制造业正在大规模移入，一个以电子信息产业为主的新经济产业带已经形成。长三角地区科技资源丰富，拥有国内一大批重点大学、高素质人才，校企之间的密切合作成为推动电子信息产业发展的重要力量，在某些技术领域实现了一定突破，产业链条完整，区域特色明显，产品档次高、技术含量高、投资规模大，并以工业园区和基地为载体，形成了以集成电路、计算机、软件为特色的产业集群：上海形成了通信设备制造、数字音频、集成电路、计算机设备、软件产业集群；江苏在集成电路的设计与封装、光通信产品、数字视频产品、计算机及外部设备、软件产业等方面具有较强的竞争力；浙江则逐步形成了以投资类为主体的产业结构，造就了软件产业、微电子产业和光电子产业、移动通信及其配套产业等产业集群。但长三角地区电子信息产业也存在不足，该地区电子信息产业基本是后向关联度高的产业，地区内部具有更多的竞争性而互补性不够，易导致过度竞争，地区之间的协调机制也未很好建立，整体优势尚未得到充分发挥。

3. 珠三角地区

改革开放以来，珠三角依靠毗邻港澳台的区位优势，以及劳动力成本较低的比较优势，通过招商引资，以加工贸易为突破口，接受国际产业分工转移，形成了特色鲜明的电子信息产业集群，以珠江三角洲为中心的高新技术产业带已经成为我国规模最大、发展速度最快、产品出口比重最高的电子信息产品加工密集地区，聚集了大量的国际电子信息产品制造企业。目前，在珠三角地区，电子信息产品制造业的产值占全国半壁江山，产品规模和技术水平在全国都具有举足轻重的地位，主要优势领域是通信设备、计算机、家用电器、视听产品和基础元器件等。从目前的发展情况来看，珠江三角洲已经形成了以通信产品和消费类电子产品为重点的产品结构，并形成了强大的制造优势及集群化发展的特征。目前虽然劳动力成本、优惠政策等方面已经不具优势，但珠三角地区在形成产业集群后，又创造了一些新的比较优势，如发达的信息网络、完整的产业配套能力、敏感的市场意识、人才资源的易得性，等等，并且随着珠三角地区与港澳台的经济联系将越来越强，这些新的优势将成为珠三角地区电子信息产业发展的持续动力。

4. 中、西部地区

中、西部地区曾经是我国电子信息产业布局的重点地区，积累了雄厚的技术基础。从总体上看，中、西部地区的电子信息产业军工电子比重大，具有自主研发、自成体系的特点，产品增加值在全国排名靠前，至今依然是军工电子的主要基地。但该区域的产业链条分散，生产协作配套困难，产业规模总量偏小，总体发展水平相对落后，未形成大规模的电子信息产业带，但也不乏亮点。有些经济、文化较为发达的中心城市在充分发挥比较优势的基础上，也形成了电子信息产业某些领域的生产地，如武汉是我国光信息技术实力最雄厚的地区，西安也是我国中、西部地区的重要光电子生产基地之一。部分中、西部城市的软件产业也有了较快发展，西安、成都、重庆、武汉、长沙等软件产业正在崛起。国家级软件产业基地中、西部地区占了 3 家，即成都国家软件产业基地、长沙国家软件产业基地和西安国家软件产业基地。陕西是全国第一军工大省，其军工企业和科研院所的数量、军工资产存量、科研生产能力及职工总数均居全国第一；四川军工目前是我国规模较大、门类齐全、装备精良、科技力量雄厚的国防科研生产基地，在电子战装备、雷达及空管系统，以及若干配套元器件方面居于全国领先地位。

二、产业转移现状

纵观国内外各地区电子信息产业发展道路，承接产业转移是电子信息产业后发地区在短期内实现产业跨越式发展的最主要的途径之一。当前，新一轮电子信息产业转移正在形成。从全球来看，越南、印度等后发国家凭借更低的劳动力、土地等成本，不断加大吸引外资的力度，正在吸引外资和港澳台资企业从中国大陆向东南亚地区转移。发达国家开始重新重视实体经济，跨国 IT 企业正在响应本国政府号召，通过对全球布局进行调整，增加对本国的投资。从国内来看，东部省市的电子信息产业发展洼地、中、西部地区均在加大招商引资力度，积极承接产业转移，发展电子信息产业。

我国电子信息产业转移初期，产业在成本优势显著的沿海城市萌芽，依靠接近市场、信息发达、方便出口等得天独厚的优势迅速成长，一大批企业涌入，获得较高盈利优势。中期，产业逐步显现规模效应与成长地位，并争取到国际市场份额，中大型企业盈利能力稳定，规模较小且无核心竞争力的企业纷纷倒闭，产业格局逐步形成。后期，市场热潮退去，对应市场空间缩小，企业从国际化竞争转向本地化竞争，企业成本增加、毛利润开始下滑，部分大型企业开始产能转移步伐，寻求更低的经营成本。

当前，我国沿海城市电子信息产业规模较大，并开始向内陆地区逐步延伸。越来越多的电子企业把制造工厂迁移或增设到内陆地区，如江西、湖北、四川等地，企业在东部本部仅保留市场、技术、客服、财务等部门。例如：西安某电路板企业负责人表示，从广东沿海地区到西安增建工厂，尽管是几千千米的距离，但是距离从来都不是问题，西安工厂定位为专门服务航天航空的技术需求，以研发为主导工作，提前进入蓝海市场，力图在新一轮市场竞争中提前稳固自身优势，与国外同类型对手竞争。这是产业转移的新方向，不仅符合企业的盈利需求，而且也符合产业的转型升级。当然，完成产业转移从来都不是一蹴而就，特别是以创新科技为前提，这需要企业对未来发展有长远规划与准确定位。

三、产业转移影响因素分析

影响产业转移的因素有很多，其中劳动力、内部交易成本、市场是影响产业转移的三个重要因素。对电子信息产业来说，在中国制造业整体竞争力趋向智能化提升的时代背景下，电子信息产业制造业作为先进制造业的前沿阵地，其对智能制造与产业转型升级的支撑作用不可忽视。正是由于我国国情和电子信息产业的特殊地位，电子信息产业转移是多种因素综合作用的结果，对于影响产业转移的因素可分析如下：

（一）宏观国际形势

随着经济全球化的推进和全球生产网络的构建，国际产业转移广泛存在于发达国家和发展中国家间。自 1960 年代起，劳动密集型产业如轻纺、食品加工等开始由发达国家向发展中国家转移。近年来，随着发达国家科技水平的提高和产业结构的调整，产业转移重心从劳动密集型产业向技术密集型制造业转变，大量制造相关产业向发展中国家转移。近年来，欧美国家受通货膨胀影响，制造业遭受冲击，电子信息产业投资及消费意愿大幅下降，为发展中国家电子信息产业的发展提供了新的契机。以中国、巴西、印度等为代表的发展中国家成为电子信息产业新兴产出地区，呈现高速发展态势。这些地区在电子信息产业市场的全球地位不断提升，相关产业在带动作用下得到一定发展。拉美地区如巴西、委内瑞拉等经济稳定，电子信息产业快速发展，成为 IT 产业的主战场之一。亚洲地区如中国、印度则持续保持电子信息产业高速发展趋势，中国着重于制造生产组装等环节，印度关注软件等行业，共同为全球电子信息产业开辟了新空间。

（二）国内经济发展趋势及政策导向

电子信息产业在国民经济中具有战略性、基础性和先导性地位。在各类宏观政策的推动下，电子信息产业转移成为必然趋势。近年出台的一系列电子信息产业规划文件中，均提出我国电子信息产业要积极完善和优化产业布局，提高产业的规模效应及配套协作水平，协同发展产业链。《信息产业发展指南》中还特别强调要加快区域新增长极的形成，重点推动长江经济带、珠三角、京津冀等创新资源密集地区率先突破，建设具有全球竞争力的信息产业创新高地。支持中、西部地区立足自身优势承接信息产业转移，重点支持若干基础和条件较好的中心城市提高研发能力和产业层次，在特色领域形成差异化竞争优势。

伴随着电子信息产业布局的调整优化及产业趋向专业化，各地区电子信息产业转移呈现异质性特点，驱动因子及转移的生产环节上都存在一定差异。传统电子信息优势地区如京津冀、长三角、珠三角等处于逐步推进产业升级、实现产业高级化阶段，逐步减少基础制造业占据的经济份额。这一发展趋势促使部分电子信息基础制造产业转出，推进技术主导型电子信息产业的发展。而电子信息产业新兴地区如四川、湖北等以发展电子信息产业并完善产业链条和配套能力为主要目标，促使其承接大量电子信息产业项目转入。

（三）地方产业扶持措施

为促进电子信息产业发展，吸引企业落户，各地区相继出台针对电子信息产业发展的政策文件，在引导产业发展方向及未来发展趋势方面发挥重要作用。在传统电子信息产业优势地区，以发展产业链高端产业及科技创新为主要推动方向，推进高科技产业的发展，建立高新技术园区，注重高端人才培养，促进电子信息产业生产水平的提升。而新兴地区则以鼓励产业发展形成产业集群为未来目标，一般通过系列优惠政策，如税收减免、现金补贴等多种方式，促进电子信息产业集群的发展。

（四）成本、市场和劳动力等核心驱动因子

传统电子信息制造业利润率较低，对成本和市场较为敏感。倾向于选择综合成本相对较低，消费市场发育较好的地区。与此同时，由于电子信息制造业为劳动密集型产业，劳动力市场发育情况对其有重要影响。近年来，四川、重庆、陕西等电子信息产业新兴发展地区凭借较低的资源价格（水、电、气等）、庞大的内需市场和稳定廉价的劳动力资源，承接了大量东部地区转移的电子信息产业项目。电子信息产业新兴发展地区中传统的

劳动力输出大省占据较大比例，这些区域近年劳动力回流现象明显，从东部沿海省份回流的技术人才成为良好的劳动力基础，为这些地区的电子信息产业发展提供了便利条件。

四、产业转移趋势

（一）承接国际产业转移难度加大，东部地区必须转型升级

国际金融危机发生后，发达国家纷纷实施"再工业化"战略，重塑制造业竞争新优势，加速推进新一轮全球贸易投资新格局。一些发展中国家也在加快谋划和布局，积极参与全球产业再分工，承接产业及资本转移，拓展国际市场空间。我国制造业面临发达国家和其他发展中国家"双向挤压"的严峻挑战，必须放眼全球，加紧战略部署，着眼建设制造强国，固本培元，化挑战为机遇，抢占制造业新一轮竞争制高点。

（二）东部发达地区应坚持高层次承接国际产业转入，加快产业转型升级步伐

随着众多电子制造企业进行产业转移，部分单纯从事代工生产、外向型企业众多、以电子信息产品制造业为支柱产业的地区会面临产业空心化风险。跨国公司在中国投资主要看中当地的成本低。当初，东部地区电子信息产业发展速度很快就是依靠成本优势和各种优惠政策。当人口红利消失、优惠政策难以持续时，跨国公司就会寻找新的地区进行替代。东部地区要想继续保持电子信息产业的发展必须进行转型升级，否则难以摆脱产业空心化的困扰。

东部地区要以国际产业转移新趋势为契机，着力提高自主创新能力。当前，东部地区现有的电子信息制造业面临着边际增长效益递减，而加工制造业向外转移后，若短期内无新兴产业能够及时填补增长空间，就会造成一定程度的经济衰退。所以，东部地区特别要处理好产业转移与产业升级的关系。这就需要长远规划、超前布局、统筹协调，做好产业布局调整

工作。在做好发展高端新兴电子信息产业发展规划，实现产业转型升级的同时，对传统的电子信息加工制造业的对外转移应循序渐进，有序进行。推动技术进步、产品升级、工艺改进，自觉主动地从产业链低端向产业链高端发展，力争在更高水平上利用外资，从承接国际制造业转移发展为承接设计、研发等高端环节的转移，率先实现电子信息产业转型升级，要依托雄厚的电子信息产业基础和相对完善的市场机制，建设有全球影响力的先进电子信息制造业基地，成为我国电子信息先进制造业的先行区、参与经济全球化的主体区，建设全国电子信息产业科技创新与技术研发基地。

（三）中、西部地区应有选择地承接东部地区产业转入，坚持特色发展和协作发展

中、西部地区在某种程度上还存在产业配套能力不足、投资环境尚待改善、产业转移成本过高等现象。因此，虽然具有劳动力价格优势和土地价格优势，但是当这两者价格的降低不足以弥补由于物流成本较高、管理成本上升、规模经济下降所带来的成本上升时，仍然会引起单位产品生产成本的上升，从而降低产品的竞争优势，影响和阻碍产业的转移。

首先，中、西部地区承接东部地区的电子信息产业的转入，应该有所选择，要主动承接那些环境污染少、能耗低、人力成本低的产业转入，避免东部地区已经淘汰的落后产能向广大的中、西部地区转移。即中、西部地区承接东部地区的电子信息产业转移应坚持高起点、高质量原则。中、西部地区各级政府的有关招商部门要切实把好转入产业的选择与甄别关。

其次，中、西部地区在承接东部地区的电子信息产业转移的过程中，一是要坚持因地制宜原则，要把外部产业的转入同当地产业的发展结合起来，要充分考虑本地的资源要素禀赋条件，发挥比较优势，有针对性地进行招商选资，做大做强自身的特色优势产业。二是在承接外部产业转入的过程中要实现错位发展，避免和东部地区或其他地区进行同质竞争，实现东部和中、西部地区之间的合理分工与协调发展。三是中、西部地区应着力构建东部发达地区和中、西部相对落后地区的新型电子信息产业合作关系，深化与国内省区间的区域合作，最终实现优势互补、互利共赢。

第九章
石化产业转移情况

一、产业发展与布局现状

（一）产业发展现状

石化工业（包括国家统计分类的精炼石油产品制造业和化学工业）是国民经济的重要支柱产业，经济总量大，产业关联度高，与经济发展、人民生活和国防军工密切相关，在我国工业经济体系中占有重要地位。改革开放以来，我国石化工业发展取得了长足进步，基本满足了经济社会发展和国防科技工业建设的需要。

"十二五"以来，面对国内经济增长速度换档期、结构调整阵痛期、前期刺激政策消化期三期叠加的复杂形势和世界经济复苏艰难曲折的外部环境，石化行业大力推进"调结构、转方式"，总体保持稳中求进的发展态势，主要经济运行指标由"十五"和"十一五"时期的两位数高增长下调回落。进入"十三五"后，石化行业以提质增效为中心，以供给侧结构性改革为主线，深入实施创新驱动发展战略和绿色可持续发展战略，加快淘汰落后产能，产业集中度不断提升，企业的盈利能力、竞争能力和抗风险能力明显改善，行业经济运行向高质量发展阶段迈进。

截至 2017 年末，炼油和化工行业规模以上企业 27 568 家，比 2012 年增加 1 925 家。累计主营业务收入 12.5 万亿元，比 2012 年增长 19.7%；利润总额 7 962 亿元，比 2012 年增长 30.9%，近 5 年年均分别增长 3.7% 和 5.5%。全年完成固定资产投资 1.7 万亿元，比 2012 年增长 23.5%，近 5 年年均增长 4.3%；资产总计 10.4 万亿元。2017 年炼油和化工行业进出口贸易总额 3 850 亿美元，与 2012 年大体持平，其中出口 1 827 亿美元，比 2012 年增长 11.4%；进口 2 024 亿美元，比 2012 年减少 8.4%。

（二）产业布局现状

我国石化产业主要集中在东南沿海经济发达地区和传统老工业基地。园区化、基地化成为石化行业选址布局的主流模式。近年来我国化工园区建设快速推进，大型综合性化工园区和专业特色型园区成为发展重点。据不完全统计，近十多年我国相继建立的各类化工园区有几百家，其中省级以上人民政府批准建设的化工园区超过 250 家。如以上海、南京等为代表的大型石油化工园区，以南通、泰兴、常熟、泰州、张家港等为代表的化工新材料、精细化工园区。特别是随着中、西部地区发展战略的实施，陕西、宁夏、青海、新疆、内蒙古等省、自治区依托资源优势，培育和发展了一批具有较高水平、鲜明地方特色的化工园区，如陕西榆林重化工基地、宁东能源重化工基地、格尔木昆仑经济开发区、奎屯-独山子石化区、阿拉善经济开发区等，建成云贵鄂磷肥、青海和新疆钾肥等大型化工基地，以及蒙西、宁东、陕北等现代煤化工基地，成为促进地方经济发展，推动产业升级的重要力量。

根据国家统计局统计，2015 年国内炼油和化工产业主营业务收入达到万亿元的省份有两个，其中，山东省炼油和化工行业主营业务收入达到 2.8 万亿元，位居第一；江苏省以 1.9 万亿元的主营业务收入位居全国第二，两省炼油和化工产业主营业务收入占全国总收入的 40.3%。进入炼油和化工行业排名前十位的还有广东、浙江、辽宁、湖北、河南、河北、上海、四川等省（市）。就规模以上炼油和化工企业数量来看，位居前十位的分别是山东、江苏、广东、浙江、河南、河北、湖北、辽宁、安徽、四川。就规模以上企业平均主营业务收入来看，排名前十位的分别是海南、新疆、甘肃、陕西、山东、黑龙江、天津、辽宁、内蒙古、江苏等省市自治区。新疆、甘肃、陕西、内蒙古等西部地区作为石化产业转移的重要承接地，企业规模大；而江苏、上海、湖北、福建、浙江、河南、广东、河北、安徽等东南沿海及中部石化省份，高附加值的精细与专用化学品生产企业较多，企业规模偏小。

二、产业转移现状

"十二五"以来，在传统基础化工行业产能过剩、资源环境约束不断增强、要素成本快速上涨的驱使下，在国家鼓励产业向中、西部转移的政策引导下，石化化工行业进行了一次规模更大、涉及行业更多、转移形式多样化的由东部向西部、由国内向国外的产业转移。产业转移过程中发挥了西部地区资源丰富、要素成本低的优势，充分利用"两种资源、两个市场"，优化调整产业布局，促进行业转型升级，大大拉动了当地地方经济社会发展，对于促进区域协调发展、在世界范围内优化产业分工格局具有重要意义。

本次转移突破了21世纪初期的粗放形态，以市场为导向，本次转移总体呈现电石、氯碱、氮肥、磷肥等资源型、高载能行业向能源价格低、资源丰富、环境承载力强的西部地区转移；染料、农药及其中间体等高环境负荷型的化工行业由东部向中、西部人口密度较低的地区转移；原料依赖进口的烯烃行业进一步向东南沿海集聚；炼化行业加快向七大石化基地集聚；长江经济带等生态脆弱区域石化企业加快向中、西部环境承载力强的地区转移。具体特点如下：

一是参与转移的行业多，涉及氮肥、磷肥、电石、氯碱、煤化工等传统资源依赖性行业，也包含农药、染料、化工新材料、合成材料精细化工行业和新材料行业。

二是转移项目投资规模不断扩大，大项目不断增多，氮肥、磷肥、氯碱等行业转移项目平均规模居行业之首，拉动西部地区产能、产量占全国比重快速提升。

三是转移形式多样化，不仅有由东部向西部的跨区域转移，也有由纺织向石化原料的跨行业转移，以及由国内向国外的跨国转移。浙江恒逸集团原是一家纺织企业，2005年开始涉足PTA生产，2013年在文莱规划建设PMB项目，一期预计2018年投产，2017年9月与文莱政府签署二期合作协议，形成"原油—PX—PTA—涤纶"和"原油—苯—CPL—锦纶"的双产业链竞争格局。再如万华化学对匈牙利BorsodChem公司及浙江龙盛集团对国际染料巨头德斯达的成功收购，国内炼油和化工企业"走出去"加快全球布局。

四是转移方式由单个企业向企业集群转变。单个企业的转移势必失去既有的产业集群优势，所以企业转移更侧重整体产业的转移，希望建立新的产业集群，获取新的竞争优势。如部分电石及下游PVC企业同步加快向西部转移。

五是转移的目标区域更侧重交通等基础设施良好的园区。企业转移，入园进区，企业自身结构升级，对行业转型升级起到了一定推动作用。

三、产业转移影响因素分析

企业是组成行业产业的基础，企业转移带动产业转移，产业转移是企业转移的集中体现。现代区域经济学理论认为，影响企业迁移的因素主要包括内部因素、区位因素和外部因素。无论是来自现有区位的推力和阻力，还是来自目标区位的拉力，最终都反映在企业生产经营成本上。石化企业之所以要前往其他地区，重要的原因是为了寻求其他地区更为有利的生产经营条件，以便降低生产成本，提高销售收入和利润率。有利条件包括便利的交通、低工资和土地成本、规模经济和聚集经济、良好的基础设施、政府优惠政策等，接近能源和原料供应地、实行市场导向战略等是企业迁移时所考虑的重要因素。政策、制度层面的约束也是企业考虑搬迁、转移的重要影响因素。"十三五"以来，环保督查、环境整治、长江经济带绿色发展等政策措施是影响近年石化行业企业搬迁转移的重要因素。

（一）产业政策

在产业转移过程中，不同地区政府颁布的法律法规、制定的政策、配套服务及区域的基础设施等条件对产业转移的速度、转移的方式，以及转移的方向都可能产生重要影响。在投资准入、产业布局、税收、安全、环保、进出口管制、产品质量、工艺技术水平、落后产能淘汰等方面，中共中央、国务院和各级地方政府制定了一系列产业政策，对石化各行业产业布局和产业转移具有决定性影响。

（二）生产要素

土地、原料、能源、资源、劳动力等生产要素在区域间所具有的比较优势是一个动态变化的过程，随着经济的发展，特定区域在生产要素供给方面的相对优势会不断发生改变。虽然区域间要素的流动在一定程度上能够延缓这一相对优势的改变程度，但由于市场的不完善性、社会制度的约束及交易成本的增加，生产要素供给比较优势的转变难以根本扭转。

（三）市场空间

各区域对产品市场的需求结构也是动态变化的。对于某一特定的区域，随着经济的快速发展，生产要素的成本不断提高，该区域对产品的市场需求结构也会由低到高逐渐发生演化。

（四）环境规制

石化行业三废排放量大。近年来，随着国家对生态环境保护力度的加大，各级政府出台相应政策，加强环境监管、整治力度。环境规制约束对企业发展空间布局选择产生重要影响，企业会考虑向环境成本较低的地区迁移。

四、产业转移趋势

目前各地区在石化产业的承接过程中，由于缺乏统筹协调与政策指导，导致各地方政府各自为政，为发展地方经济使出浑身解数，逢煤必化、逢盐必化、逢磷必化、大炼油、大乙烯，等等，并出台各种财税政策、能源价格优惠政策，以及资源廉价划转、配置等各类手段大力实施招商引资，甚至不顾产业政策的限制和生态环境容量引进一些低端落后的产能，出现产业盲目转移和无序转移的现象，由此带来一系列问题，造成未来产业转移情况复杂、转移困难。

（一）行业总体产能过剩，各地产业结构雷同，产业转移困难

行业产能总体过剩。在产业转移过程中，部分中、西部地区不顾市场容量，盲目发展，一些企业还没有研究目标销售市场就上马项目，导致这些地区产能过快增长，带来产能的严重过剩及资源能源的低效率。目前，中、西部地区普遍承接的氮肥、氯碱、电石、甲醇、纯碱等基础产业已全面过剩，但部分地区仍然在谋划新建大型项目。

产业布点过多过散、各地产业结构类同。在过去计划经济大而全的发展方式下，石化产业全国各地布局，形成了小而散的局面。近年来，由于石化项目产业链长，投资大，各地区为了 GDP 增长竞相上马项目。石化建设遍地开花，又进一步加剧了产业布点过多过散的局面，给结构调整及安全环保管理等增加了难度。中、西部地区在承接产业转移过程中，依托的资源优势大多都是煤、电、盐等资源，发展的产业也几乎无一例外是尿素、甲醇、氯碱、纯碱、电石等产品，产业结构趋同，缺乏产业特色，从而也加剧了市场的竞争。

（二）转移成本和物流难题制约产业转移步伐

石化产业转移成本高。我国东、中、西部地区的产业梯度和发展差距十分明显。西部省份的交通条件、基础设施、市场环境、人文环境、产业配套等都远远不能与东部发达地区相比。例如，青海资源要素组合优势明显（供应和成本），但并不意味着完全成本的下降，如市场销售半径过长或运输瓶颈的存在导致运输费用和营销成本的增加；华东、华中地区受环保制约的产能转移成本居高不下，制约了产业转移步伐。产业转移后面临着物流难题。部分由东部向西部资源地转移的行业，主体消费市场仍在华东、

华南地区，产能扩张与下游消费区域分布不匹配，大量货源需要从西部地区通过"西货东进""北货南下"长途跋涉流向华东、华南，增加了化学品运输安全隐患，也对西部地区产业可持续发展造成影响。

（三）政策壁垒地方保护仍将不利于石化行业产业转移

缺乏有效的协调机制。产业转移涉及方方面面的问题，无论是对迁出地，还是对接受地，至今都没有完善的扶持机制和补偿机制。对迁出地来讲，地方政府是不愿企业外迁，企业也因迁移成本太高而不愿迁移。对接受地来说，装置转移会给当地的生态环境、资源环境、市场环境等带来巨大变化。目前区域经济合作的框架虽然已经搭建起来，但是缺乏有效的实施机构，区域经济合作尽管要以市场配制为主，但政府的推进也必不可少。没有强有力的组织和政策保障而任由市场的力量开展，进展相对缓慢。

地方封锁和地方保护主义仍然存在，统一、开放、竞争、有序的市场体系并未完全建立，严重阻碍了行业资金、资源的自由流动和产业转移。如炼油行业，历史留存下来的隶属大型国有企业的小炼厂，尤其是就业人数较多的企业，关停后将对地方经济增长和就业造成一定影响，退出阻力很大。再如氯碱行业，根据国家有关产业政策，产能总量得到有效控制，拥有核心竞争力的企业计划进行扩建或整合其他产能，竞争力差的企业也有退出市场的打算，但由于全国性的产能置换实施细则没有出台，导致产能整合很难实质推进。

（四）企业走出去不确定因素多

企业走出去的不确定性因素多。世界石化产业布局发生了重大变化，中东国家和地区逐渐成为世界石化工业的重要增长极，吸引大型跨国公司纷纷投资建厂。国内一些成长性好的石油、化工企业在加快国内布局的同时，也在重点关注中东及"一带一路"沿线国家的石化投资机会，但由于对这些国家和地区的地缘政治稳定性、投资环境、配套设施等情况不甚了解，国家尚未给予清晰的扶持政策和措施，企业不敢单打独斗地走出去。

第十章
纺织产业转移情况

一、产业发展与布局现状

（一）产业发展现状

纺织行业是国民经济中的重要民生部门，不仅承担着创造更好就业岗位的社会职责，大批产业集群及边疆、少数民族地区特色纺织产业的发展，对于繁荣县镇经济、脱贫富民做出重要贡献。其主要特征有如下三个方面。

一是行业运行保持平稳。统计局数据显示，2016 年，我国纺织行业规模以上企业实现主营业务收入 73 302.3 亿元，同比增长 4.1%，实现利润总额 4 003.6 亿元，同比增长 4.5%。规模以上企业工业增加值同比增长 4.9%，固定资产投资完成额 12 838.7 亿元，同比增长 7.8%。近 5 年主营业务收入、利润总额分别由 2011 年的 53 397.4 亿元、2 956.4 亿元增长到 2016 年的 73 302.3 亿元和 4 003.6 亿元。行业实际完成固定资产投资由 2011 年的 6 799.1 亿元，增长到 2016 年的 12 838.7 亿元。

二是增长进入低速状态。2016 年，我国纺织行业规模以上企业工业增加值低于上年同期增速 1.4 个百分点，2017 年增速又比 2016 年下降 0.1 个百分点；主营业务收入增速较上年同期放缓 0.9 个百分点；利润总额放缓 0.9 个百分点；固定资产投资完成额降低 7.2 个百分点。从更长的时期来看，规模以上纺织企业主营业收入年均增长速度也在呈现逐步下降的趋势，从"十五"时期的 19.6%，"十一五"时期的 18.2%，到"十二五"时期下降到 8.6%。

三是纺织行业转型升级步伐加快。产业用纺织品发展迅猛，2000 年至 2016 年，我国产业用纺织品的纤维加工总量由 173.8 万吨增长至 1 449.5 万吨，年均增长 14.18%。我国已经成为世界最大的产业用纺织品生产国、消费国和出口国，产量占全球三分之一以上，出口占全球 25% 以上，产业用纺织品作为行业新增长极的作用日渐凸显。纺机行业方面，国产纺织装备水平不断提高，2015 年开始纺织机械出口额超过进口额，成为纺织机械净出口国，2016 年出口纺织机械 29.9 亿美元，2010 年至 2016 年纺织机械出口额年均增速为 9.2%，比同期纺织品服装出口年均增速高 5 个百分点。行业中等规模以上企业信息化应用比率已超过 70%，纺纱系统自动化检测、印染在线检测自动配送系统、化纤自动包装、服装智能仓储系统等设备已实现应用。行业智能制造水平有了大幅提升，自动化流水线和现代化生产车间大量涌现。以红领集团、红豆集团为代表的行业大规模个性化定制模式已有近 200 家企业在尝试。

（二）产业布局现状

我国纺织行业在东部沿海地区高度集中。我国纺织产业集群化发展特征突出，纺织行业有众多产业特色鲜明、规模效益显著、对地方经济发展贡献突出的成熟产业集群。这些集群工业总产值大，从业人数多，经济总量占全行业的比例较高。根据《纺织工业统计年报》的数据，目前纺织产业集群多集中在东南沿海地区，其他地区也在逐步发展中。纺织行业 196 家试点集群分布在全国 20 个省区，以长江三角洲、珠江三角洲、海西地区和环渤海地区为主，广东、浙江、江苏、福建、山东等沿海五省最为集中，五省集群数占集群总数的四分之三。其中，浙江试点集群 43 个、江苏试点集群 39 个、广东试点集群 27 个。中部地区的纱线、服装等部分产品形成一定优势。表 10-1 显示 2016 年我国纺织行业分区域规模以上企业主要产品产量情况，纺织行业主要产品产量仍集中分布在东部地区，尤其是印染布，东部 10 省产量占全国的 95.8%。中部地区纱线产品已经形成一定的优势，占全国产量的 33.8%，高于中部地区其他产品占全国的比重；服装类和布类产品占比也均接近两成。中部 6 省中河南省纱产量最高，占中部地区产量的 46.5%，其次为湖北，占 24.7%。

表 10-1　2016 年我国纺织行业分区域规模以上企业主要产品产量

区域/占比	纱（万吨） （2016 年 1-11 月）	布（亿米）	印染布（亿米）	服装（亿件）
东部 10 省	2 247.4	540.5	511.3	239.3
占比	58.2%	75.7%	95.8%	76.1%
东北 3 省	12.4	1.9	0.9	4.8
占比	0.3%	0.3%	0.2%	1.5%
中部 6 省	1 305.1	138.7	12.9	62.6
占比	33.8%	19.4%	2.4%	19.9%
西部 12 省	296.2	33.3	8.5	7.9
占比	7.7%	4.7%	1.6%	2.5%

二、产业转移现状

（一）早期产业转移历程

20 世纪 90 年代，在国家区域发展战略指引下和市场资源配置作用下，纺织服装产业逐渐向东部沿海地区聚集，浙江、广东、江苏、山东、福建等地形成一批产业集群；与此同时，传统纺织基地如上海、天津、北京和青岛等地的国有企业逐步退出纺织制造加工业。经过压锭重组，北京、上海、广州、杭州等城市的产业策略转向贸易、品牌和研发，聚集了一批具有国际竞争力的企业集团和出口骨干企业。

2009 年以来，国家相继推出促进纺织产业转移的相关政策，工业和信息化部发布的《纺织工业振兴规划纲要》中明确提出，鼓励中、西部地区发挥资源优势，积极承接产业转移，发展纺织服装加工基地，形成东、中、西部地区优势互补的区域布局。2010 年和 2011 年工业和信息化部又分别发布《关于推进纺织产业转移的指导意见》和《产业布局和产业转移指导目录》，提出了纺织产业转移和区域发展的重点，东部地区加速产业升级步伐；中部地区完善纺织产业制造体系；西部地区重点发展特色产业；东北地区加快发展优势产业。在国家产业政策的引导下，中、西部地区积极落实国家财政的倾斜和优惠政策，积极打造产业可持续发展环境，引导产业聚集，承接纺织产业转移。

（二）产业转移有所成就，但区域不平衡格局未根本改变

在区域协调发展战略的推动和相关政策的引导下，纺织产业有序转移，区域发展差距有所缩小，但是区域发展不平衡、不协调的总体格局尚未根本转变。从总产值看，东部地区纺织产业、服装产业、化纤产业的工业销售总产值均占到全国的 72%以上。从投资来看，东部地区仍是纺织行业的投资主要集中地。2016 年，东部地区投资额为 7 390.40 亿元，中部地区为 4 143.94 亿元，西部地区为 1 304.41 亿元。东部地区的投资额约是中部地区的 1.78 倍，约是西部地区的 5.67 倍。且近期呈现东部地区投资增长快于中、西部地区的态势。2017 年，东部地区投资额同比增长 7.9%，中部地区投资额同比增长 3.2%，西部地区投资增长为负值，−3.5%。

（三）新疆、安徽、河南等地是中、西部地区纺织产业主要承接地

从 2005 年开始东南沿海地区将部分企业或生产环节转移到发展基础较好、成本较低的周边省份。中部地区以向河南、安徽、江西等地为代表，西部地区以新疆、重庆等地为代表。中部 6 省中，江西、河南承接转移后续发展较好，投资增长较快，合计对行业增长贡献率为 25.8%；西部地区 12 省自治区中，新疆在产业政策利好带动下，棉纺和棉织造发展很快，新疆纺织行业投资同比增长 50%，对行业增长贡献率为 17.3%。但随着新疆投资基数的增大，投资完成额增速逐步放缓，2017 年新疆全年投资总量有所下降。

（四）东南亚地区成为我国纺织产业对外转移的主要方向之一

随着柬埔寨、越南、印尼等东南亚国家产业配套能力的逐渐增强，孟加拉、斯里兰卡等南亚国家产业环境的逐渐改善，我国纺织产业对外转移主要集中在东南亚地区。一方面，与东南亚等海外地区相比较，我国纺织行业制造成本处于明显劣势，中、西部地区纺织企业人均工资达到越南的2倍、孟加拉的近5倍，大部分省份的电价是越南、美国等地的近2倍，棉价长期高于国际市场。成本过高造成纺织产业链上针织、服装、棉纺等产能加快向海外转移。另一方面，东南亚等地区享受出口欧美特惠零关税政策，而美国、欧盟等对我国采取限制和打压性的贸易政策，也导致国内企业持续扩大境外投资。

三、产业转移影响因素分析

（一）中、西部地区制造成本与劳动力资源优势不明显，企业向中、西部转移动力不足

大批纺织企业向中、西部地区进行转移投资的初衷是追求更低的制造成本和更为丰富的生产要素资源，特别是劳动力资源。但中、西部地区的实际优势并不明显，这成为阻碍纺织行业产业转移进程的重要原因。从制造成本看，与东部沿海地区相比较，中、西部地区在某些生产要素上具有一定的价格优势，但计算综合成本后并没有优势。受经济发展水平影响，中、西部地区人均工资水平相对东部地区略低，但由于从业人员教育及职业素质与沿海地区有明显差距，生产效率较低，最终单位产出中的人工成本并没有降低。在劳动力资源方面，中、西部地区虽然有较大数量规模的农村转移劳动能力，但大量人员流向沿海地区，本地人力资源有限。新疆等边疆地区虽然需要的就业人口较多，但就业意愿、从业人员素质与企业需求之间存在较大差距；引进外来务工人员又受到政策及生活配套保障等因素制约，无法快速扩张。劳动力有效供给严重不足，成为制约当地纺织

行业产业转移的重要因素。

（二）中、西部地区面临国内外市场开拓均存在瓶颈，市场需求弱不利于转移企业生存发展

纺织行业是消费品制造业，市场需求是企业生存发展的根本，市场需求沿产业链良性传导，是纺织产业转移顺畅推进的重要基础。中、西部大部分省份本地消费能力偏低，从沿海地区出口又面临运输成本过高现实，产业转移的市场驱动力不足问题始终存在。

国内中、西部地区由于经济发展水平相对偏低，对于消费能力有所制约。2016 年，我国人均可支配收入为 23 821 元，中部、西部地区及东北 21 省市人均可支配收入仅为 19 576 元，比东部人均 30 645 元的水平低 36.1%。中、西部平均城镇化率为 51.5%，低于全国城镇化率 5.9 个百分点，具有较强消费能力的城镇人口比重低。经济发展水平直接制约了居民的消费能力，虽然西部省份多数气候寒冷，对于衣着消费需求较大，但整体消费水平仍然有限，2016 年中、西部 18 省市人均衣着消费支出为 1 044 元，比东部 1 368 元的平均水平低 23.7%，东北 3 省受气候影响人均衣着支出达到 1 475 元。中、西部 18 省市总人口占全国的 53.6%，但衣着消费支出总额仅占全国 46.5%。本地市场需求潜力释放不足，难以对产业发展形成强有力拉动，成为制约纺织服装业在中、西部落地生根的重要因素。

中、西部省份，特别是西部地区，远离沿海外贸通道，向东出口运输成本过高，开拓国际市场受限。自"一带一路"倡议提出以来，以新疆为代表的西部边疆省份向西开放的地理区位优势开始显现，但受自然环境、周边国家经济水平、国际合作关系等多重因素限制，目前向西国际通道尚不通畅，存在沿线基础设施不完善、国家间合作关系尚未理顺等诸多制约，与向西最大容量的欧洲市场尚不能实现顺畅连接。边境省份目前贸易对象主要是周边发展中国家，但这些国家现阶段经济发展水平偏低，人口有限，市场容量不大，无法对西部省份发展外向型经济形成有力拉动，我国向西开放的潜在优势还没有得到充分发挥。

（三）中、西部地区资源趋紧环境保护压力较大，对承接产业转移提出很高要求

中、西部省份虽然地域辽阔，但大部分地区在主体功能上属于生态功能区和农产品主产区，是限制开发区域，承接制造业产业转移的可开发空间及开发强度总体是有限的，经历了最初几年的快速发展，土地资源也逐渐趋紧。并且，土地成本近几年也开始上升。纺织产业转移中也出现了生产能力转移超出原料资源配套能力的现象。例如，新疆是我国最大的棉花产区，以棉短绒原料优势为基础，建立起了我国最大的粘胶浆粕和纤维生产基地。但新疆目前的粘胶纤维产能已经大幅超出棉短绒供给量，需要大量从沿海运输进口浆粕，这与产业转移最初的预期目的之间存在明显偏差。

环境保护方面，一些西部地区属于干旱、半干旱气候，生态系统比较脆弱，发展工业对于防控大气环境及水体污染的要求十分严格，对企业的生态发展能力要求较高。纺织行业虽不属于资源型、重污染行业，但产业链上一些环节，特别是重要的中间环节——印染行业需要比较丰富的水资源支持，对于污染物处理也需要一定的承载力，这与一些地区的主体功能定位存在矛盾。一些转移投资项目出现了因无法通过环评而彻底停滞的情况；新疆受资源环境条件制约，缺失染整环节，严重制约产业整体布局发展。

（四）中、西部地区产业体系不完善，配套生产性服务业发展滞后

建立起产业链上下游相协调、制造与服务相配套的完整产业体系，是纺织产业在中、西部地区发展的重要目标，也是纺织产业高效、健康发展的必然要求。由于纺织产业转移受多种因素影响进度放缓，目前中、西部地区产业体系总体尚不完善，特别是西部地区，以建立纺织产业基地为目标的新疆、重庆、陕西等省市产业规模仍然较小，产业链发展不均衡，配套生产性服务业发展滞后。

中、西部地区承接产业转移主要依托资源条件，集中发展的制造环节主要是棉纺织，中部地区近年来依托回乡劳动力资源，服装、家纺及产业用等终端制造业发展有所加快。到 2017 年 11 月底，中部 6 省规模以上企业纱、布、服装、非织造布产量占全国的比重分别达到 33.1%、18.1%、18.7%

和 28%，西部 12 省市规模以上企业纱产量在全国占比达到 8.2%。但是，纺织产业链重要的中间环节印染精加工在中、西部地区严重缺失，中部、西部地区印染布产量分别仅占全国的 2.2%和 1.6%，造成上游纺织产品无法进行精深加工，下游终端产品也缺乏原料支撑。西部地区服装、家纺、产业用等终端环节发展也较为滞后，12 省市服装和非织造布产量仅占全国的 2.5%和 2.3%。化纤产业转移尚缺乏启动条件，90.3%的产能仍集聚在东部地区。

由于制造体系不完善，中、西部地区相关生产要素及配套服务市场发展也相对缓慢。中部地区原辅料专业市场数量、规模及发展水平较之沿海地区仍有一定差距，西部地区则普遍缺少依托产业发展自发形成的具有一定规模和市场带动作用的纺织原辅料专业市场，原辅料大量依靠东部专业市场配套，对于市场反应能力及产品开发具有制约性。行业劳动力资源没有得到有效组织、培训及流动，人才结构性短缺问题亟待解决。物流、培训、设计、咨询等生产性服务业，以及行业性公共服务体系均不完善，产业发展缺少支撑和保障。

四、产业转移趋势

（一）东部地区瞄准价值链高端发挥创新引领作用

依托东南沿海转移骨干企业实体，承办质量检测、研发设计等公共服务，并逐步从生产企业脱离，广泛服务与中、西部地区纺织服装企业。创新引领率先实现东部地区优化发展，瞄准全球纺织产业价值链中高端，广泛凝聚全球创新要素资源，重点发展技术研发、时尚创意、品牌营销、高端制造及相关现代生产性服务业，大力推广智能制造、服务型制造和绿色制造，全面增强产业的创新动力和创造活力，发挥对行业转型升级的示范引领和带动作用。

（二）中、西部地区着力提升产业发展水平培育特色优势

中、西部地区和东北地区重点依托各地区特色与优势条件，着力优化

营商环境和产业发展载体条件，有序承接产业转移，大力培育内生动力，提升产业发展层级。引导中、西部地区纺织企业提升产品设计、开发水平，支持骨干企业建设工业设计中心、产品开发中心，通过丰富产品品种、提升产品品质更好地把握内需市场增长和升级机遇。充分整合利用长江经济带资源，促进中、西部地区沿江省份依托长江水道开拓内需市场，着重引导企业针对周边省份需求空间潜力、消费特点和习惯开展研究，加强品牌建设，提升营销水平。依托区域不断升级的消费需求，构建以服装、家纺、产业用终端产品为重点的新型工业化基地和物流中心。依托对外开放合作条件，积极发展外向型纺织服装，提升发展水平，拓展国际化开放发展的空间。西部和东北地区重点依托特色原料资源、民族文化、特色传统产品和工艺，坚持做精做优，发展特色纺织。充分发挥新疆作为"丝绸之路经济带"核心区和向西开放重要窗口作用，紧紧围绕就业导向，大力发展服装、家纺、针织等劳动密集型产业，建设优质棉纱棉布基地，增强棉花原料保障能力和供给质量。

第十一章
钢铁产业转移情况

一、产业发展与布局现状

（一）产业发展现状

钢铁工业是国民经济的基础产业，是技术、资金、资源、能源、劳动力密集产业。"十二五"期间，在经济发展需求的带动下，我国粗钢产量由2010年的6.3亿吨增加到2015年的8亿吨。钢材国内市场占有率超过99%，基本上满足了我国国民经济和社会发展对钢材的需求，为国民经济快速稳定增长提供了重要保障。2015年粗钢产量80 382.5万吨，较2014年同比下降2.3%，粗钢产量近34年来首次下降。"十二五"期间，粗钢产量年增长率为4.76%。

根据国家统计局最新数据显示，2017年我国生铁产量71 076万吨，粗钢产量83 173万吨，钢材产量104 818万吨，同比分别增长1.8%、5.7%和0.8%。2016年全国粗钢产量8.08亿吨，比2015年略有增长，增幅为1.2%；生铁产量7.01万吨，较上年增长0.7%。据中国钢铁工业协会披露的数据，"十二五"以来中国大陆生铁、粗钢及钢材产量和变化趋势如表11-1和表11-2所示。

表 11-1 2011—2017 中国生铁、粗钢、钢材产量及增长率

指标	生铁产量（万吨）	粗钢产量（万吨）	钢材产量（万吨）	生铁增长率（%）	粗钢增长率（%）	钢材增长率（%）
2011	64 050.88	68 528.31	88 619.57	7.23	7.54	10.39
2012	66 354.40	72 388.22	95 577.83	3.6	5.63	7.85
2013	71 149.88	81 313.89	108 200.54	7.23	12.33	13.21
2014	71 159.90	82 269.80	11 2557.20	0.01	1.18	4.03
2015	69 141.30	80 382.50	112 349.60	−3.5	−2.3	0.6
2016	70 227.33	80 760.94	113 460.74	0.7	1.2	2.3
2017	71 076.00	83 173.00	104 818.00	1.8	5.7	0.8

表 11-2 分区域粗钢产量占比变化

	1993	2000	2008	2014	2017
华北	24.0	26.3	34.5	32.6	32.9
东北	18.5	14.0	10.4	10.0	9.4
华东	28.8	31.9	31.7	32.4	32.9
中南	16.0	15.6	14.7	14.2	15.7
西南	9.6	8.8	5.8	6.4	5.2
西北	3.1	3.4	2.9	4.4	3.9

近年来，钢铁行业供给侧改革取得阶段性成果。"十二五"期间，淘汰落后产能相关政策措施的有效实施，使钢铁行业"淘汰落后"工作取得了实质性的成果，累计淘汰落后炼钢产能9 483万吨，淘汰落后炼铁产能9 066万吨，提前一年完成"十二五"淘汰落后产能目标任务。从2014年到现在，产能持续削减，产能削减量在2016年达到高峰，全年削减量达6 500万吨；2016年产能利用率上升到75%。2017年全年化解过剩产能5 000万吨的目标任务提前完成。目前，钢铁行业实现行业兼并重组取得实质性进展，产业结构得到优化，资源利用效率明显提高，产能利用率趋于合理，产品质量和高端产品供给能力显著提升，企业经济效益好转，市场预期明显向好。

（二）产业布局现状

改革开放以后，我国经济快速发展，东南部发展更快。一方面东南部成为钢材主要消费地，另一方面我国进口铁矿石逐年增加，进口矿石比例逐年提高，钢铁产业布局逐步向东部沿海地区转移，相继建设了宝钢、首钢曹妃甸、鞍钢鲅鱼圈、宁波北仑港等主要以进口铁矿石为原料的临海型工程。同时，随着改革开放的不断深化，民营钢铁企业从无到有，由小变大，被工业和信息化部纳入规范条件名单的钢铁企业中，非国有企业数量超过200家。民营钢铁企业大多依托当地矿石、煤炭和废钢资源而建，因此，矿石资源丰富的河北、煤炭资源丰富的山西、废钢资源丰富的江苏成为民营钢铁的聚集地。

目前我国钢铁工业分布的主要特征和问题如下。

1. 地区间钢材生产与消费不协调

进入21世纪以来，我国钢铁产业布局调整逐步从资源依托型向临近沿海、沿江地区和靠近钢铁产品消费市场转变，即向消费主导型布局转变。如鞍钢鲅鱼圈生产基地、曹妃甸生产基地、宁波生产基地、宝武湛江基地，以及山东日照基地建设等。

改革开放加快了东部特别是沿海地区经济的快速发展，对钢材需求量持续较大幅度增加，而钢铁产能转移的步伐赶不上需求变化的步伐。比较突出的是华北地区钢铁产能大于消费，中南、西南和西北地区钢铁产能小于消费。2016年钢材产量最大的华北地区产量比重达到全国的36.3%，但消费仅占14.6%；而中南地区消费需求比重占全国的25.5%，但钢材产量比重仅占15.8%。

在开放的市场中，一定比例的钢铁产品跨地区流动是正常的，但流动比例过大反映了产业布局不够经济合理。例如，东北地区通过海路进口铁矿石，生产出钢材再通过海路或铁路销往华东或华南地区。

2. 内陆钢企多，沿海沿江钢企少

2016年我国铁矿石原矿产量12.8亿吨，其中华北地区占53%，居全国首位，对应粗钢产量占全国的33.2%，也居全国首位。其中，河北省原矿产量5.2亿吨，占全国比重40.8%，河北省粗钢产量1.93亿吨，占全国

比重也高达 24%。另外，东北鞍钢本钢、内蒙古包钢、山西太钢、安徽马钢、四川攀钢、甘肃酒钢、新疆八钢等企业都是在当地铁矿石资源基础上发展起来的，至今仍是我国重要的钢铁生产基地。

随着东部沿海地区经济快速发展及进口矿石增加，我国钢铁产业沿海布局开始启动。宝钢成为率先以进口矿石为主要原料来源的沿海型现代化大厂。2005 年以后建成的首钢曹妃甸、鞍钢鲅鱼圈、宁波钢铁和宝钢湛江一期工程推动了我国钢铁沿海布局的战略实施。正在筹备建设的宝钢湛江基地二期、山钢集团日照基地完成后将进一步推动优化布局。但总体上看，我国沿海沿江钢铁企业数量少，沿海沿江产能仅占全国产能的 19.2%，钢铁产业仍是内陆型布局为主导的格局。

3. 区域分布不均衡

中国钢铁工业实际上自然划分为津冀北、晋冀南、长三角三大产业集群和山东、辽宁两大板块，这些产业集群中的钢铁企业粗钢产能合计占全国接近 80% 的份额。

截至 2016 年底，津冀北、晋冀南、长三角三大产业集群和山东、辽宁两大板块这几大产业集群的粗钢产能合计占全国的接近 65%。其中，津冀北产业集群具备冶炼能力的钢铁企业 56 家，粗钢产能 20 572 万吨，占全国的 19.6%；长三角产业集群分布钢铁企业 44 家，粗钢产能 18 067 万吨，占全国的 17.2%；冀晋南产业集群分布钢铁企业 50 家，粗钢产能 13 856 万吨，占全国的 13.2%；山东粗钢产能 8 584 万吨，占全国的 8.2%；辽宁粗钢产能 6 820 万吨，占全国的 6.5%。

按东西向划分，我国超过 90% 的钢铁产能集中在东中部地区。这与东部地区经济发展早于、快于中部，中部又早于、快于西部地区发展，以及近些年来我国钢铁工业对进口铁矿石的依赖程度越来越高有关。按南北向划分（以秦岭为界），则呈现"北重南轻"的特点。正是由于钢铁工业布局与需求的不平衡性，导致了国内大量的钢材从北方销往南方，加大了物流成本。据不完全统计，北方企业的钢材在南方销售占企业总销售的比重超过三分之一。东北和华北是我国钢铁产能过剩较为严重的地区，鞍钢、本钢、首钢等大型钢铁企业均将华东、中南等地作为重要的重点销售地区。

4. 雾霾等环保问题严重地区、缺水地区钢铁产能比重大

河北等京津冀（环渤海）地区深受雾霾等环保问题影响，而此区域的钢铁产能多、占比高，如河北省 2016 年粗钢产量 1.93 亿吨，占全国比重 24%，华北地区粗钢产量占全国总量的 33.2%，环渤海地区则占全国总量的 40% 以上。中国粗钢产量近 80% 分布在人均水资源低于 1 700m³ "缺水警戒线" 的 17 个省份或直辖市，近 59% 集中分布在人均水资源低于 500m³ 的 9 个极度缺水省份或直辖市。重点统计企业近 60% 分布在缺水地区，近 40% 分布在极度缺水地区。河北省人均水资源只有 311m³，却集中了近全国 24% 的粗钢产量。随着水资源价格的大幅提升和费改税制度的实施，已经对极度缺水地区钢铁企业的生产成本和生存能力造成影响。

5. 大中型钢铁企业与人口聚集区重合，城市钢厂仍占有较大比重

我国钢铁企业中有很大一部分位于城市，相当一部分钢铁企业位于省会城市或地区中心城市，与人口聚集区高度重合，"城市型"钢厂特点明显。2016 年钢产量 300 万吨以上的钢铁企业共 49 家，占全国粗钢产量的 70%，除包钢和酒钢外，其余全分布在人口密度线的东南方。据不完全统计，重点大中型企业中，除去已经完成搬迁或关停的首钢、重钢、广钢和大连特钢等之外，还有 36 家，合计产能 27 809 万吨，占公告总产能的 24.2%。

当前，城市钢厂在支撑当地经济社会发展的同时，与城市扩大和功能定位的矛盾日益突出，加上我国城市钢厂大多以长流程生产工艺为主，污染物排放源头多，环保达标排放的压力大。环境容量限制已经成为这些城市钢厂进一步发展的瓶颈，如何破解发展问题已是迫在眉睫。

二、产业转移现状

钢铁产业转移是指钢铁企业将部分或全部生产功能由原生产地转移到其他地区的行为；由于钢铁企业装备的特性，多数企业往往是通过重组异地企业后改造或者在其他地区新建钢铁项目的方式来实现转移。从宏观的视角看，产业转移往往是由资源密集型→资本密集型→技术密集型的转移，

但从单一的钢铁产业看，钢铁产业的转移特指钢铁产业在国际间或同一国家不同区域间有序接替，梯度转移，是钢铁产业的产品生产、销售、研究开发甚至企业总部转移到另一国家或地区的经济行为和过程。

我国钢铁产业布局基本是在新中国成立后逐步形成的。建国初期，钢铁工业受到苏联影响，布局遵循资源型原则，靠近铁矿和煤矿，建立了鞍钢、本钢、石景山钢铁等钢铁企业，分布在我国东北、华北煤铁资源丰富区，工业转移受资源条件因素的影响。20世纪60年代，我国经济实力较弱，国际政治环境相对封闭，我国提出大力加强三线建设发展钢铁工业口号。中央政府为平衡全国生产力向西倾斜进行两次大的投资转移，在西部建立了一批不同规模的钢铁企业，钢铁工业布局呈现内陆资源指向型，集中分布于中、西部。改革开放以来，随着经济的快速发展，我国钢铁工业的布局，除了迁就原材料条件外还充分考虑燃料和能源供应条件、交通条件，以及是否靠近消费市场等因素，除了继续发展中、西部地区的钢铁工业外，还发展了以宝钢为代表的"临海型"钢铁工业布局。

为了量化我国钢铁工业产业转移的历程，选取我国由计划经济向市场经济转变的1993年、钢产量开始快速增长的2000年、金融危机发生的2008年、接近我国钢材消费峰值区域的2014年，以及去产能取得初步成效的2017年五个年份粗钢产量分区域占比进行比较。

数据表明，在计划经济时期我国钢铁工业资源型布局特征比较明显，华北、东北和西南地区等资源丰富的地区粗钢产量占比也较大，1993年分别达到24.0%、18.5%和9.6%，三个地区合计占全国粗钢产量的占比达到52.1%，而三个地区铁矿石产量占比达到70.2%，焦炭产量占比达到67%，投资占比达到58.2%。

当前我国钢铁工业的产业布局呈现出由资源型向临近沿海、沿江地区和靠近钢铁产品消费市场转变，即向消费主导型布局转变。如鞍钢鲅鱼圈生产基地、曹妃甸生产基地、宁波生产基地、宝武湛江基地，以及山东日照基地建设等。华北、华东地区粗钢产量占比明显上升。华北地区是我国经济和资源均有优势的地区，消费的快速增长和完善的产业配套带动了该区域钢铁产业的扩张，仅河北省凭借资源优势和沿海区位优势，钢铁产能迅速扩张，粗钢产量占比由1993年的6.3%增长到2017年的23.0%。钢材缺口较大的华东地区，粗钢产量占比由1993年的28.8%增长到2017年的

32.9%，其中，工业较为发达的江苏省粗钢产量比重由 1993 年的 3.5%增长到 2014 年的 12.5%，山东由 1993 年的 3.9%增长到 2014 年的 8.6%。东北地区粗钢产量占比一直呈下降趋势，由 1993 年的 18.5%降为了 2017 年的 9.4%。

"资源全球配置、生产贴近市场"是当代钢铁产业布局的基本特征。从时间序列看，我国钢铁产业转移的路径为：东北和华北→华东→中南→西南和西北。

然而我国钢铁产能转移的步伐依然赶不上需求变化的步伐。比较突出的是华北、东北地区钢铁产能大于消费，华东、中南、西南和西北地区钢铁产能小于消费。2016 年钢材产量最大的华北地区产量比重达到全国的 33.2%，但消费仅占 13.2%；而中南地区消费需求比重占全国的 26.9%，但钢材产量比重仅占 14.9%。

三、产业转移影响因素分析

（一）钢铁产业转移与工业化进程密切相关

钢铁产业国际转移与工业化发展的阶段密切相关，即一个国家工业化发展初期和中期，对钢铁产品的需求呈现出快速增长态势，本地钢铁企业纷纷扩大生产，并且以满足本地需求为主。之后进入工业化后期时，由于本地需求进入峰值平台区，增速开始放缓，市场竞争趋于激烈，钢铁产能出现过剩，本地钢铁产业不得不进行调整。此时，钢铁企业开始转向寻求外部市场，钢铁产品出口增加，有条件的企业开始尝试走出国门，产业转移随之开始，如工业化后期的欧洲、日本和韩国钢铁企业。完成工业化后，钢铁企业在本国不再扩张，或是转向世界其他地区寻求增长机会，或是巩固本国市场地位。

我国钢铁产业国内区域转移也是如此，呈现了由欠发达区向发达区转移的特点。改革开放以后，我国经济快速发展，东部地区发展更快，成为钢材主要消费地，钢铁生产也汇聚于此。之后，东部地区进入后工业化时期，钢材需求下降。西部大开发、促进中部地区崛起等一系列重大决策的制定和实施，中、西部地区呈现出强劲的发展势头，正处于快速发展的工业化时期的中、西部地区，钢铁消费需求增长，钢铁产业一度呈现出向中、西部地区转移态势。以上海为例，由于上海已经处于工业化后期，钢材消费的高峰已过，2017年粗钢产量占比与1993年相比减少了12.6个百分点。

（二）钢铁产业向消费增长地区转移，且转移速度加快

市场需求是产业形成、发展的最根本的动力，追求市场扩张是扩张性产业转移的最主要的诱因。前述分析表明，二战以来，消费区域对钢铁工业转移之影响愈加突出，其中有两层涵义：一是伴随技术经济条件变化，钢铁企业出现了由原燃料布局导向向消费地导向演进；二是钢铁工业从传统消费国家和地区向新兴消费国家和地区转移。

钢铁企业配置于消费地益处颇多：一是钢材品种、规格众多，大规模运输难度大，且单位运输成本远高于煤炭、铁矿石，钢铁企业消费地导向的转移有利于降低成本；二是接近消费区域有利于及时按照需求调整钢材品种规格，开发钢材品种，与用户建立紧密联系，拓展销售市场；三是在全球范围内配置资源，可以有效地突破国家和地区间的贸易壁垒，快速打入目标市场。

世界钢铁产业中心从英国到美国，再到日本，继之到中国和韩国的国际转移速度逐渐加快。这与后起钢铁强国钢铁产业发展速度加快直接相关，后起钢铁强国的成长期大大缩短。钢铁产业技术转移速度提高，加速了钢铁工业的发展也就加快了钢铁产业的国际转移速度。

（三）政府调控推动钢铁产业转移

钢铁工业是工业化国家经济发展的支柱产业之一，政府调控在钢铁产业发展过程中起着重要的控制力，政府调控的政策可以分为鼓励政策与限制政策。世界各国对环境的要求日趋严格，采取各种措施限制污染物排放，尤其是限制工业污染物排放。在欧美工业发达国家，钢铁产业被归入夕阳产业，其对环境和原料、能源造成的压力，迫使许多国家曾一度限制本国钢铁业的发展，那一时期众多跨国钢铁公司在发展中国家进行直接投资，出现了国际钢铁产业由发达国家向发展中国家大量转移的态势。而新兴经济体国家为了经济体发展，都制定了雄心勃勃的钢铁工业发展政策，如印

度、俄罗斯、巴西、越南等国，鼓励发展和支持本国钢铁产业。

（四）大型钢铁企业是钢铁产业转移的主要载体

大型钢铁企业拥有的优势包括：规模经济、技术优势、市场营销优势、资本优势。凭借其优势，大型钢铁企业在全球范围内配置人资源，有效地突破贸易壁垒，快速地打入目标市场。国际大型钢铁企业都为此制定、实施全球化发展战略，打破被疆界束缚的思维，以新建投资和并购等方式，将企业放在全球大背景下重新定位，充分利用全球的商机和资源，加速企业的成长。

（五）产业转移助推转型升级

我国钢铁工业的产业转移主要是基于以下几点考虑：

一是国家钢铁工业布局调整的需要。过去钢铁工业由于特殊的背景，形成了资源型布局，还有相当部分特钢企业是备战备荒型的布局，随着经济的发展，钢铁工业布局与经济发展、资源环境承载能力的矛盾日益突出。而产业转移正是基于资源、环境、市场需求变化对产业空间布局的调整过程，是产业布局不断优化的过程。

二是产品和工艺结构调整的需要。产品结构调整需要生产装备和工艺流程的更新为支撑，而原来的布局可能无法适应新的改造需求，产业转移后企业可实现落后产能淘汰，品种结构得到优化，装备水平得到升级。

三是竞争力提升的需要。长期以来，我国钢铁工业布局是基于利用国内资源和靠近铁矿原料产地的原则展开的，布局分散且大量钢材需要长距离地运输销往客户，物流成本大大增加，限制了竞争力的提升。目前更注重向具有交通优势和消费市场的地区转移，有利于降低生产成本，提高运营效率。

综合以上来看，产业转移有利于钢铁工业布局调整、产品和技术装备水平升级，以及运营效率提升，对推动产业转型升级有着重要作用。

（六）产业转移方式多样化

钢铁工业转移除了厂址搬迁，还包括资本、技术、劳动力等生产要素的转移。企业通过重组并购把资本、技术、劳动力等生产要素转移出去，主要有以下两种方式：

一是临近建立炼铁基地。上海宝钢、重庆重钢、辽宁鞍钢，本地炼钢资源缺乏，需从外地大量运购，因此在附近地域建立炼铁基地，通过资金与技术转移节省成本。上海宝钢于 20 世纪 70 年代初在南京梅山建立了炼铁基地。重庆钢铁集团与巫山县达成合作协议，把巫山作为重钢的炼铁基地，为重钢每年节省 20 亿元的成本。鞍钢集团于 2006 年 5 月，启动建设营口鲅鱼圈港钢铁项目，该项目地点靠近营口港，拥有 20 万吨级铁矿石码头和华能电厂，发展潜能大。

二是异地投资。发展较成熟的钢铁企业如宝钢、首钢、武钢等，通过投资承担异地钢铁地基项目，利用当地资源，带动区域钢铁企业发展。投资项目主要有：2004 年 11 月宝钢集团投资湛江钢铁基地项目；2005 年 4 月，首钢重组贵州水钢，通过双方资源优势互补实现更大发展；2005 年 5 月，武钢投资广西柳钢以推进防港城项目，把钢铁产业做大做强；2007 年 1 月，宝钢投资新疆八一钢厂重组项目，对八一钢厂老系统进行大规模技术改造，并建设铁矿石生产基地，八一钢厂得以蓬勃发展；2007 年 8 月，武钢并购昆钢，通过沿海异地投资扩建，把钢铁市场拓展向西南及周边地区市场和东盟市场。

（七）"城市钢厂关闭"与"异地建新厂"均是我国钢铁产业转移的表现形式

钢铁工业与城市环境之间有非常密切的关系，一方面钢铁工业作为国家的基础产业（对某些地区是支柱产业）为城市发展提供巨额利税和大量的就业岗位，同时也承担了一定的社会责任，不少大型钢铁企业为所在城市的居民提供燃气和冬季采暖，同时回收处理大量的城市污水、城市中水，另外还吸收消化社会的废钢铁资源。这些措施能够有效地减少城市空气污染，改善城市水环境，同时节约资源，为城市的环境改善提高做出了较大的贡献。另一方面，钢铁工业生产过程中大量的废气（烟粉尘、二氧化硫）、废水（BOD_5、COD_{cr}、石油相关类）、固体废物（冶金废渣、粉煤灰、炉渣、危险废物、尾矿）对城市环境造成较大破坏。

根据典型钢铁企业搬迁案例可以看出，实施产业转移的钢铁企业主要特点一是地处直辖市或省会城市；二是钢厂距离市区较近或在市区，城市环境容量不足；三是钢厂工艺布局不合理因总图限制难以改造，装备水平较低，企业盈利水平不高；四是钢厂与城市发展定位或功能区定位不符合。

"城市钢厂关闭"与"异地建新厂"均是我国钢铁产业转移的表现形式，一定要破除"每关闭一座城市钢厂，就要在城郊或异地再建一所新钢厂"的惯性思维。二者之间并不存在必然的联系。是关闭还是搬迁，要根据钢厂的定位、品种结构，以及新建或迁入地的经营环境而定。

四、产业转移趋势

钢铁工业的资源密集、规模经济等特点决定了其产业转移方向，美国、日本和西欧主要发达国家钢铁工业的国内转移大体都经历了由原材料导向向消费地导向、由内陆布局向沿海沿江布局的过程。

《钢铁工业调整升级规划（2014—2020 年）》在完善钢铁布局调整格局中指出，要统筹考虑市场需求、交通运输、环境容量和资源能源支撑条件，结合化解过剩产能，深化区域布局减量调整。今后我国钢铁工业的产业转移将不再单纯地以布局调整为主，而是将以产业升级为主旋律。

（一）由扩张式转移向退缩式转移转变

2014 年以前，我国钢铁工业呈扩张式转移的特征，1993 年以来我国各主要区域的钢产量呈较快上升的趋势，但增长速度差异较大，2014 年与1993 年相比，华北、西北和华东地区的钢产量增长在 10 倍左右，其他三个地区的增幅在 5 倍左右。2008 年比 1993 年增长最快的是华北地区，增长较慢的是西南和东北地区；而 2014 年与 1993 年相比，增长较快的是华北和西北地区，增长较慢的是东北和西南地区。华北地区的增长一方面是地区资源禀赋和钢铁产业配套的优势，另一方面是该区域所在的京津冀地区经济比较发达，钢材需求量较大也是重要因素；而东北地区钢产量增幅较低主要是计划经济时期国家侧重布局东北，而市场经济以来该地区需求增长缓慢，未能带动钢铁产量大幅增长。表 11-3 为我国钢产量分区域变化表。

表 11-3　我国钢产量分区域变化表　　　　　　　　　单位：万吨，倍

		1993 年	2008 年	2014 年
全国	产量	8 953.9	50 031.2	82 269.8
	比 1993 年增长	—	4.6	8.2
华北	产量	2 150.6	17 267.0	26 806.4
	比 1993 年增长	—	7.0	11.5
东北	产量	1 656.0	5 173.3	8 252.5
	比 1993 年增长	—	2.1	4.0
华东	产量	2 572.2	15 853.6	26 636.8
	比 1993 年增长	—	5.2	9.4
中南	产量	1 430.6	7 293.1	11 673.3
	比 1993 年增长	—	4.1	7.2
西南	产量	863.1	2 974.0	5 269.3
	比 1993 年增长	—	2.4	5.1
西北	产量	272.3	1470.1	3 631.4
	比 1993 年增长	—	4.4	12.3

与 2008 年的数据比较表明，2014 年华北和西北地区是我国钢铁行业投资增幅明显的地区，从全国的角度看，钢铁产业投资比重向这两个地区倾斜，比重分别提高 1.9 和 6.9 个百分点；而中南和东北地区投资比重下降，比重分别减少 2.9 和 2.6 个百分点。从产量比重看，华东和西北地区比重提高较快一些，而华北和中南地区比重下降较快一些。由此分析表明，华东和西北地区是我国近年来钢铁投资和产量均快速增长的区域，而东北地区产量和投资比重均呈下降的趋势。主要原因是华东地区是钢材消费密集的区域，需求量较大刺激了当地投资和产量的增长，而东北地区虽然钢铁基础较好，但需求未能跟上导致投资和产量比重逐步下降。

我国钢铁生产消费进入峰值平台区，今后钢铁工业的产业转移也必然由扩张式转移向退缩式转移转变，表 11-4 表明，2014 年以后我国粗钢产量已呈现出下降趋势。虽然 2017 年统计粗钢产量增长明显，但不得不考虑原来不在统计范围内的"地条钢"被彻底清除后，粗钢产量显示出"虚增"。分区域来看，之前一直被认为是承接我国钢铁产业转移主要地区的中、西部地区产量也呈现出了下降的趋势。

表 11-4　2011 年以来我国分区域粗钢产量增长率

	2011 年	2012 年	2013 年	2014 年	2015 年	2016 年	2017 年
华北地区	12.09%	8.16%	6.88%	-3.01%	-1.20%	1.22%	2.01%
东北地区	3.88%	1.54%	12.91%	3.69%	-8.43%	-4.28%	8.34%
华东地区	7.78%	4.75%	7.41%	11.41%	2.48%	1.65%	-1.38%
中南地区	4.88%	-2.16%	13.07%	11.39%	-0.61%	3.83%	8.14%
西南地区	11.51%	3.93%	9.62%	12.36%	-14.19%	-4.74%	2.04%
西北地区	19.11%	11.57%	9.78%	12.51%	-19.55%	-7.73%	18.86%

2018 年 1 月 1 日起施行的《钢铁行业产能置换实施办法》提出，京津冀、长三角、珠三角等环境敏感区域置换比例要继续执行不低于 1.25∶1 的要求，其他地区由 2015 年规定的等量置换调整为减量置换，今后钢铁行业工业的发展将会进入布局优化、结构调整和转型升级的发展新阶段。

（二）沿海沿江转移更注重提质增效

从世界范围看，钢铁行业的发展趋势是沿海化和集中化。因为沿海发展的成本低、消耗低，环保且节能。降低运输成本是推动沿海钢铁产业发展的一个直接动力。我国是世界上最大的钢铁生产和消费国，钢材生产消费占到了全球的一半，但铁矿石大量依赖进口，对外依存度达 80% 以上。近年来，中国不少钢企逐渐向沿海布局，以期减少物流成本，改变钢企内陆多、沿海沿江较少的布局。如宝钢湛江项目、鞍钢营口鲅鱼圈项目、首钢进驻唐山曹妃甸项目等，推动钢铁产业由内陆向沿海布局；2017 年 3 月，河钢集团宣钢公司整体搬迁乐亭沿海的产能转移项目获得河北省发展和改革委员会批复，项目启动后将带动多家钢企向沿海减量转移。2017 年 5 月，国家发展和改革委员会公布的《2017 年钢铁去产能实施方案》提出"鼓励引导广西柳钢等具备相关条件的企业，抓紧落实要求，适时向沿海地区实施减量搬迁。"

由于现在钢材运进内地比铁矿石等原材料运进内地成本要低，且水运成本明显低于陆运成本，我国河湖资源丰富，特别是黄河和长江，具备较强的航运条件，因此目前中国的钢铁企业大多选择沿海、沿江进行产能新布局。而这是目前钢企产能唯一比较确定的转移路径。不过大规模地兴建沿海沿江产能并不能从根本上解决国内钢铁行业存在的问题，甚至有可能导致重复建设，进一步扩大产能，要转变将钢厂一味转移到沿海建设的思路，不再布局新的沿海转移，而是立足现有沿海基地实施组团发展、提质增效。《钢铁工业调整升级规划（2014—2020年）》明确提出，京津冀及周边地区、长三角地区要在已有沿海沿江布局基础上，着眼减轻区域环境压力，依托优势企业，通过减量重组，优化调整内陆企业，大幅化解过剩钢铁产能。位于河北境内首都经济圈内的重点产钢地区，要立足现有沿海钢铁基地，研究城市钢厂整体退出置换，实现区域内减量发展。东南沿海地区要以调整全国"北重南轻"钢铁布局为着力点，建好一流水平的湛江、防城港等沿海钢铁精品基地。

"城市钢厂环保搬迁"也体现出了钢铁产业沿海沿江转移的趋势。首钢、广钢、杭州钢铁、石家庄钢铁、青岛钢铁、抚顺钢铁、重庆钢铁，以及上文提及的宣钢、柳钢等钢厂，除了重庆钢铁搬往矿源地区，其他搬迁目的地均为沿海或沿江，预计我国临海钢铁厂产能将达2亿吨（含沙钢、永钢、兴澄特钢）。

世界钢铁产业发展的经验表明，钢铁产业布局的基本准则是"资源全球配置、生产贴近市场"，即消费主导型布局，临海型布局也应该是临海消费主导型布局，而不是临海生产主导型布局。此外，钢铁材料附加值相对较低，运输成本在总成本中所占比例较大，品种规格多产生的不同的交货批量、不同的交货品种、不同的交货规格、不同的交货周期、不同的交货方式等交货限制，决定了钢材生产须尽量贴近客户，以便及时满足客户的订单要求。

因此，论证临海型项目的合理性不能只基于进口矿石的角度，更应考虑其所在经济圈未来的产业结构和钢材消费因素，钢铁产业的沿海沿江转移不能再重回单个企业各自扩张的道路。

（三）中、西部转移要与化解过剩产能相结合

《钢铁工业调整升级规划（2014—2020年）》明确提出，内陆地区要以区域市场容量和资源能源支撑为双底限，坚决退出缺乏竞争力的企业，立足现有龙头企业实施整合脱困发展。

我国经济发展东部地区经济发展早于、快于中部，中部又早于、快于

西部地区发展，中、西部地区多数省份经济还不发达，基础设施建、城镇化建设都需要大量的钢材，后发优势明显，但目前也面临着产能过剩问题，按工业和信息化部开展的 2017 年度钢铁行业规范企业动态管理工作情况统计，西南、西北地区产能利用率仅 54%，远低于全国平均水平。对于中、西部地区要依托区域内相对优势企业，实施区域整合，减少企业数量，压减过剩钢铁产能。

（四）国际转移成为钢铁工业转型升级的重要手段

从二战结束至今，国际钢铁产业转移成为世界钢铁工业发展的一个显著现象，具有一定的规律可寻。无论从钢铁产业自身、市场需求、钢铁技术，还是钢铁业跨国公司来看，可以大致地描绘出钢铁产业国际转移的路线，即：美国、日本等发达国家完成工业化进程后，钢铁产能出现过剩，开始往一些发展中国家和地区（如韩国、中国）转移，随着接受产业转移的发展中国家和地区的工业化进程，钢铁工业再次转移到其他发展中国家和地区，由此形成了连绵的国际钢铁工业转移浪潮。

我国早已是全球最大的钢铁生产国，钢铁产业国际产能转移是必然趋势，随着国内钢铁消费进入峰值平台区，产能过剩矛盾将长期存在，加上我国铁矿石对外依存度高、产品出口摩擦加剧等问题，国际产业转移成为我国钢铁工业实现转型升级发展的重要手段。经过多年的发展，我国钢铁工业技术装备水平基本达到世界先进水平，也在收购海外资源、开拓海外市场等方面积累了宝贵的经验，在工艺设备设计、制造、安装以及生产管理等方面，都具备国际产业转移的条件和优势。

一是我国建成了全球最完整的钢铁产业体系。围绕钢铁工业配套发展的工程设计、冶金装备制造、施工服务、钢材贸易等领域实力雄厚；上游产业如煤炭、电力等资源能源相对较丰富，下游如建筑、汽车、机械等产业较发达；为钢铁产业提供研发、咨询、人才培养的院所、机构一应俱全；还拥有中国宝武、河钢集团、沙钢集团等世界一流钢铁企业集团。

二是我国拥有全球最先进的生产工艺装备。当前，国内钢铁生产工艺装备基本实现了"六化"发展，即大型化、自动化、连续化、绿色化、系统化、精密化，一大批先进的工艺装备技术、节能环保技术、自动控制技术得以应用，全国一半以上生产工艺装备达到国际先进水平。

三是下游行业的全球化布局为钢铁产业国际转移创造有利条件。我国对外直接投资流量从 2002 年的 27 亿美元快速增长至 2016 年的 1 961.1 亿美元，也在采矿业、制造业等行业积累了一定的投资金额，有利于我国钢铁工业借船出海走出去，为国际产业转移带来机遇。

走向全球市场、获得全球竞争力是获得更大发展机会、享受更多发展成果的重要机会，也是保持、提升国内外市场持续竞争力的重要途径，既可以在世界范围内建立起自己的客户群体和资源配置体系，也可在深入参与国际竞争的过程中弥补与世界先进钢铁企业在管理理念、经营机制、商业模式等方面的差距，有效提升软实力。

国际产业转移是世界各国相互联系、互相影响的重要纽带，发达国家均通过产业转移调整产业结构，实现全球战略目标。通过国际产业转移形成竞争新优势、拓展发展空间，是我国钢铁工业在峰值平台区发展阶段实现转型升级的重要途径。

（五）产业链转移提升钢铁附加值

简单地将工厂从一个地区搬迁到另一个地区的思路，今后恐怕将难以为继，我国钢铁产业国际转移之所以进展缓慢、效果不够理想，主要原因就是没有形成产业链的完整转移，产业链整体转移将成为我国产业转移的未来趋势。

从世界主要产钢国家发展钢铁工业的历史来看，大型钢铁工业基地的建成都会带动形成不同规模的综合性工业基地，美国的五大湖工业区、德国的鲁尔工业区，以及日本鹿岛都在不同时期先后经历了以钢铁工业基地为基础建设综合性工业基地的过程。我国中、西部地区具有广阔的市场空间和丰富的煤电水资源，引导其他地区过剩产能减量向中、西部转移，并在此基础上带动工业综合增长和经济发展水平的全面提升，应成为我国钢铁工业国内转移的主要趋势。

从国际产业转移来看，也应该是产业链的跨国转移。以我国对日本钢材的进口为例，2017 年 1—11 月我国共进口日本钢材 509.9 万吨，其中涉及造船、马口铁及日资钢材加工企业等的钢材 279 万吨，占进口日本钢材的 54.7%。此外，日本在中国的制作企业与大型钢铁公司共同制定技术标准，以此来排除其他竞争者。日本的钢铁企业做到了钢铁跟着制造业走，实现了产业链的跨国转移，既保证了钢铁贸易的稳定，也提升了钢材的出口价值。

此外，"一带一路"建设将加快我国与周边国家的产业园合作，如哈萨克斯坦的石油天然气经济区、巴基斯坦的鲁巴家电经济区等，依托产业园的钢铁需求，特别是用钢制造业的需求设立配套延伸加工厂也是目前我国钢铁产业国际转移的主要途径。

（六）"一带一路"建设为我国钢铁产业国际产能合作带来机遇

"一带一路"建设为我国钢铁产业国际产能合作带来机遇，首钢、宝钢、鞍钢、武钢、山钢、河钢、华菱集团、青山集团等以不同方式开展了海外矿产资源开发、投资建厂、并购重组等合作，取得了不错的效果。河钢集团成功收购塞尔维亚斯梅代雷沃钢厂，不到半年一举扭转连续 7 年亏损局面，百年老厂重焕生机；广西北部湾国际港务集团有限公司、广西盛隆冶金有限公司共同出资马中关丹产业园 350 万吨综合钢厂项目顺利开工建设；青山集团印尼中苏拉威西省青山工业园区一期镍铁冶炼项目建成，二、三期不锈钢生产项目加速推进，不锈钢坯和热轧能力可达 200 万吨；宝钢在泰国组建宝力钢管（泰国）有限公司，无缝钢管年产能达到 20 万吨；武钢收购蒂森克虏伯旗下激光拼焊集团；马钢成功收购了世界高铁轮轴名企法国瓦顿公司等。从区域分布来看，我国海外投资钢铁项目主要集中在新兴经济发展国家，如马来西亚、印度、印尼、泰国、老挝等新兴经济体国家。

第四篇

模式创新篇

第十二章
中新天津生态城产业
转移合作示范园区

一、园区基本概况

中新天津生态城位于天津滨海新区范围内，规划面积约 44.5 平方千米（包括滨海—中关村科技园 10.3 平方千米），是滨海新区重要的配套服务功能区和独特的亮点。2016 年，生态城完成地区生产总值 176.5 亿元，实现主营业务收入 729.8 亿元，完成全社会固定资产投资 324.4 亿元；全年新增注册企业 1 285 家，累计注册企业近 4 700 家，接近一半企业来自首都产业转移合作，具备了进一步深化产业转移合作的良好基础，也探索形成了若干可复制、可推广的产业转移合作与城市建设发展经验。

2007 年 11 月，中新两国总理共同签署《中华人民共和国政府与新加坡共和国政府关于在中华人民共和国建设一个生态城的框架协议》，国家建设部与新加坡国家发展部签订《中华人民共和国政府与新加坡共和国政府关于在中华人民共和国建设一个生态城的框架协议的补充协议》，标志着中新天津生态城诞生，选址滨海新区。2008 年 1 月，中新天津生态城管理委员会成立;同年 9 月,生态城奠基,拉开了开发建设的序幕。2013 年 5 月,习近平总书记视察生态城。2014 年,生态城经国务院批复,成为我国首个绿色发展示范区。2016 年底,生态城基本完成起步区建设,约 15 平方千米建成区内基础设施和环境治理全部完成。

2016 年 9 月,京津两市政府签订《北京市人民政府天津市人民政府加快建设天津滨海—中关村科技园合作协议》,中关村管委会和滨海新区政府签订《中关村科技园区管理委员会　天津市滨海新区人民政府共建天津滨海—中关村科技园协议》,选址天津滨海新区共建滨海—中关村科技园,规划面积约 10.3 平方千米。同年 11 月,天津滨海—中关村科技园管委会正式揭牌,由滨海新区政府直接管理。截至目前,已建成办公区域 65 万平方米,同步配套教育、医疗、生活等公共服务设施,新增注册企业达到 200家。2017 年 8 月,考虑地域相邻、产业相近等条件,滨海新区将滨海—中关村科技园划归天津中新生态城管理,中新天津生态城主要负责领导担任科技园执行主任。

二、产业转移合作工作开展情况

近年来,中新天津生态城探索出"合作共建园区、市场化运作管理、利益共享共赢"的产业转移合作模式,形成了"多层次协作、多领域协同"的合作局面,打造了"共建基础平台—产业转移合作—引进优质服务"的"三步走"产业转移合作链条。在合作模式方面,与新加坡、中关村科技园分别合作共建了中新天津生态城和滨海-中关村科技园,推进产业园区市场化运作管理先行先试,持续探索利益共享、风险共担合作机制。在多层次协作方面,形成了中新跨国协作、京津冀跨区域协作和政企跨界协作融合的格局;在多领域协同方面,形成了体制机制、产业发展、科技创新、产城融合多领域协同共进的局面。当前,生态城不断延展"三步走"产业转移合作链条,实现从引进、集聚向协同发展、协同创新的升级。

（一）中新跨国合作，深入探索可持续园区发展典范

中新天津生态城是中国与新加坡两国政府战略性合作的旗舰项目，借鉴新加坡城市发展理念和建设模式，基本建成了社会和谐、环境友好、资源节约的生态园区。新时期，中新合作进入发展新阶段，两国高层决定以生态城为平台，拓展合作领域，共同探索国际产业合作和园区绿色产业发展。园区立足生态优势，突破依靠土地、政策、资金投入吸引产业转移的传统模式，探索以优质的园区发展环境吸引高端产业转移，以国际化平台开展高层次、高水平产业合作的新模式，力争为其他生态园区产业转移合作提供示范。

专栏 12-1　中新天津生态城联合协调理事会第 9 次会议

2017 年 2 月，主题为"拓展合作领域，提升质量水平，打造中新合作旗舰项目"的中新天津生态城联合协调理事会第 9 次会议召开。国务院副总理张高丽在会上指出，生态城应继续大胆探索，不断丰富合作领域和内容，积极培育主导产业和特色产业。新加坡副总理张志贤指出，中新双方应围绕生态城深化合作、分享经验，推动生态城产业发展与绿色发展、可持续发展相适应，打造可持续发展的典范。天津市市长王东峰表示，中新天津生态城是中新两国合作建设的旗舰项目，在产业发展、城市建设、生态环境、科技创新和中新合作等领域取得新成效，实现了两国政府确定的阶段性目标，未来应主动融入京津冀协同发展和"一带一路"建设，在绿色产业发展、生态环境保护、规划和功能完善、体制机制创新等方面持续发力。

合作方式与合作机制：为更好推进生态城建设，双方成立了副总理级的"中新联合协调理事会"和部长级的"中新联合工作委员会"。中新联合工作委员会负责就生态城发展目标与要求、具体指标、合作方式等进行协商，向联合协调理事会报告工作，中方主席单位为住房和城乡建设部，成

员单位包括国务院办公厅、外交部、发展和改革委员会、商务部、科学技术部等；新方主席单位为新加坡国家发展部，成员单位包括贸工部、环境及水源部、国际企业发展局等。

在此基础上，中方成立中新联合工作委员会中方办公室，由住建部规划司、天津市规划局、天津生态城管委会三方有关领导组成。新方成立新加坡国家发展部天津生态城办事处，是新加坡国家发展部专为天津生态城项目增设的司局级部门，负责天津生态城项目的协调推动。天津生态城管委会代表天津市政府统一行使相关职能，协调推动天津生态城开发建设。

建设管理模式与建设内容：中新两国合作建设资源节约型、环境友好型、社会和谐型的城市，要突出资源节约型和环境友好型，要符合中国有关法律法规和国家政策要求，要有利于增强自主创新能力。按照"政企分开、市场化运作"原则，在政府层面，中方以天津生态城管委会为主体，行使社会服务、公共管理等职能，协调推动生态城开发建设；新方以新加坡国家发展部天津生态城办事处为平台，协调推进重点合作项目，开展生态城国际推介、项目招商等产业转移合作对接工作；生态城管委会与新方办事处联合成立了规划、环境、招商、社会、水务、科技、宣传等11个工作组，建立常态化对接沟通机制，共同推进相关工作。

企业层面，中方由天津市联合国有资本成立中方投资联合体，新方由新加坡资本集团牵头成立新方投资联合体，双方联合成立合资公司，合资公司负责生态城的住宅和商业设施开发及部分基础设施建设，中方投资联合体主要承担基础设施和公共设施的投资、建设、运营、维护，中方与新方平等享有合资公司权益。

专栏 12-2　中新天津生态城建设运营利益均衡分配机制和土地市场运作机制

中新投资联合体各持合资公司50%股份，平等享有合资公司权益，公司高层领导按照1:1比例配备，董事长和总经理由中新双方轮流担任。

天津生态城管委会将全部可开发土地出让给中方投资联合体，中方联合体根据合同约定，以土地使用权出资的方式将净地分步骤注入合资公司，新方联合体以货币出资方式根据土地价值将相应资金注入合资公司。由此，生态城土地全部最终权属将归入合资公司掌控，合资公司可采取自主开发、合作开发及转让给第三方开发，政府不掌控可开发土地资源。

（二）京津跨区域协同，打造京津冀产业协同发展新亮点

围绕加快推进京津冀产业协同发展、强化京津双城联动的要求，在北京市及中关村科技园、天津市及滨海新区的支持下，中新天津生态城立足园区优质发展环境，以吸引生态集约型、知识密集型、技术密集型产业为导向，突破京津冀地区创新要素流动不畅的瓶颈，与中关村科技园共同探索建立适应跨区域产业合作与协同创新的体制机制，协同推进两地产业链、创新链、服务链、政策链对接融合，构建跨区域的产业发展生态。生态城及滨海—中关村产业园正在搭建北京科技创新中心和天津战略性新兴产业创新成果转化基地的对接融合平台，积极探索合作共赢的产业协同发展模式，打造京津冀产业协同发展新亮点。

合作方式与合作机制：基于"创新引领、市场主导、政府推动、互利共赢"的合作原则，京津两市共建滨海—中关村科技园。根据两市政府、中关村管委会和滨海新区政府建设天津滨海—中关村科技园相关协议，两市合作设立天津滨海—中关村科技园领导小组，两市常务副市长任组长，相关部门及滨海新区政府、中关村管委会主要领导为成员，领导小组对滨海—中关村科技园合作建设和创新发展中的重大战略和关键事项进行协商、研究和决策，积极争取国家的支持和指导。中关村管委会和滨海新区政府作为滨海—中关村科技园合作主体。在京津冀协同发展基金之下另设滨海—中关村科技园发展基金，采用市场化原则，用于产业对接、园区建设投资和服务平台建设。

建设管理模式与建设内容：天津滨海—中关村科技园借鉴中关村科技园发展建设模式，营造跨区域的产业发展生态，优化创新创业服务体系，聚集全球产业资源，鼓励在京企业、高校和科研机构、高端人才、科技金

融、创新创业服务机构到滨海—中关村科技园发展、跨区投资或业务延伸，逐步形成京津冀有影响力的产业协同发展共同体和高技术创新创业社区。两市率先推进滨海—中关村科技园管理发展模式创新，由中关村管委会和滨海新区政府联合设立管委会，管委会设双主任，分别由中关村管委会和滨海新区政府主要领导担任；设执行主任一名，由中新天津生态城主要领导担任。滨海新区赋予滨海—中关村科技园最大化的园区管理自主权。

同时，中新天津生态城以滨海—中关村科技园为平台，开展跨区域利益共享机制创新，探索滨海—中关村科技园所形成的地方性税收按照《京津冀协同发展产业转移对接企业税收收入分享办法》（财预〔2015〕92号）有关规定在区域间划拨，科技园形成的国内生产总值按国家有关规定协商跨区域分计核算。对园区内企业新增税收新区地方留成部分，五年内全部返还园区，用于其自身建设和发展，可采用划拨滨海—中关村科技园发展基金的方式。

专栏 12-3　滨海—中关村科技园建设内容

一是在京津两市支持下，推动中关村和滨海新区若干先行先试政策在园区交叉覆盖，并出台新政策，争取国家创新政策支持；二是共同开展转移合作产业的规划研究编制，统筹产业定位和布局，中关村科技园组织与生态城产业导向相适应的北京产业资源、创新资源与园区对接；三是引导北京创业服务机构向生态城延伸，输出创业服务；四是依托京津两地高校院所及开放实验室等科技创新资源，对生态城企业开放共享，鼓励生态城企业与中关村创新资源开展多种形式的协同创新，支持生态城企业在京设立研发中心和孵化器等；五是完善跨区域的风险投资、科技信贷、融资租赁、科技保险等科技金融服务体系；六是以产业配套服务为支撑，引入国内外高校院所、科技机构、新型产业组织，打造完备的科研及商业、生活配套服务功能。

（三）政企跨界协作，搭建市场化专业化产业园区服务体系

中新天津生态城及滨海—中关村科技园坚持市场导向，与多家社会资本积极合作，探索园区土地开发—设施建设—运营服务的全周期合作模式。依托国有资本和国际资本共建商业联合体，采用市场化手段开发园区，完善各类基础设施配套；自主建设、联合建设、委托建设等多种形式并用，引导社会资本投入产业载体和产业配套建设；与具备产业资源和管理经验的产业园区运营商合作，在产业招商、创业服务、园区运维等领域全面探索采用市场化、专业化、高水平园区运营管理服务，基本形成了园区管理机构与园区开发商、园区运营商全面合作又相对独立、相互支撑的共赢局面，为产业资源引进落地、创业成长、发展壮大提供有力保障。

合作方式与合作机制：中新天津生态城明确政府和园区开发平台分工，围绕"市场导向、充分开放"的合作原则，在中新两国合作框架协议下，以中新联合商业体为主体，采用灵活的自主开发运营、合作开发运营、转让第三方开发运营相结合的方式，吸引国内外多元投资主体和相关机构参与园区土地开发及商业、产业、配套设施建设运营，先后引进了新加坡吉宝置业、中关村发展集团及其他建设运营商。同时，在中关村管委会和滨海新区政府合作框架下，探索共建专业化产业园区运营服务机构，服务范围覆盖产业载体建设、产业载体运营、产业招商、创业辅导、产业投资基金托管、园区政策咨询等。

建设管理模式与建设内容：中新天津生态城以中新联合商业体为主体，联合国内外资本和产业园区运营管理机构、创业服务机构等，全面参与生态城土地开发、基础设施建设运营、公共设施建设运营、环境治理工程、住宅和商业设施开发、产业载体和产业配套建设、产业载体运营管理，以及产业招商、创业服务、科技金融服务、科技咨询、园区宣传推介等。多方利益主体的参与和竞争激发了市场活力，有效保障了园区开发建设周期的缩短，提升了开发建设和运营服务效率，实现了"以服务促发展"，为高水平产业转移合作提供了支撑。

三、产业发展及转移成效

中新天津生态城立足天津市及滨海新区全国制造研发重点区域和改革开放先行区的战略定位，发挥中新跨国合作平台和滨海—中关村科技园的优势，面向国内国际两个市场开展了卓有成效的产业转移合作，持续探索有利于产业转移合作的体制机制创新，吸引了一大批优质产业项目，汇聚了大量高端产业发展要素，链接了一大批创业孵化、科技金融等创新服务资源。

截至 2016 年底，生态城累计承接新加坡转移合作企业超过 60 家、北京转移合作企业超过 2 200 家，累计吸引外资近 20 亿美元。生态城通过转移合作实现了科技服务的从零到有，与新加坡、北京等地企业和科研机构、科技服务机构共建科技孵化器/众创空间 4 家，吸引天使投资、风险投资与其他科技金融机构超过百家，累计引进省部级领军人才、创新人才过百人。在产业资源、创新资源加速转移合作推动下，生态城立足自身绿色发展优势，瞄准新加坡、北京及其他地区优势产业，重点承接发展信息服务产业与节能环保产业，打造了知识密集型的产业集群。

（一）转移合作类产业持续壮大升级

中新天津生态城通过产业转移合作，实现了产业从无到有、从有到优的升级，积极对接国内外产业资源高地尤其是首都优势产业资源，依托平台型企业、科技型企业、创业小微企业和大企业分支机构的全面引进，生态城信息服务和节能环保两大主导产业蓬勃发展，初步形成了研发创新与应用创新融合、产品服务与商业模式融合、软件与硬件融合的跨区域"产品+模式+生态"的产业发展生态，产业规模持续壮大，综合竞争力大幅提升，成为京津冀产业转移合作亮点。2016 年，生态城转移合作类产业收入接近 676 亿元，占园区产业总收入的 92.5%。

信息服务产业增长点持续引进落地，实现爆发式增长。生态城重点依托北京产业资源，先后推动软件与服务外包、电子商务、数字创意、社交网络等信息服务产业新兴领域转移，产业落地后迅速发展壮大，获批天津市软件与信息服务业新型工业化产业示范基地，2016 年，产业实现总收入 500 亿元，同比增长超过 83.9%，新增企业接近 1 000 家。

——电子商务：美团网、聚美优品等大企业加快转移合作，其区域性总部相继落户；顺应京津产业一体趋势，好乐买、蜜芽宝贝等新兴电商将发展重心转移至生态城，十余家电商企业初步形成了电子商务产业集群。

——文化创意众多视影文化平台型企业相继入驻，吸引全国数字文娱百强企业中的 20 家落户生态城；通过大企业创新业务转移合作、资本运作项目转移等形式，引进占据中国 7% 以上的在线阅读与数字出版份额的盛大文学旗下原创文学网站潇湘书院、榕树下，以及中国领先的数字期刊出版发行平台悦读网和国内规模最大的有声读物研发平台天方听书网；卡通先生、优扬动漫、引力传媒等北京创业、生态城转化项目的动画作品多次荣获国内外动漫节优秀奖项，基本形成了覆盖数字技术开发、数字内容制作、数字出版发行、衍生品授权、广告传媒等领域的数字创意产业生态。

——社交网络：陌陌、掌视亿通等互联网企业相继将社交游戏、社交直播等新兴业态向生态城转移，不断探索商业模式创新，有望形成新增长点。

——系统集成：以北京跨区域成果转移项目为重点，深之蓝水下智能科技、致导科技无人机、威努特工控安全技术等科技型中小企业分别代表了国内水下机器人、无人机和智能制造流水线等领域行业应用解决方案的最高水平；嵌入式系统、集成电路设计等高端业态加快由北京向生态城转移。

节能环保产业发展内涵不断丰富，实现突破式发展。依托中新国际合作，生态城绿色低碳技术、可持续发展模式世界领先，节能环保相关产业由单一工程服务向工程设计、技术咨询、工程服务、运营管理服务全链条延伸，中新绿色建筑示范基地、中国生态城市研究院等 11 个重点合作项目入选"中新合作三年行动计划"，产业竞争力和服务质量达到国际先进水平，2016 年，产业实现总收入 175.1 亿元，同比增长 69%。

——绿色建筑：绿色建筑研究院是全国首家以全过程绿色建筑评价、研究、咨询为核心的专业机构，全国十佳绿色建筑设计机构排名第七；环科检测技术公司是天津市环境保护科学研究院跨区域转移项目，是京津冀地区领先的低碳建筑检测、设计企业。

——节能与环保服务：生态城能源投资公司、生态城水务投资公司等中新跨国合作企业依托生态城平台，实现了能源、水务基础设施工程服务到运营服务到技术咨询、工程设计的创新升级，其循环水厂、智能电网、分布式供冷供热系统等设计水平世界领先；恩华特公司是生态城国际产业合作重点项目，是世界封闭式垃圾自动收集系统发明者恩华特集团延伸项目，其城市固体废弃物回收处理系统回收效率、单位能耗等指标世界领先。

（二）跨区域创新创业生态加速形成

生态城把握京津冀产业协同发展、京津产业联动趋势，明确产业价值分工，明晰中关村科技研发、创新服务和生态城成果转化、应用创新的产业转移合作定位，引进中关村科技园等地产业服务，深化区域开放协同和创新合作转移，初步形成了极具发展活力的跨区域创新创业生态。

与一批国际创新创业资源建立合作关系。美国阿卡迪亚创投、PreShares 国际孵化器及日本创芯创投跨境加速器等国际科技服务机构与生态城达成合作意向，拓展了生态城产业合作国际视野，瞄准全球产业新项目。

一批合作共建的高水平创新平台加快落户生态城。文化部与天津市及生态城共建国家动漫公共技术服务平台，动作捕捉、动画渲染系统全国领先。推动北京技术创新资源向生态城延伸，中国建筑材料检验认证中心天津分中心、国家超级计算天津中心等相继落户。清华大学与生态城共建清华大学天津电子信息研究院，引入清华大学天津电子信息清研创业投资基金。与北京市工业大数据创新中心合作共建的天津市工业大数据创新中心、与中航集团共建的工业级无人机检测中心、与北航跨合作的无人机自组网实验室等创新平台加速生态城产业与科技融合。

一批国内外优秀的创新创业服务机构加速向生态城聚集。中国专利保护协会、北京联合工坊、携创科技、以太资本等双创服务机构向生态城延伸服务，设立分支机构。启迪之星、高维创业岛先后在生态城成立众创空间，嫁接高水平创业服务，均获批国家级众创空间。新加坡吉宝集团、中关村发展集团先后派驻专业团队，为中新国际企业孵化器和其他专业孵化器提供运营管理服务。中关村发展集团下属企业累计为生态城开展招商对接、园区推介活动 20 余场，推动约 400 个产业项目向生态城转移。

（三）产业集群集约发展水平不断提升

产业集群保持生态集约化发展。中新天津生态城是国家绿色发展示范区，中新合作协议中也明确提出要发展绿色产业，保证产业发展与城市绿色发展、和谐发展和可持续发展相融合，截至目前，产业转移合作产业保持零污染，全部骨干企业达到清洁生产水平。新建产业载体强制执行高于国家标准的绿色建筑设计评价标准体系，已建成全国低碳绿色产业载体最密集区域。生态城节约集约发展知识密集型产业，建立节能专项基金支持企业节能降耗，大力开发可再生资源，系统化布局分布式能源站，建成了我国唯一的城市智能电网综合示范工程。按照生态城市产业用地规模分批供地，已落户产业项目单位土地面积产出率高于国内同类园区。

集群发展质量持续提升。生态城基本形成了区域—产业—企业三级品牌体系，区域品牌层面，打造中国乃至全世界生态城市建设和可持续发展的典范；产业品牌层面，以信息技术服务为代表的产业转移合作成为京津冀产业协同的亮点；企业品牌层面，汇聚了阿里影业、聚美优品、陌陌等知名品牌，园区影响力不断提升。生态城最大力度保障安全生产，安全投入支出根据实际需要随时列支，并全面启动安全生产质量标准化建设工作，近五年无安全生产事故。园区打造智慧城市，园区数据库、公共云平台等服务设施先后上线，基本实现建成区室内 WiFi 全覆盖，企业信息化普及率为 100%。

园区各类配套设施趋于完善。内部绿色公交体系不断完善，新设、补设公交站点和路线，微循环公交实现建成区全覆盖，骨干路网渐次向外围地区延伸。途经生态城的轨道交通 Z4 线路一期工程已经启动，将彻底打通生态城—天津中心城区—北京的产业转移合作走廊。社区综合配套服务逐步健全，持续优化社区服务中心布局，升级拓展便民服务和公共事项配置。打造 15 分钟生活圈，社区各级学校、医疗站分配合理，基本建成和谐社区。

第十三章
贵州独山经济开发区产业转移合作示范园区

一、园区基本概况

　　贵州独山经济开发区筹建于 2010 年 10 月，2012 年 1 月获贵州省人民政府批准设立为省级经济开发区。2013 年 2 月，按照县委、县政府的要求，创新"区镇合一"运行机制。根据独山县人民政府《关于实行"飞地经济"政策的实施办法（试行）的通知》等文件和会议安排部署，通过五年来的努力，逐步形成"一区三园二港"的大贵州独山经济开发区发展格局（独山经济开发区、高新产业园、麻尾工业园、基长新区产业园、B 型保税物流港、独山港）。开发区总规划面积 12 772 公顷，已开发面积 4 386.5 公顷，主要以新型材料、装备制造、电子信息为主导产业，积极培育现代商贸物流、纺织服装、生产性服务业等特色优势产业的产业格局基本成型。独山经济开发区包含总部经济区、科技园、电子信息产业园、生物医药产业园、南方科技产业园、轴承产业园、番山工业园、麻尾工业园、基长新区产业园等；发展了晶科光电、标准电机、金利达、创建玻璃、ITO 靶材、力顺机械、丰达轴承等一批新兴企业。

"十二五"期间，贵州首个县级公用保税仓在独山经济开发区封关营运；贵州独山经济开发区获批为国家小型微型企业创业创新示范基地、省级"区校企合作"实训基地、省级南部保税商贸物流集聚区、省级综合外贸转型升级示范基地；独山保税物流中心列入"贵州省'十三五'保税物流中心（B）型布局规划（2014—2020）"，并获贵州省人民政府批准建设。

2016年，全区完成工业总产值156.35亿元，完成税收6.5亿元，期末就业人数14 810人，新增入园项目42个，新增投产企业25个，新增入规企业10个，完成投资77.32亿元；累计招商引资签约资金65.40亿元，到位资金44.96亿元，签约项目履约率达100%，资金到位率达68.75%，项目开工率100%，项目投产率59.52%；累计建成标准厂房27.64万平方米，入驻率达100.00%。

二、产业转移合作工作开展情况

（一）产业合作总体情况

开发区自成立以来，积极推行"园中园"模式，打造各类产业园区，轴承产业园、番山工业园、电子信息产业园、现代商贸物流园、麻尾冶金工业园等相继形成，产业集群效应不断凸显。以"新型材料产业、装备制造产业、电子信息产业"为主导发展产业，不断推进产业发展。逐步形成蓝宝石、砷化镓、ITO纳米材料等新型材料产业，农业机械、标准电机、创建玻璃、精密轴枝、丰达轴承等装备制造产业，保税物流中心、中西医药物流园、黔桂义乌商贸城、汽车建材城、湘企商都等商贸物流产业，电子元器件、航空耳机、智能终端等电子信息产业，德智科技、塑料饰品、康瑞玩具等纺织服装产业，商务中心、创客中心、邻里中心、瑞进大厦、剑桥皇家、建恒山水豪庭、碧贵城等生产服务产业。

（二）园区产业合作模式

园区经过多年的实践和探索，逐渐摸索出了以下几种不同的产业合作模式。一是采取区域合作模式：与广州市番禺区共建番山工业园，目前入驻企业16家；与广州市黄埔区共建基长新区产业园，目前入驻企业5家；

与宁波市共建轴承产业园，目前入驻企业达 36 家。二是采取协会商会引领合作模式：与湖南商会共建湘企商都（在建）；与江西商会共建西南汽车建材城，目前入驻企业达 30 余家；与重庆商会共建康乾建材城（在建）。三是采取 PPP 模式，建设独山电子工业园，已签约准入驻企业 19 家。四是采取融资代建方式建设生物医药产业园、南方节能科技园、拉林高科产业园。五是采取股份合作模式，入股贵州晶科光电有限公司 3 000 万元，实行股份制经营；入股贵州力顺机械有限公司 3 000 万元，实行股份制经营。六是采取借资扶持中小企业，借资 200 万元扶持鼎泰轴承，借资 300 万元扶持瑞欣轴承。七是采取补助搬迁企业：补助企业厂房装修、机械设备搬迁费用并免租厂房租金。截至 2016 年 12 月，园区转移合作投产企业 171 家，实现年工业总产值 110.76 亿元。

（三）园区运营管理模式

1. 园区运营模式

园区运用了"园区+资本"的运营理念，打造"产、城、景"一体化的产业园区，创新资本金入股、租金折股等多元化投资融资模式。一是搭建平台。通过搭建国家级、省级科技创新平台，以独山大学城为依托，与省内众多高校及科研院所建立战略合作关系，充分发挥产学研融合优势，促进科技创新成果向现实生产力转化。二是嫁接资本。通过组建独山经济开发区投资开发有限公司、贵州独山瑞进实业有限公司、贵州独山昕诚实业有限公司、贵州独山中益投资实业有限公司、独山县通达投资有限公司五家国有企业，为园区发展提供资金支持，破除制约园区发展的资金瓶颈。

2. 园区管理模式

2013 年 2 月，按照独山县委、县政府的要求，独山经济开发区实行"区镇合一"运行管理机制，园区下属"一办六局四中心"，即党政办公室、经济发展局、规划建设局、财政审计局、招商引资局、综治与安全生产管理局、社会事务局，以及独山县保税物流服务中心、贵州独山麻万农村工作局、麻万镇政务服务中心、麻万镇三里社区服务中心。

根据独山县人民政府《关于实行"飞地经济"政策的实施办法（试行）的通知》《独山县人民政府常务委员会会议纪要》和《中共独山县委常委办

公会议纪要》文件精神安排部署，通过五年来的努力，逐步形成"一区三园二港"的大贵州独山经济开发区发展格局（独山经济开发区、高新产业园、麻尾工业园、基长新区产业园、B 型保税物流港、独山港），各子园区由县委派驻党工委，组建管委会领导班子，管理园区经济社会发展各项工作。

三、产业发展及转移成效

园区坚持以科学发展观为指导，以国家加快培育发展战略性新兴产业和实施西部大开发战略为契机，按照贵州省委、省政府"加速发展、加快转型、推动跨越"和实施工业强省战略的总体要求，遵循走科学发展路线、建设生态文明城市的基本路径，坚守发展和生态红线意识，以发展装备制造、电子信息、新能源新材料为主导产业，以完善上下游产业配套为支撑，以重大项目为突破，着力加快基础设施建设，提升园区承接转移产业的能力；着力优化产业集聚区空间布局，提高产业集聚和辐射带动能力；着力推进特色产业链形成和产业升级，转变经济发展方式；着力提高自主创新能力，加快工业化和信息化融合步伐。

（一）园区承接产业转移总体情况

园区坚持规划引领，以促进地区经济和社会发展为中心，以保护和合理利用区域资源、提高使用效率、遏制生态恶化、改善环境质量为基本遵循，坚持科学发展理念，按照产城一体、功能齐全、环境优美、宜居宜业的总原则，充分发挥区位、产业、创新资源的优势，做大做强新型材料、装备制造、电子信息三大主导产业，积极配套发展现代服务业，力争打造成区域经济发展新的增长极。总投资 2.5 亿元的独山晶科光电信息材料有限公司蓝宝石衬底晶片和晶体生产项目、总投资 2 亿元的智能终端项目、总投资 2 亿元的贵州标准电机有限公司等一批大型公司相继落户，为三大主导产业的发展起到了龙头引领作用。同时，园区积极与香港企业合作，以完善的基础设施、优惠的投资政策、优良的投资服务、低廉的投资成本，为香港和珠三角企业提供转移、发展、升级的完善平台。共同建设香港产业园，使之成为配套完善、产业集群发展、企业自主创新、生态环境良好的现代化、国际化、创新型、生态型的工业园区，成为香港及珠三角产业转移、拓展升级的重要承接基地。

（二）园区合作发展取得的主要成绩

园区自成立以来，围绕"一切服务于项目建设、一切服从于项目投产"的工作要求，严格实行领导包抓责任制，不断完善部门联动、跟踪服务、全程代办等服务机制，为项目建设提供零距离保姆式全程服务，力促项目尽快落地生根，开花结果。

1. 装备制造业

（1）贵州标准电机有限公司。由香港建溢集团投资3亿元建设，主要生产直流微型马达、交流AC马达，该企业生产的马达在全世界排名第三、在国内排名第一。产品广泛应用于汽车、家电、玩具、文仪等行业，并进入欧洲、美洲、亚洲市场，与佳能、飞利浦、孩之宝、美泰、博郎、富士电机、伟创力、SEB等多家大企业建立了长期合作关系。项目全部建成后，拥有生产线80条，月产微型马达3 000万台，年产值3亿元，解决就业3 000人。目前35条生产线投入生产，用工1 500人。2016年实际产值达1.5亿元，全年出口总额为557万美元。

（2）贵州力顺机械有限公司。由广西钦州力顺机械有限公司投资5.89亿元建设，主要生产农用运输机械、农副产品加工机械、耕整机械、种植机械、收获机械等产品，产品注册"钦机"商标。产品主要销往华东、华南、西南各省区及出口越南、印度尼西亚、马来西亚等东南亚国家。达产后实现年产多功能拖拉机2万台、盘式拖拉机1万台、耕整机2万台、碾米机5万台、粉碎机5万台。解决就业2 000人，实现税收3 000万元。

（3）华西欧金属制品有限公司：由返乡青年郭高邦投资创建，项目总投资2 000万元，项目用地6667平方米（10亩），主要生产高、中档铝合金房门、各种非标大门、推拉门、吊趟门、钢质门、高级别墅门窗等，项目于2013年投产，用工60人，年产值4 000万元，将致力打造成为黔南五县门业生产基地。

2. 新材料产业

（1）磁性材料：由南通华兴磁性材料有限公司投资 5 000 万元建设，年产 4 000 吨高性能锰锌铁氧体材料及磁芯生产线，该项目是"十二五"期间国家重点支持的高新技术产业，项目达产后，可实现销售收入 1.2 亿元，利税 1 800 万元，解决就业 180 人。

（2）创建节能玻璃（独山）有限公司。由香港建溢集团投资 1.2 亿元建设，主要生产低辐射玻璃、镀膜玻璃、钢化玻璃、夹层玻璃、中空玻璃、彩釉玻璃、超长热弯玻璃和特种工程玻璃等。项目达产后年产值 3 亿元以上，税收 600 万元以上，解决用工 150 人，并争取 3 年后新三板上市。现已投产的夹胶和 3D 打印技术国内领先，中空、钢化、弯钢玻璃、调光玻璃、投影玻璃技术领先西南三省，3D 打印设备从以色列进口。产品部分出口，2017 年产值预计可达 2 亿元。

（3）晶科光电蓝宝石衬底晶片和晶体生产项目：由晶科光电（北京）信息材料有限公司投资 2.5 亿元建设，总规模为 180 台设备生产线，年产 2 英寸蓝宝石衬底晶片 81 万片、2 英寸蓝宝石衬底晶体 773 万毫米、4 英寸蓝宝石衬底晶片 26 万片和 4 英寸蓝宝石衬底晶体 315 万毫米，该项目已于 2015 年建成投产。

（4）中科晶元公司：以生产加工砷化镓晶体系列新型半导体材料为主，主要用于制作各类半导体电子元器件，广泛应用于光电子和微电子工业领域，是该领域最为重要的支撑材料，产品市场需求量大、可持续发展能力强。总规模为 250 台 4 英寸砷化镓晶体材料生产线，年产砷化镓晶体材料约 60 万毫米，全面达产后预计年产值可实现 1 亿元以上，年创税可达 930 万元。该项目将成为新型材料产业的示范引领型产业。

（5）西格玛（贵州）纳米材料有限公司。主要生产 ITO 靶材、纳米 ITO 粉体、电热片、镀膜产品，进行铟的提炼、回收和利用。项目总投资约十亿元，分三期建设，其中，一期建设 ITO 靶材和纳米 ITO 粉体生产线，年产 ITO 靶材约 40～60 吨，年产值约 5 亿元；二期建设新厂房生产电热片、镀膜产品，年产值约 2 亿元；三期建设新的生产线，进行铟的提炼、回收和利用，年产值约 3 亿元。项目建成达产后，年产量可达 100 吨，税收 2 000 万元。该公司与重庆大学、中南大学、台湾长庚大学、广州有色金属研究院合作，生产技术处于国内领先水平，并将从中国台湾地区，以及日本、韩国等国家引进高端技术人才。

3. 现代商贸物流业

（1）湘企商都项目：由贵州湘企集团投资 30 亿元建设，建成一个融仿古建筑与商业元素为一体的现代商旅结合都城。占地面积 97 万多平方米（1 460 余亩），总建筑面积 106 万余平方米，共建 160 栋融合民族元素的现代商贸城，商铺 12 800 个，市场中心设有商务会所及 10 大旅游景点，环市场设有气势恢宏的仿古城墙，各种配套设施齐全。贵州省湖南商会与各行业分会将联合几千家生产厂家及总代理同时进驻，形成国内外各行业厂家直销或总代理营销的商品集散地。目前已有 200 多家企业签约入驻。

（2）黔桂商贸城：由核工业华东建设工程集团公司投资 20.5 亿元建设，用地 45 万平方米（684 亩），规划建筑面积 78 万平方米，是集商品展示展销、批发零售、商务服务、信息处理发布、物流配送及相关配套服务功能于一体的现代商贸物流园，全部建成可解决 6 000 人就业，实现年税收 1.2 亿元以上。

（3）腾辉汽贸有限公司 4S 店建设项目：由独山县腾辉汽贸有限公司投资建设，总投资 0.58 亿元，用地面积 1.3 万平方米（20 亩），已建成一家集汽车销售、售后服务、汽车修理、二手车买卖、汽车装饰、保险服务、酒店餐厅等为一体的大型汽车综合服务暨准四星酒店企业。销售新车及交易二手车 1 000 余辆；年维修、销售额达到 1 200 余万元，税收 100 余万元，解决就业 150 人左右。

（4）保税物流中心：2014 年 8 月贵阳海关批准独山设立公用保税仓库。2015 年 3 月 26 日正式封关营运，并引进广西新龙物流有限公司入驻运营。主要通过钦州、黄埔、重庆保税港进口食品、酒类，通过独山保税仓销往贵阳、成都、重庆、西安、昆明等地；出口以土特产、焦炭为主。

（5）贵州独山中西医药物流中心建设项目：独山中西药业有限公司投资 2.5 亿元建设，规划建筑面积 9.58 万平方米。项目分二期建设，一期建设药品自动输送、全自动立体库、商务办公楼；二期工程投资 1 亿元，建筑面积 5.67 万平方米。项目以国际先进的现代物流理念规划设计，致力于打造全省一流的医药配送企业。项目建成后，年营业额将超过 5 亿元，创税 12 000 万元，可提供就业岗位 60 个。

（6）种业物流：总投资 3 000 万元，建设种子加工厂、种子仓库、种子专用冷藏库、种子晒坝、优质大米加工车间、办公楼、科研楼、农业生产资料超市和新品种展示区等。

4. 电子信息产业

（1）贵州博裕电子科技有限公司。总投资 5 000 万元，主要从事贴片式功率电感器、共模滤波器等的研发、生产、销售，除了国内市场产品销往日本和欧美等国家和地区，广泛应用于笔记本电脑、液晶显示器、液晶电视、车载 GPRS 等高端电子领域。目前 4 条生产线投产，用工 120 余人，年产值 5 000 万元，实现税收 100 万元。

（2）贵州翔音电子科技有限公司。由东莞翔音电子有限公司投资 5 000 万元建设，专业生产航空耳机、抗噪耳机等电声器件产品，产品全部出口用于国际航班。主要与美国的联合、达美航空公司，英国的维珍、英国航空公司，澳洲航空公司合作。建设规模为 5 条耳机生产线及配套的注塑、抽线、喇叭组装、印刷等，形成一条龙的链条式生产。年产耳机 600 万只以上，年产值 1 亿元以上，年税收 300 万元以上，解决就业 300 人以上。

（3）贵州金利达实业有限公司。由深圳市劲浪电子有限公司投资 1 亿元建设，租用厂房约 2.5 万平方米，建设 5 条手机整机生产线，并带动手机上下游全产业链整体入驻。在国外有 B、B_OKER、BESTEL、MMAX、SPICE、INTCE 等品牌，产品主要出口南非、中非、西非、印度、东南亚等地。在迪拜、尼日利亚拉各斯，以及越南、菲律宾等地区设有销售公司。达产后年产值达 4 亿元，税收 800 万元以上。

（4）贵州云扬照明科技有限公司。是一家集研发、生产与销售为一体的 LED 智能照明行业高新技术企业，以创新的思路有效地解决了 LED 散热和配光问题，取得了功率型半导体照明关键技术的突破。公司与北京大学、中科院半导体所共同共建了云扬照明工程技术研究中心。主要项目研究集成电路与半导体智慧照明系统，即智能照明+物联网+智能云。公司主要产品有 LED 智能路灯、智能多波段警用一体灯、LED 封装。

（5）贵州金佳荣光学有限公司。由深圳市立高荣光电有限公司总投资 1.5 亿元建设，租用厂房 2 万平方米，主要生产手机盖板、保护片、充电器等，并带动手机、平板电脑、智能扫地机上下游全产业链整体入驻。建设 12 条生产线，达产后年产达 3 亿元，税收 300 万元以上，带动就业 500 人以上。

5．特色轻工产业

（1）纯净水和刺梨饮料加工项目：由贵州省独山县黔豫贸易有限公司投资 1 亿元建设，一期建设天然山泉水系列产品生产线，二期建设刺梨饮料等系列产品生产线，现一期已投产。

（2）贵州独山川旺饲料有限公司：由四川客商投资 5 000 万元创建，项目用地 2 万平方米（30 亩），主要生产猪用饲料、家禽饲料等系列产品，用工 50 人，年产值 8 000 万元，致力于打造成为省级重点龙头企业，2017年被省科技厅授予科技小巨人成长企业。

（三）园区主导产业发展及产业链条构成

积极围绕打造以新型工业化产业示范基地，黔南州重要的制造业集聚区、科技创新示范区、商贸物流中心的目标，重点发展新型材料产业、装备制造产业、电子信息产业等主导产业，推进发展商贸物流产业、纺织服装产业、生产服务产业等。逐步形成蓝宝石、砷化镓、ITO 纳米材料等新型材料产业；农业机械、标准电机、创建玻璃、精密轴枝等装备制造产业；保税物流中心、黔桂商贸城、汽车建材城、湘企商都等商贸物流产业；电子元器件、航空耳机、智能终端等电子信息产业；德智科技、塑料饰品、康瑞玩具等纺织服装产业；创客中心、邻里中心、瑞进大厦、剑桥皇家、碧桂城等生产服务产业。

（四）园区集群集约发展的情况

积极适应产业集群化、融合化和生态化的发展趋势，引领园区集聚发展、集约发展，加快实现产业聚集和领先优势。以扩大规模、集聚发展、实现跨越为主线，以增强自主创新能力和扩大对外开放、深化区域合作为动力，以加快推进产业聚集向培育产业集群和产业集聚转变为目标，以支持成长性强的企业和产业链关键环节企业加快发展为重点，谋求局部优势强化，推动工业规模扩张和产业结构优化升级，不断扩大产业规模和提升产业层次水平，增强了集聚区产业发展的竞争力。

第十四章
四川邻水经济开发区产业转移合作示范园区

一、园区基本概况

邻水隶属于改革开放总设计师邓小平家乡四川省广安市，位于川东门户，是四川距重庆主城区最近的县和革命老区，地处长江经济带上游重要节点、川渝合作最前沿、长江黄金水道与西部内陆腹地双向对外开放经济新走廊。全县幅员面积 1 919 平方千米，辖 45 个乡镇，总人口 103 万。

邻水工业起于 20 世纪 50 年代末，先后历经国有企业发展期、煤炭企业主导期、机电产业爆发期、装备制造转型期四个阶段三次转型，初步形成了以汽摩、高端装备制造及新材料、新技术、新能源"三新"产业为主导的新型工业体系。近年来，随着国家层面的大力支持，四川、重庆两地积极推动，川渝合作加力提速，邻水全力抢抓川渝合作示范区建设重大机遇，按照"走出去，引进来"工作思路，着力与重庆产业同构互补、差异发展，推动全县工业经济加快发展，实现了由一黑一白（煤炭、水泥）向机电装备制造，再向高端装备制造的转型升级。2012 年，渝广共建机电产业园授牌邻水经济开发区，开启了广安市园区建设的"共建时代"。2013年，在距重庆两江新区15千米的高滩镇，规划建设了高滩川渝合作示范园，并与重庆空港工业园区缔结为友好园区，签订了合作框架协议；2014年，在邻水县、渝北区共同努力下，双方签订了《共建高滩飞地工业园合作协议（草案）》。2016年6月，《渝北—邻水战略合作框架协议》被纳入四川省政府和重庆市政府联合签署的《深化川渝务实合作2016年重点工作方案》及10个专项合作协议。邻水经济开发区因处于川渝合作"桥头堡"位置，实现了弯道超车，当年即成功申报省级高新技术产业园区，进入《中国经济开发区公告目录》。

自2006年以来的10余年间，邻水经济开发区从无到有，由小到大，已发展成企业云集、功能完备、服务高效的成熟园区。目前，规划面积28.18平方千米，已建成11.2平方千米，入驻企业98家，其中规模以上企业64家，2016年实现产值188.6亿元，解决就业1.8万余人，80%的企业成立了技术研发中心，拥有省级技术中心5个、国家高新技术企业17家，企业能耗、水耗及主要污染物排放指标均符合要求，是四川省"51025"重点产业园区发展计划500亿级培育园区，先后荣获四川省新型工业化产业示范基地、四川省汽车（摩托车）产品出口基地、四川省知识产权试点园区、四川省知名品牌创建试点园区等称号，邻水成功创建为四川省工业强县示范县。

二、产业转移合作工作展开情况

（一）合作发展机遇

重庆空港工业园区是重庆市政府批准设立的市级特色工业园区和国家核准公告的省级开发区，是渝北打造临空制造基地和临空物流园、建设临空都市区和国家级临空经济示范区的重要战略平台和载体。园区规划面积约16.59平方千米，2002年启动建设至今，园区综合实力蝉联全市特色园区之冠，被国家知识产权局列为知识产权保护试点园区，进驻美国科勒、德国博世、日本本田、长安汽车、万向钱潮等300多家企业，产品聚集了汽摩项目上百个，形成了轿车、客车、摩托车"三车"研发制造基地。特别是当前，园区正处在转型升级发展的关键阶段，按照"增量调结构、存量促转型"的思路，抢抓第三个中新合作项目落户重庆的重大发展机遇，引进发展现代物流临空智能终端、临空智能制造、电子信息、高端装备等战略性新兴产业，为邻水扩大开放、合作办园、同构产业、配套发展提供了强大的基础保障。

《成渝经济区区域规划》明确将广安设立为四川唯一的川渝合作示范区，为更好地推动区域合作，承接重庆产业转移，广安成立了 17 个重大产业推进组，将全市高端装备制造产业发展基地布局邻水。邻水是四川距重庆主城区最近的县，作为川渝合作核心示范区建设的最前沿阵地，大批重庆"两车"企业纷纷来邻水考察投资。邻水经济开发区主要发展汽摩、高端装备制造及新材料、新技术、新能源"三新产业"，已成为川渝地区承接产业转移、促进产业集聚的主要阵地。

（二）合作开展情况

一是随着渝邻合作的不断深入，邻水主动与重庆对接，成功争取到渝广共建机电产业园、空港园区配套产业园区落户邻水经济开发区。2012 年 10 月 30 日，四川省、重庆市有关领导和部门领导出席了在邻水举行的渝广共建机电产业园授牌仪式。重庆市国资委、重庆市经信委等部门积极组织重庆装备制造企业到邻水考察投资和配套合作，目前经济开发区 70% 的企业来自重庆，80% 的产品配套重庆。二是 2016 年，邻水县在川渝合作战略牵引下，以"造福沿江亿万人民的大情怀"，推进区域融合发展，发起召开川渝合作"两地四方"联席会，与重庆市渝北区、长寿区、垫江县就经济社会发展达成战略合作协议，落实项目 39 个，其中九个方面事项被纳入省级层面推动，邻水—渝北合作协议纳入川渝"1+10"协议并探索共建园区事宜，受到四川、重庆两地高层领导大力支持和重点关注。

（三）具体合作事宜

（1）合作内容：共建 5 平方千米产业园区。

（2）投资方式：邻水县、渝北区各出资 1 亿元，共同组建工业开发建设有限责任公司。公司负责搭建融资平台，筹集工业园区基础设施、公共设施、产业配套功能、征地拆迁安置补偿等建设资金，负责工业园区开发建设。按照《公司法》规定，公司成立董事会，设董事6名，邻水县和渝北区各派出董事3名，董事长人选由邻水县提出，副董事长人选由渝北区提出。公司出资额变化、股东变更，以及公司董事会在投融资、担保、资产处置、大额固定资产购置等方面不能形成一致意见时，须报邻水—渝北共建工业园区联席会议批准后执行。

（3）管理方式：工业园区实行公司化管理，由邻水县、渝北区共同授权工业开发建设有限责任公司负责工业园区规划、建设、招商、营运、管理等工作，重大事项由双方协商一致后确定。授权公司进行土地开发、工程建设、资产经营等工作。邻水县负责工业园区征地农民的拆迁、安置、补偿，同时做好社保、就业等社会化服务管理工作，负责依法进行土地管理（含办证），负责为工业园开发建设提供优良环境、优惠政策、优质服务；渝北区负责与重庆市各区、市、县产业转移的衔接协调，负责按入园要求协调渝北区现有企业迁建入园工作。邻水县向国家争取土地利用总体规划、年度用地指标、环境容量指标。邻水县按属地管理原则组建工业园区工商管理和税务征管机构，渝北区派人参与。工业园区税务管理坚持依法管理、属地管理的原则。工业园区的社会管理由邻水县负责。

（4）分配方式：工业园区实行独立管理、独立核算和封闭运行、按股投入、按约分利的共享机制。工业园区内的招商引资、固定资产投入、工业增加值、创汇、税收等主要经济指标，2016—2025年，邻水县和渝北区按5∶5分享，2026年起按6∶4分享。同时，工业园区内的年度税收地方留成等政府性收益，2016—2020年，双方均不分配，全部用于培育壮大工业园区可持续发展能力；2021年起，邻水和渝北按6∶4分成。工业开发建设有限责任公司实现的利润，2016—2020年不分配，全部用于培育壮大工业园区可持续发展能力；2021年起开始分配。

三、产业发展及转移成效

坚持承接产业转移，建设高端装备制造产业园。近年来，邻水经济开发区围绕重庆汽车、摩托车产业，积极引进重庆或为重庆配套的企业，园区 70%以上的企业来自重庆，80%以上的企业为重庆配套。主要表现在三个方面。

（一）实现产业集群发展

引进了一批带动力较强的企业，以汽摩整车及配件为主的装配制造企业达 70 余家，生产的汽摩配零部件达 350 余种，拥有裕罗、拓普、赛特制冷等为北京现代、长安福特、吉利沃尔沃等汽车配套的一级供应商 23 家，拥有利爵、嘉逸等 4 家摩托车整车生产企业，年产能可达 100 万辆，2016年主导产业实现产值 140.2 亿元，占总产值 74.3%，工业增加值增长 12.5%，居全市园区之首。

（二）实现产业转型发展

出台《邻水县工业转型升级实施意见》等文件，加强与重庆工商大学、清华大学苏州汽车研究院等科研院校合作，加快建立企业技术中心、研发中心、产品检测中心和质量认证中心，推动降能耗、减排放，大力发展新能源、新技术、新材料等"三新"产业。建成嘉逸、利爵等新能源低速电动车项目 2 个，年产能可达 10 万辆；建成盛弘、嘉逸聚信机器人智能自动化生产项目 2 个；引进年产装配式建筑材料 300 万平方米的项目 1 个。

（三）实现开放合作发展

主动参与"一带一路"和长江经济带建设，园区产品出口柬埔寨、缅甸、越南、俄罗斯等 10 余个国家，2016 年实现外贸收入 3.4 亿美元；引进了韩国汽车零部件业内五强企业——韩国裕罗电器。鼓励企业走出去，嘉逸股份在柬埔寨建立分公司，公司总经理受到洪森首相接见。

第十五章
河北固安工业园产业
转移合作示范园区

一、园区基本概况

河北固安工业园区地处河北省廊坊市固安县，与北京大兴区隔永定河相望，距天安门正南 50 千米，园区总面积 34.68 平方千米，是经国家公告（2006 年）的省级工业园区。

2002 年固安县政府决定采用市场机制引入战略合作者，投资、开发、建设、运营固安工业园区。同年 6 月，通过公开竞标，固安县人民政府与华夏幸福基业股份有限公司（以下简称华夏幸福）签订协议，正式确立了政府和社会资本（PPP）合作模式。按照工业园区建设和新型城镇化的总体要求，采取"政府主导、企业运作、合作共赢"的市场化运作方式，倾力打造"产业高度聚集、城市功能完善、生态环境优美"的产业新城。目前，双方合作范围已拓展至固安新兴产业园区和温泉休闲商务产业园区。

二、产业转移合作工作展开情况

（一）创建发展机遇

1. 国家继续扎实推进，政策不断完善

近几年来，国家对 PPP 合作模式保持高度关注，财政部下发了一系列文件。工业和信息化部也高度重视产业园区 PPP 模式，赴固安工业园区调研，向全国发文征集产业园区 PPP 模式案例，国家发展和改革委员会已经将固安工业园区列入国家 PPP 示范项目案例库。

2. 河北省落实规划实施，产业发展步伐明显加快

产业转移合作是推动河北省产业结构调整和优化升级的有力保障。近年来，河北省在承接京津产业中，开发区立足原有的产业布局，按照产品上下游进行纵向专业分工和横向协作配套，形成了纵向成链、横向成群的优势产业集群。

固安工业园是河北承接京津产业转移的战略要地。在装备制造业方面，固安工业园把握京津冀协同发展的主流趋势，聘请国际著名咨询公司进行系统、详细分析，确定了优先发展汽车零部件制造业、高端装备制造业等市场前景广阔、发展潜力巨大的优势产业。经过发展，目前园区以正兴车轮、汉和机械为代表的汽车零部件产业集群及以航天振邦、诚田恒业为代表的高端装备制造产业集群已经形成一定规模。

3. 京津冀产业协同发展，机制创新取得新突破

《京津冀协同发展规划纲要》已经发布，明确了北京、天津、河北三地的区域定位，并对产业布局、产业转移对象进一步明晰。针对区域定位，河北方面梳理出 64 项重点工作，确定 40 个承接合作平台，签署并实施京冀"6+1"、津冀"4+1"战略合作框架协议。京津冀产业协同发展的机制创新为固安加快崛起带来了前所未有的历史性机遇。固安将紧抓机遇，充分利用与北京市"零距离"的优势，从经济发展和社会服务两个维度实现"双对接"，建设成为环首都经济圈的对接模式创新园区。

4. 强化对接基础，产业协同发展获得新平台

北京市实施《促进城市南部地区加快发展行动计划》，以功能提升为重点改善城市南部地区发展形象，以基础设施提升为重点优化发展环境，以产业集聚和业态创新为重点带动区域经济等，加快了北京市产业发展中心南移的步伐，进一步强化了固安对接北京产业转移的合作基础。河北发布的《河北省新型城镇化规划》明确廊坊等地拟承接京津功能疏解和产业转移的城市布局和定位。在京津冀一体化的推动下，廊坊市抓住京冀共建北京新机场和临空经济区的有利时机，凭借自身核心的地缘优势，以生态、智能、休闲、商务为发展方向，大力发展现代服务业和战略性新兴产业，以及与北京关联度高的产业，主动承接京津的产业转移及人口外溢。随着京津冀一体化带来交通条件的改善和基础设施的完善，廊坊等环京地区将迎来历史性的发展机遇。

（二）合作开展情况

1. PPP 合作的背景

2002 年 6 月，固安县人民政府与华夏幸福集团签订协议，确立 PPP 合作模式。双方采取"政府主导、企业运作、合作共赢"的市场化运作方式，打造"产业高度聚集、城市功能完善、生态环境优美"的产业新城。截至 2015 年底，合作范围已拓展至固安新兴产业园区。通过 10 多年实践，PPP 合作模式取得显著成效，带动工业产值大幅增长，人民生活水平显著提高。

2. 固安工业园区 PPP 合作模式的主要经验做法

充分借鉴了英国道克兰港口新城、韩国松岛新城等国际经典 PPP 合作案例的主要经验，把"平等""契约""诚信""共赢"等公私合作理念融入园区开发和建设运营。

一是政府与企业携手合作。固安县政府与华夏幸福集团签订排他性特许经营协议，设立三浦威特园区建设发展有限公司（以下简称三浦威特），作为双方合作的项目公司（SPV），华夏幸福集团向项目公司投入注册资本金与项目开发资金。项目公司作为投资及开发主体，负责固安工业园区的

设计、投资、建设、运营、维护一体化市场运作。固安工业园区管委会履行政府职能，负责重大事项决策、规范标准制定、政策支持、公共服务价格和质量的监管等，以确保公共利益最大化。

二是实施特许经营模式。通过特许协议，固安县政府将特许经营权授予三浦威特，双方形成了长期稳定的合作关系。三浦威特作为华夏幸福的全资公司，负责固安工业园区的项目融资，并通过资本市场运作等方式筹集、垫付初期投入资金。同时，三浦威特与多家金融机构建立融资协调机制，进一步拓宽了融资渠道。

三是聚焦多元化公共产品和服务。基于政府的特许经营权，华夏幸福为固安工业园区投资、建设、开发、运营提供一揽子公共产品和服务，包括土地整理、基础设施建设、公共设施建设、产业发展服务及咨询、运营服务等。截至2015年底，华夏幸福在固安工业园区内累计投资近200亿元，其中，基础设施和公共服务设施投资占到近40%。

四是引入国际先进的产业孵化管理模式。华夏幸福以"全球技术、华夏加速"为宗旨，在美国硅谷、德国柏林、以色列特拉维夫、韩国首尔建立海外孵化器，并在北京中关村、上海张江建立国内孵化器，推动先进技术向固安转移转化。同时，在固安建立孵化器，与中科院、清华大学等科研机构和高校合作，推进京津创新技术有序转移。

五是构建收益回报和风险分担机制。双方合作的收益回报模式是使用者付费和政府付费相结合。华夏幸福基于固安工业园区整体经营效果回收成本，获取企业盈利。固安县政府对华夏幸福的基础设施建设和土地开发投资按成本加成方式给予110%补偿；对于提供的外包服务，按约定比例支付相应费用。两项费用作为企业回报，上限不高于园区财政收入增量的企业分享部分。若财政收入不增加，则企业无利润回报，不形成政府债务。华夏幸福承担主要的政策、经营、债务风险。

3. PPP合作模式的创新点

一是整体式建设运营外包服务。固安县政府通过PPP购买了华夏幸福提供的一揽子建设和外包服务。这种模式避免了因投资主体众多而增加的投资、建设、运营成本，减少了分散投资的违约风险，形成规模经济效应，提高了委托代理的质量。

二是"产城融合"开发模式。在"产城融合"整体开发机制下，固安县政府和华夏幸福构建起互信平台，从"一事一议"变为以 PPP 机制为核心的协商制度，极大降低沟通成本和操作成本，提高了城市建设与公共服务的质量和效率。

三是构建产业创新发展"综合平台"。双方坚持以市场化运作机制破解园区建设融资难题、以专业化招商破解引入龙头企业难题、以构建产业链创新生态体系破解工业转型升级难题，将固安工业园发展为集现代产业、舒适生活、优美生态于一体的新型城镇化重要载体和平台。

三、产业发展及转移成效

（一）工业转型升级取得显著成效

固安工业园从不毛之地，发展为河北省级开发区、高新区，是呕心沥血发展制造业、促进工业转型升级的结果。目前，固安工业园的产业已经形成了传统产业、新兴产业、产学研合作三大板块有机融合的良性格局。传统产业基于本地已有产业基础和京津产业转移，包括汽车零部件产业及传统装备制造产业等。新兴产业是固安工业园区的主导部分，由新材料、新一代信息技术等领域构成，涉及北斗导航、新一代液晶面板等前沿技术。产学研合作聚焦生物医药，引进北京多家生物医药知名企业，主攻干细胞、个性化医疗等领域，形成了多个研发团队和多项技术创新成果。

从 2002 年合作至今，固安工业园已成为全省发展速度最快的省级开发区，2014 年完成固定资产投资 149.3 亿元，实现工业总产值 229.7 亿元，完成财政收入 30.2 亿元。受益于固安工业园新型城镇化，固安县从一个经济发展水平相对落后的县，成为各项指标在全省领先的县。政企合作十多年，固安县人均 GDP 增长了 4 倍，财政收入增长了 24 倍，成功跻身"2014 中国县域成长竞争力排行榜"50 强，位列"中国十佳开发竞争力县"。

（二）园区产业集聚、培育龙头企业

发挥航天企业领域作用。重点培养以中国航天科技集团所属一院、六院、九院、十一院等高科技研发单位为引领的相关航天无人装备企业，安排具有优势和良好发展前景的航天技术应用产业和战略性新兴产业企业进驻园区，同时提出"构建创新型、开放型、融合型的航天科技工业创新体系，建设国际一流的大型航天企业集团"的发展目标，并在这一战略目标指引下，加快推动技术创新、产品创新和产业创新及航天技术向国民经济领域的转化应用。

促进企业合作。围绕提高企业核心竞争力，鼓励支持企业跨地区、跨行业、跨所有制开放式合作，推动企业资本、技术、产品和人力资源整合，引导企业加强产业之间、产品之间的深度合作，相互参股，相互配套，互为市场，催生集聚一批"专、精、特、新"企业。

以重点企业带动产业。以龙头企业为引领，不断壮大产业基础，扩大行业辐射，促进经济结构调整和转型升级，如航天科技集团、京东方、航天振邦精密机械等龙头企业，延伸产业链。支持和发展一批高新技术产业，建立和完善技术先进、结构优化的产业体系。充分利用产业优势资源，突破重点领域的关键技术，积极谋划和建设一批重点项目，培育形成新的经济增长点。

（三）搭建研发创新平台，增强产业发展核心能力

加强自主创新能力建设。进一步推进以企业为主体的创新体系建设，加强知识产权培育辅导和知识产权技术交流、国家级高新技术创业服务中心、航天科技城等平台建设，完善鼓励发明创造的激励机制，提升知识产权创造、保护和转化能力。

完善科技创新体制机制。坚持科技创新、重点突破、保障安全、支撑发展的方针，增强企业科技研发能力，鼓励和支持科技成果向现实生产力转化，加快建立以企业为主体、市场为导向、产学研相结合的科技计划体系。继续加强科研园区建设，优化无人装备航天科技产业重点实验室总体布局，鼓励企业建立有关无人装备航天产业科研园区，支持行业内外科技力量参与行业科技项目。

打造航天客机研制平台。以四个"中心"建设为主体，构建园区科研平台。其中，运载火箭研究、设计、试验中心以航天科技一院为主，主要内容包含综合实验和研发、火箭结构件制造及基础设备研发；石化装备中

心以航天科技六院为主体进行平台搭建；电子仪器、航天电子系统的研制、生产、测试、调试中心以航天科技九院为主体进行建设；依托航天科技十一院实力进行临界空间、无人机、水下发射试验区中心的平台建设。

（四）PPP 模式推进新型城镇化标杆打造

PPP 模式在产业园区建设发展中体现出了较高的科学性。固安县人民政府和华夏幸福基业股份有限公司从中实现了各自的价值诉求。固安县人民政府缓解了基础设施建设的资金投入压力，顺利推进了新城、新区的开发建设，完善了相关配套设施，招商引资成效明显，税收和就业岗位大幅提升。同时，也建立了代表高精尖的固安肽谷生物科技孵化园等品牌工程，体现了产业的含金量。华夏幸福不断打造全球产业新城引导者，在固安工业园的实践中，成功引入了英国成熟的花园式小镇的建设模式，创造了人与自然和谐发展的工业新城模式，形成了宜居、创新、发展、科学的人居新城，代表了一种前沿的生活质量和方式。目前，固安县已经形成了良好的产业发展环境和人与生态融合的居住环境，成为北京周边新型城镇的典范。

截至 2014 年，华夏幸福在园区内投入大量前期开发资金，高质量推进路、水、电、气、电信等基础设施，实现了"十通一平"。同时，积极引进优势资源，建设了中央公园、水系生态景观、创业大厦、商务酒店、人才家园等一批高端配套设施，构建了以城市客厅、大湖商业区、中央大道金融街区为主体的"智能城市"核心区。

（五）极大提高固安经济发展质量和生活水平

固安工业园对固安县经济社会发展产生了巨大的带动作用，固安工业园成立以来，固安县人均收入持续增长，就业岗位数量大幅提升。固安工业园建立以来，固安县产业规模不断发展壮大，基础设施不断完善。固安对接京津协同发展态势不断显现。目前固安已经与清华大学、中国科学院国家纳米中心联合建立了孵化中心，引进北京的科技创新团队，推动北京的科技创新成果在固安孵化、中试和产业化，培育新兴产业，把固安打造成为京津冀产业协同发展的战略要地、承接北京产业转移的重要载体和实现科技成果转化的关键区域。

华夏幸福投资 2.81 亿元，引进的北京八中固安分校已正式投入使用；与首都医科大学附属北京医院合作经营的幸福医院已启动建设。园区建设促进了公共资源配置均等化，当地居民和外来人员享受同等的教育和医疗等公共资源和服务，并带动固安县民生投入不断加大，促进了全县民生保障体系的完善。2014 年固安县民生领域支出达到 26.1 亿元，占公共财政预算支出的 84.8%，在全省率先实施县级社保"一卡通"，在廊坊市率先建立了《低保对象医前医疗救助制度》。

主要参考文献

[1]　United Nations. World Economic Situation and Prospects 2018.

[2]　WTO. World Trade Statistical Review 2017.

[3]　IMF. World Economic Outlook.

[4]　UNCTAD. World Investment Report 2017.

[5]　World Bank. Doing Business 2018: reform to create jobs.

[6]　陈建军. 要素流动、产业转移和区域经济一体化[M]. 杭州：浙江大学出版社，2009.

[7]　冯媛，李颖，陈雪琴，等. 中国产业转移年度报告（2014—2015）[M]. 北京：电子工业出版社，2015.

[8]　魏后凯，白玫，王业强，等. 中国区域经济的微观透析——企业迁移的视角[M]. 北京：经济管理出版社，2010.

[9]　杨蔚宁，张正河，游艳，等. 新常态下东西部产城关系差异分析——基于国际标准值、PCA 与 ER 指数法[J]. 管理现代化. 2017(01).

[10]　徐晓东，杨永平. "新柔廖成长三角"新思考[J]. 东南亚纵横. 2017(05).

[11]　谢让志. 图们江地区与环渤海地区开放和开发的相关研究[C]. 天津市环渤海经济研究会第九次年会论文集. 2000.

[12]　王诗华. 次区域经济合作与粤港经济一体化研究[D]. 中国人民大学. 2009.

[13]　张杰. 次区域经济合作研究——以大图们江次区域经济合作为中心[D]. 吉林大学. 2009.

[14]　李晓华. 国际产业分工格局与中国分工地位发展趋势[J]. 国际经贸探索. 2015(06).

[15]　徐长乐. "建设长江经济带"笔谈之七——建设长江经济带的产业分工与合作[J]. 改革. 2014（6）：28-31.

[16]　滕堂伟，胡森林，侯路瑶，等. 长江经济带产业转移态势与承接

的空间格局[J].经济地理.2016（5）：93-99.

[17] 吴传清."十三五"期间促进长江经济带产业转型升级的战略思路[J].区域经济评论.2015（1）：33-33.

[18] 张伟琴，孙小芳.破解陕西区域发展不均衡难题研究[J].陕西行政学院学报，2017，31（1）.

[19] 周泓，刘洋，张雪瑶，等.生态优先推动长江经济带绿色发展——《长江经济带发展规划纲要》初步解读[J].环境与可持续发展.2016，41（6）：191-192.

[20] 江西融入长江经济带战略对策研究课题组.长江经济带[M].南昌：江西人民出版社，2015.

[21] 晓力.2017长江经济带发展高端论坛在武汉召开[J].区域经济评论.2017（6）：102-104.

[22] 王维，李孜沫，王晓伟.长江经济带产业协同发展格局研究[J].管理现代化.2017，37（1）：21-25.

[23] 靖学青.长江经济带产业转移与区域协调发展研究[J].求索.2017（3）：124-130.

[24] 吴传清，陈晓.长江经济带产业转移态势和承接力评价[J].长江大学学报（社科版）.2017，40（4）：38-46.

[25] 孙剑鑫.长江经济带产业转移指南——重点打造五大城市群产业发展圈[J].环境经济.2017（17）：25-27.

[26] 李淑平.安徽承接长江经济带产业转移对策研究[J].环球市场.2016（11）：10-13.

[27] 中经汽车.引发贸易战？欧洲汽车界"怼"特朗普关税新政[N].http:// m.ce.cn/qc/gd/201803/14/t20180314_28469564.shtml，2018-03-14.

[28] 江玮，等.德国收紧外国投资审查十余个产业将需要提前申报[J].财经.2015-07-07.

[29] 彭大伟.德国最新修法损害投资环境 德国中国商会深表担忧[N].http://www.chinanews.com/gj/2017/07-17/8280128.shtml/，2017-07-17.

[30] 普华永道.全球企业家情绪乐观 美国成最热衷投资地[N].新浪财经.http://finance.sina.com.cn/，2018-01-23.

[31] 全球最大汽车玻璃单体工厂由福耀投资在美国建成投产.http://

www.fuyaogroup.com/，2016-10-08.

[32]　吴颖.特朗普推特盛赞丰田马自达在美国建厂振兴经济[N]. 人民网-日本频道，http://japan.people.com.cn/，2018-01-11.

[33]　Techweb.富士康获美国 30 亿美元投资激励方案将正式签署[N]. www.techweb.com.cn，2017-09-19.

[34]　林浩.中马"两国双园"先行先试开启丝路产业合作新模式[N]. 中国新闻网，http://www.chinanews.com/，2015-07-28.

[35]　中国商务部驻埃及使馆经商处. 苏伊士运河经济区公布俄罗斯工业园区建设计划[N]. http://eg.mofcom.gov.cn/，2017-12-24.

[36]　宋哲.中白工业园建设经验浅谈[N]. http://www.rmhb.com.cn，2017-10-16.

[37]　魏忠杰，李佳. 白罗斯总统再签总统令推进中白工业园发展，人民网－人民日报海外版 http://finance.people.com.cn，2017-05-22.

[38]　曲颂. 打造丝绸之路经济带上的明珠（一带一路·合作共赢）[N]. 人民网－人民日报，http://politics.people.com.cn，2017-05-12.

[39]　王攀. 从跨省合作区到海外产业园：泛珠三角构建产业转移新路径[N]. 新华网 www.xinhuanet.com，2017-10-14.

[40]　2017 年我国对外投资规模达 1200 亿美元[N]. 新华社,http://www.xinhuanet.com/fortune/2018-01-16/c_1122267906.htm，2018-1-17.

[41]　2017 年中国对"一带一路"沿线国家投资合作情况[N]. 搜狐财经，http://www.sohu.com/a/217293639_731021，2018-1-17.

[42]　张立群.中国经济增长呈现新特点[N]. 中央和国家机关工作委员会网站，http://www.zgg.org.cn/zggjl/llyj/201803/t20180309_675479.html，2018-1-9.

[43]　刘世锦.提高全要素生产率的几个关键[N].中证网，http://www.cs.com.cn/ylm/zjyl_1/201712/t20171220_5631739.html，2017-12-20.

[44]　赵慧芹.传统产业与新兴产业如何协同发展[N]. 人民论坛，http://www.rmlt.com.cn/2017/0509/473548.shtml，2017-05-09.

[45]　关于《上海市战略性新兴产业发展专项资金管理办法》的解读材料[N].上海市人民政府网站，http://www.shanghai.gov.cn/nw2/nw2314/nw2319/ nw41893/nw42228/u21aw1263485.html，2017-10-24.

[46] 800多亿元省级产业基金力促陕西产业结构优化升级[N]. 陕西省人民政府网站，http://www.shaanxi.gov.cn/sxxw/sxyw/91949.htm，2017-10-14.

[47] 2017民企500强地域解读："东边日出西边雨"[N]. 人民网，http://finance.people.com.cn/n1/2017/0825/c1002-29494588.html，2017-8-25.

[48] 广东省国土资源厅关于2016年度广东省省级开发区土地集约利用评价情况通报，粤国土资利用电〔2017〕16号[N]. 广东省国土资源厅，http://www.gdlr.gov.cn/gdsgtzyt/_132477/_132501/1793567/index.html，2017-1-26.

[49] 我国工业园区仍处于"摸着石头过河"阶段[N]. 中国经济新闻网，http://www.cet.com.cn/wzsy/cj/1992756.shtml，2017-12-24.

[50] 苏宿工业园共建"八连冠"[N]. 中国江苏网—新华日报，http://jsnews.jschina.com.cn/jsyw/201706/t20170616_655603.shtml，2017-06-16.

[51] 中国一带一路网，https://www.yidaiyilu.gov.cn/.